Geschichte und Kultur der Deutschen in Rußland/UdSSR

Auf den Spuren einer Minderheit

Die Ausstellung wurde erstmals im Gustav-Siegle-Haus in Stuttgart (3. bis 27. September 1989) gezeigt; weitere Ausstellungsorte sind 1990:
Bonn, Beethovenhalle; Soest, Foyer Kreishaus; Balingen, Landratsamt; Schenefeld bei Hamburg, Volkshochschule; Ostfildern, Volkshochschule; Wiesbaden, Haus der Heimat; Bad Hersfeld, Kurhaus; Empfingen, Rathaus; Berlin, Rathaus; Kassel, Universitätsbibliothek; Ellwangen, Rathaus.

1991: München, Ministerium für Arbeit und Sozialordnung; Korntal, Rathaus; Kirchheim/T., Rathaus; Rastatt, Landratsamt; Dillingen, Akademie für Lehrerfortbildung; Duisburg, Haus Ostpreußen; Pforzheim, Rathaus; Nürnberg, Rathaus, Osnabrück, Marienkirche.

1992: Hohenturm, Schule; Mücheln, Rathaus; Gräfenhainichen, Paul-Gerhards-Kapelle; Rostock, Rathaus, Jena, Universitätshochhaus; Norderstedt, Rathaus; Michelstadt, Rathaus; Hechingen, Rathaus; Wolfsburg, Rathaus; Büdingen, Rathaus; Dessau, St. Georgskirche.

1993 voraussichtlich: Schwerin, Bernburg, Gifhorn, Hanau, Chemnitz, Paderborn, Stuttgart-Hohenheim, Krefeld, München, Fulda.

Geschichte und Kultur der Deutschen in Rußland/UdSSR

Auf den Spuren einer Minderheit

Ausstellungskatalog

Herausgegeben von der Landsmannschaft der Deutschen aus Rußland e. V., Stuttgart
anläßlich des 10jährigen Jubiläums der Patenschaft
des Landes Baden-Württemberg über die Landsmannschaft

Bearbeitet von Ute Richter-Eberl

Jan Thorbecke Verlag Sigmaringen

Die Ausstellung stand unter der Schirmherrschaft des baden-württembergischen Altministerpräsidenten Dr. h.c. Lothar Späth. Sie wird vom Bundesministerium des Innern und vom Innenministerium Baden-Württemberg gefördert.

Die Herstellung des Kataloges wurde von der Landesgirokasse Baden-Württemberg, der Daimler-Benz AG und der Kulturstiftung Sparkasse Freiburg unterstützt.

Abbildungen auf dem Umschlag:
Vorderseite (von links nach rechts): Kat.-Nr. 3.78, 4.3, 3.121, 3.54, 3.69;
Rückseite (von oben nach unten): Kat.-Nr. 3.39, 3.71, 3.136

2. korrigierte Auflage 1992

Dieses Buch ist aus säurefreiem und alterungsbeständigem Papier hergestellt.

Gesamtherstellung: M. Liehners Hofbuchdruckerei GmbH & Co. Verlagsanstalt, Sigmaringen
Printed in Germany · ISBN 3-7995-4129-2

Inhalt

Grußwort

Zur Eröffnung der Ausstellung »Geschichte und Kultur der Deutschen in Rußland/UdSSR. Auf den Spuren einer Minderheit« übermittle ich herzliche Grüße. Und ich bin sicher, daß sie die bewegte und zugleich bewegende Geschichte dieser Volksgruppe den Besuchern anschaulich darstellt. Ihnen wird vor Augen geführt werden, daß es vor allem Menschen aus Baden und Württemberg waren, die damals dem Ruf Katharinas II. und Alexanders I. gefolgt sind und die Steppengebiete an der Wolga und am Schwarzen Meer besiedeln halfen. Sie haben ein blühendes, vorwiegend landwirtschaftlich geprägtes Land und eine reiche Kultur geschaffen. Denn sie konnten in Freiheit und Eigenverantwortung ihr Leben gestalten. Die russische Revolution, vor allem aber der Zweite Weltkrieg, haben diesen Deutschen Flucht und Vertreibung gebracht. Viele von ihnen gelangten in den Westen, und heute zählt die Landsmannschaft der Deutschen aus Rußland mehr als 70000 Mitglieder. Die meisten von ihnen haben in dem Land, aus dem ihre Vorfahren ausgewandert waren, eine neue Heimat gefunden – in Baden-Württemberg.

Aufgrund dieser engen geschichtlichen und stammesmäßigen Verbundenheit hat die Landesregierung vor einem Jahrzehnt, nämlich 1979, die Patenschaft über die Deutschen aus Rußland übernommen. Das zehnjährige Jubiläum in diesem Jahr ist ein guter Anlaß, den Patenschaftsgedanken zu bekräftigen: die Landesregierung wird auch künftig die Arbeit der Landsmannschaft gern unterstützen.

Mein Dank gilt heute den vielen haupt- und ehrenamtlichen Mitarbeitern der Landsmannschaft, die einen wertvollen Beitrag zur Erforschung der Geschichte und zur Bewahrung, Pflege und Weitergabe des reichen kulturellen Erbes der Deutschen aus Rußland leisten. Das mit Hilfe des Landes eingerichtete Haus der Rußlanddeutschen bietet dafür den geeigneten Rahmen.

Einen besonderen Stellenwert in der landsmannschaftlichen Arbeit nimmt die Betreuung der in großer Zahl aus der UdSSR zu uns kommenden Aussiedler ein. Auch für dieses große Engagement bei der gesellschaftlichen und wirtschaftlichen Eingliederung ihrer Landsleute danke ich den Deutschen aus Rußland herzlich. Besonders wertvoll ist auch die Unterstützung der in der Sowjetunion lebenden Deutschen, weil sie hilft, die kulturelle Identität dieser Menschen zu erhalten und ihre Lebensbedingungen zu verbessern. Dies ist ein Zeichen der Zusammengehörigkeit über die Grenzen hinweg und ein nicht zu unterschätzender Beitrag zum Frieden zwischen Ost und West. Ich wünsche und hoffe, daß die Ausstellung »Geschichte und Kultur der Deutschen in Rußland/UdSSR. Auf den Spuren einer Minderheit« gerade auch bei der jungen Generation das Bewußtsein um die so wichtigen Werte Heimat und Freiheit vertiefen wird. Sie sind für den Frieden in der Welt unverzichtbar.

Stuttgart, im September 1989

Lothar Späth
Ministerpräsident des Landes
Baden-Württemberg

Grußwort

Die Deutschen in der Sowjetunion leben seit dem Zweiten Weltkrieg außerhalb ihrer ursprünglich gewachsenen Siedlungen in Zentralrußland verstreut in Sibirien und den zentralasiatischen Gebieten der UdSSR. Auf Grund ihrer Deportation 1941 dorthin empfinden sie sich als vertrieben und ihrer kulturellen Entwicklungsmöglichkeit beraubt. Es ist ihnen untersagt worden, deutsch zu sprechen, geschweige denn gab es die Möglichkeit, den Kindern in der Schule Deutschunterricht zu geben noch die deutsche Kultur zu pflegen. Sie werden deshalb oft als vergessene Deutsche bezeichnet. Vielleicht ist dies auch der Grund, warum die Existenz von 1,9 bis 2 Millionen Deutschen in der Sowjetunion bis Anfang der 70er Jahre von den öffentlichen Medien der Bundesrepublik Deutschland verschwiegen worden ist.

In letzter Zeit kamen sehr viele Aussiedler aus der Sowjetunion. Letztes Jahr waren es 47735. Ihre mangelnden Sprachkenntnisse lassen sie den Einheimischen als Russen erscheinen. Kaum ein Bundesbürger weiß, daß die Deutschen vor rund 200 Jahren nicht ins Russische Reich gezogen sind, um dort im russischen Volk aufzugehen, sondern weil ihnen vom Zaren die nationale, wirtschaftliche, kulturelle und religiöse Eigenständigkeit zugesichert wurde, die es ihnen ermöglichte, als Deutsche in Rußland zu leben. Die Erfahrung zeigt, daß viele Bundesbürger die Einstellung zu den Aussiedlern ändern, wenn sie erfahren, unter welch schwierigen Bedingungen sie über Jahrhunderte hinweg ihre kulturelle und nationale Identität bewahrt haben. Sie kamen jetzt in die Bundesrepublik, da sie keine Möglichkeit mehr sehen, ihre Eigenständigkeit in der Sowjetunion zu erhalten und zu pflegen. In diese Thematik will die Ausstellung einerseits einführen, andererseits soll hier entsprechendes Kulturgut präsentiert werden. Sinn und Ziel der Ausstellung soll sein, Aufklärung zu betreiben und für gegenseitiges Verständnis zwischen den Aussiedlern und den Einheimischen zu werben, um somit Vorurteile abzubauen. Den Aussiedlern wird damit die soziale und wirtschaftliche Eingliederung erleichtert. Die Präsentation musealer Sammelarbeit dürfte auch die Einheimischen für die Thematik sensibel machen, denn nur so ist die Geschichte der Deutschen in Rußland/UdSSR dokumentarisch zu erfassen. Bis jetzt konnte nur ein kleiner Teil des für unsere Thematik spezifischen Kulturguts erfaßt und sichergestellt werden. Die Ausstellung zeigt einen weit größeren und intensiveren Ansatz, der hoffentlich mit kontinuierlicher Fortführung gekrönt sein wird. Es ist eine wichtige Aufgabe der Landsmannschaft hier weitere Anstrengungen zu unternehmen, um die »Spuren der Deutschen in Rußland/UdSSR«, die durch Deportation verwischt wurden, weiter festzuhalten.

Wir sind der Landesregierung unseres Patenlandes Baden-Württemberg und dem Bundesministerium des Innern außerordentlich dankbar, daß durch deren finanzielle Zuwendung die Ausstellung über die Geschichte und Kultur der Deutschen in Rußland/UdSSR ermöglicht wurde.

Ich hoffe und wünsche, daß diese Ausstellung bei der einheimischen Bevölkerung Anklang findet und einen Beitrag zum gegenseitigen Verständnis zwischen Aussiedlern und Einheimischen leistet.

Stuttgart, im September 1989

Franz Usselmann
Bundesvorsitzender der Landsmannschaft
der Deutschen aus Rußland

Leihgeber

Prof. Dr. M. von Albrecht, Heidelberg
Prof. Dr. E. Amburger, Heuchelheim
Bundesministerium des Innern, Bonn
F. Dobbert, Karlsruhe
E. Dyck, Neuwied
Galerie der Stadt Stuttgart
Georg-Dehio-Gesellschaft, Lohmar
P. Grünn, Wehr
Hauptstaatsarchiv Stuttgart
Heimatmuseum der Deutschen aus Bessarabien, Stuttgart
E. Hustedt, Blender
Institut für Auslandsbeziehungen, Stuttgart
Landsmannschaft der Deutschen aus Rußland e. V., Stuttgart
E. Möllmann, Wuppertal
E. und W. Pöhler, Esslingen
N. Rode, Neuss
Prof. J. Schweitzer, Straßburg/Frankreich
A. Schmal, Nürnberg
Staatliches Museum für Naturkunde, Stuttgart
Stiftung Otto Flath, Bad Segeberg
E. Viet, Oldenburg
G. Walsh, Bad Homburg
E. Wolf-Stohler, Pratteln/Schweiz
Zinnfigurenmuseum Kulmbach
K. Zöhner, Mühlacker
H. Zottmann, Ornbau

Konzeption und Redaktion

Ute Richter-Eberl, wiss. Mitarbeiterin der Landsmannschaft der Deutschen aus Rußland e. V., Raitelsbergstraße 49, 7000 Stuttgart

Mitarbeit

Claudia Kübler, Studentin, Raichbergstr. 21, 7400 Tübingen
Georg Müller, Journalist, Kapfstr. 16, 7022 Leinfelden-Echterdingen
Axel Bengsch, Karthograph, Kelteräckerstr. 16, 7407 Rottenburg

Übersetzungen

Elisabeth Wirzba, Studentin, Leonhard-Pamm-Str. 23/407, 8390 Passau
Sabine Schüßler, wiss. Mitarbeiterin des Seminars für osteurop. Geschichte, Universität, Wilhelmstr. 36, 7400 Tübingen

Beiträge

Prof. Dr. Michael. von Albrecht (M.A.), Universität Heidelberg, Am Forst 9, 6902 Sandhausen
Prof. Dr. Erik Amburger (E.A.), Universität Gießen/Marburg, Plattweg 2, 6301 Heuchelheim
Dr. Nina Berend (N.B.), Pädagogisches Gorki-Institut Omsk/UdSSR
Kristina Carl (K.C.), Landsmannschaft der Deutschen aus Rußland e. V., Raitelsbergstr. 49, 7000 Stuttgart
Dr. Fritz Dieterlen (F.D.), Staatliches Museum für Naturkunde, Rosenstr. 1, 7000 Stuttgart
Dr. Horst Fassel (H.F.), Institut für Donauschwäbische Geschichte und Landeskunde, Paulinenstr. 1, 7400 Tübingen
Dr. Luminiţa Fassel (L.F.), Romanistin, Ebertstr. 7, 7400 Tübingen
Peter Grünn (P.G.), Textilingenieur, Eichenweg 20, 7867 Wehr
Heinrich Heidebrecht (H.H.), Architekt, Dessauerstr. 2c, 7000 Stuttgart
Dr. Ekkhard Jäger (E.J.), Nordostdeutsches Kulturwerk, Conventstr. 1, 2120 Lüneburg
Reinhold Keil (R.K.), Journalist, Weimarer Str. 7, 6800 Mannheim
Dr. Annelore Leistikow (A.L.), Kunsthistorikerin, Moltkestr. 2, 4047 Dormagen
Ute Richter-Eberl (U.R.-E.), Landsmannschaft der Deutschen aus Rußland e. V., Raitelsbergstr. 49, 7000 Stuttgart (ebenfalls alle nicht gezeichneten Objektbeschreibungen)
Prof. Dr. Jean Schweizer (J.S.), Universität Straßburg, 10 fossée Riepberg, 67100 Strasbourg/Frankreich
Eilert Viet (E. V.), Bauunternehmer, Auguststr. 26, 2900 Oldenburg

Ausstellungsgestaltung und Grafik Design

Frank + Ranger, Stuttgarter Straße 77, 7000 Stuttgart 30
Mitarbeit: Andrea Koch, Peter Fajt

Photonachweis

Dr. A. Allmendinger, Heilbronn
Archiv der Hansestadt Lübeck
Archives départementales Strasbourg/Frankreich
Dr. N. Berend, Omsk/UdSSR
Bildarchiv Foto Marburg
B. von Bremen, Nordheide
Bundesarchiv Koblenz
Deutsches Theatermuseum, München
W. Fillippow, Moskau/UdSSR
Foto Gasche, Büdingen
Hessisches Staatsarchiv, Marburg
Hauptstaatsarchiv Stuttgart
R. Keil, Mannheim
Kulturamt Marktgemeinde Remlingen
Landesarchiv Graz/Österreich
Landesbibliothek Coburg
Landesbibliothek Kiel
Landesbibliothek Stuttgart
Landesbildstelle Stuttgart
Landsmannschaft der Deutschen aus Rußland e. V., Stuttgart
Maximilianeum München
J. Merling, Tamm
G. Müller, Leinfelden-Echterdingen
Österreichische Nationalbibliothek Wien/Österreich
E. Parth, Fotostelle der Universität Tübingen
Staatliches Museum für Naturkunde, Stuttgart
Universitätsarchiv Herrnhut/DDR
E. Viet, Oldenburg
H. Vogt, Stuttgart

Einleitung

Der zunehmende Strom deutscher Aussiedler aus der Sowjetunion macht eine neu erarbeitete historische Dokumentation über die Geschichte und Kultur der Deutschen in Rußland/UdSSR zur Notwendigkeit. Die Erarbeitung einer musealen Schausammlung und das anstehende zehnjährige Jubiläum der Patenschaft des Landes Baden-Württemberg über die Landsmannschaft der Deutschen aus Rußland e. V. boten den Anlaß, dieses Vorhaben in größerem Rahmen zu realisieren.

Der Planung dieser Wanderausstellung lag die Vorstellung zugrunde, die deutschen Einflüsse in Zusammenhang mit der Entwicklung des Russischen Reichs darzustellen. Die praktische Umsetzung des Themas vollzog sich in zwei Phasen: 1. die Erarbeitung des Themas anhand der einschlägigen Literatur, 2. das Sammeln und Auswerten möglicher Exponatgruppen. Im folgenden wurden Exponate aus öffentlicher Hand (Museen, Sammlungen, Archive) und von privater Seite (hier vor allem Leihgaben rußlanddeutscher Landsleute) registriert sowie verschiedene Modelle, Statistiken und Graphiken erstellt. Sie stützten sich meist auf die Literatur und auf das gesammelte Photomaterial, so etwa das Dorfmodell von Katharinenfeld und die Gemeindeordnung von Sarepta. Aus privater Hand sind vor allem der Familienbesitz von Prof. Dr. E. Amburger, Prof. Dr. M. von Albrecht, von E. Dyck, G. Walsh, M. Möllmann, P. Grünn, E. Viet, H. Rößner, J. Merling, E. Wolf-Stohler, H. Zottmann, dem gräflichen Haus Herberstein zu nennen. Hilfe aus öffentlicher Hand leisteten an erster Stelle das Heimatmuseum der Deutschen aus Bessarabien und die Georg-Dehio-Gesellschaft, aber auch das Hauptstaatsarchiv Stuttgart, das Hessische Staatsarchiv Marburg/L. und das Bundesarchiv Koblenz, schließlich das Institut für Auslandsbeziehungen Stuttgart, das Landesarchiv Graz und das Museum für Naturkunde Stuttgart.

Als besonders wertvoll darf die Photosammlung gelten, die Material gerade für die beginnende »düstere« Periode des Rußlanddeutschtums in den zwanziger und dreißiger Jahren unseres Jahrhunderts überliefert. Sie ist neben dem dinglichen Kulturgut wesentlicher Bestandteil der historischen Dokumentation. Denn – und dies wird durch die Exponatlage sichtbar – auch hier spiegelt sich das Schicksal dieser Volksgruppe, das durch den Zweiten Weltkrieg endgültig eine Zäsur in seiner eigenständigen kulturellen Entwicklung erfuhr. Diesen Geschichtspunkten trägt die Gliederung der Ausstellung Rechnung. Der inhaltliche Schwerpunkt liegt im 3. und 4. Kapitel, welche die Vielfalt deutschen Lebens im Russischen Reich dokumentieren. Es wurde hier Wert darauf gelegt, die einzelnen Objekte miteinander zu verknüpfen, sie in ihren historischen Kontext zu stellen und damit eine globale Übersicht über die Geschichte der Deutschen in Rußland/UdSSR zu bieten. Die Zäsur gegen Ende des Ausstellungskataloges, die vom 5. Kapitel an sichtbar wird, ist bewußt in Kauf genommen worden. Die ersten vier Kapitel vermitteln einen Eindruck von den guten russisch-deutschen Beziehungen bis zum Ende des 19. Jahrhunderts, ohne die die Exponate zum Teil überhaupt nicht mehr zugänglich wären, und schärft das Bewußtsein für die problematischen deutsch-sowjetischen Beziehungen in diesem Jahrhundert. Eine Zusammenfassung einzelner Ausstellungsgegenstände zu Exponatgruppen konnte in Ansätzen sichtbar gemacht werden, so bei der Münzsammlung im 2. Kapitel, bei den handgestickten Webarbeiten im 3. Kapitel und bei den Silberschmiedearbeiten im 4. Kapitel. Die vorliegende Präsentation zeigt die Ergebnisse einer sich über ein Jahr erstreckenden Such- und Sammeltätigkeit. Die sich im Laufe der Arbeit ergebenden inhaltlichen Probleme wie die kritische Auswahl der Objekte nach ästhetischen Gesichtspunkten und die Definition des Minderheitenstatus einzelner Persönlichkeiten im rußlanddeutschen Wirkungskreis wurde je nach den zur Verfügung stehenden Informationen flexibel gehandhabt.

Beim Aufbau der Ausstellung kommt der graphischen Gestaltung eine gewichtige Rolle zu. Großformatige Motive lockern die Kleingliedrigkeit auf und harmonisieren das Ensemble der Ausstellungsgüter. Das Zusammenspiel von inhaltlichen und graphischen Aspekten ist einer der wichtigsten Bestandteile der Museumsarbeit. Bei der Gestaltung der Ausstellung wurde auch mitbedacht, daß die museale Präsentation vom Wechsel und zum Teil vom Zufall lebt, dem man durch ein Neuarrangement Rechnung tragen kann.

Ute Richter-Eberl

1. Rußland und der Westen bis zu Peter I.

Voraussetzungen

1.1
Das Kiewer Reich und der Mongolensturm

Karte

Die Geschichte des Russischen Reichs, die mit dem Verfall des Kiewer Reichs und der Mongolenherrschaft eine tiefe Zäsur erfahren hat, ist in der Folge die Geschichte seiner Wiedervereinigung und seiner Expansion sowie deren Verwaltung. Insofern sind Leben, Kultur und Geschichte der Deutschen in Rußland mit dem Aufbau und der Kolonisation des Russischen Reiches aufs engste verbunden.
Die vor der Mongolenherrschaft bestehenden deutsch-russischen Beziehungen zeigten keine Kontinuität und rissen im 12. Jahrhundert endgültig ab.
Das Kerngebiet der Ukraine, mit dem Hauptfluß Dnjepr und dem kulturellen Mittelpunkt Kiew, in dessen Umgebung sich im 19. Jahrhundert Deutsche aus Polen und Südwestdeutschland ansiedelten (Wolhyniendeutsche), bildete vom 9. bis Ende des 12./Anfang des 13. Jahrhunderts den Mittelpunkt des ersten Russischen Reichs, des sogenannten Kiewer Reichs. Es bestand aus einer Konföderation kleiner Territorien, von denen die Großfürsten Kiews die Führungsrolle übernahmen. Eine Destabilisierung der Lage setzte mit dem Tod Jaroslaws ein, als das Reich 1054 unter seinen fünf Söhnen aufgeteilt wurde. Dies war zugleich der Beginn der schleichenden Dezentralisation und Schwäche des Reichs, die den Mongolen den Vorstoß nach Westen erleichterte.
Im 12./13. Jahrhundert bildeten sich drei Machtzentren im Reich heraus: im Südwesten das Fürstentum Halytsch-Wolhynien, im Nordwesten Groß-Nowgorod und im Nordosten Susdal-Wladimir. Die restlichen Teilfürstentümer waren schlecht verwaltet. Als der erste Erkundungsstoß der Mongolen 1223 das Kiewer Reich traf, war es in Kleinstaaterei zerfallen und innerlich labil. Die Schlacht an der Kalka im selben Jahr endete für die Russen mit einer Niederlage. Zur Eroberung setzten die Mongolen allerdings erst 15 Jahre später an. Sie erreichte 1240 mit dem Fall Kiews und dessen Besetzung durch die Mongolen ihren Höhepunkt. Bis auf die nordrussischen Gebiete (Nowgorod, Pskow) hielten die Mongolen das gesamte Territorium des Kiewer Reichs okkupiert. Die Herrschaft von Dschingis Khans Nachfolger und Enkel Batu und dessen Erben sollte 200 Jahre währen. Diese Zeit war für das russische Volk mit einem zivilisatorischen und kulturellen Stillstand verbunden. Die den Ostslawen in ihrer Entwicklung weit zurückliegenden mongolischen Herren machten sich deren Kultur und Wirtschaft zunutze, indem sie ein tributäres System errichteten. Die Hauptstadt des Khanats, auch Kiptschak genannt, wurde Saraj an der Wolga. Das »Tatarenjoch« bedeutete für die Russen größtenteils totale Isolation, vor allem gegenüber der westlichen Welt und deren Entwicklung.

Literatur:
B. Spuler, Die Goldene Horde. Die Mongolen in Rußland 1223–1502, Wiesbaden 1965; Handbuch der Geschichte Rußlands, Bd. 1 (Von der Kiewer Reichsbildung bis zum Moskauer Zarentum bis 1613), hg. von M. Hellmann, Stuttgart 1981; Die Mongolen. Ausstellungskatalog, 2 Bde., hg. von W. Heissig/C. Müller, Frankfurt/M. 1989.

U. R.-E.

1.2
Mongolische Reiter

Aquarell, coloriert
19. Jahrhundert
20 × 10 cm
Rehmann-Sammelmappe
Photographie
Privatbesitz

Das Bild zeigt zwei Mongolen zu Pferde, die sich in Kriegsübungen mit Pfeil und Bogen beweisen.

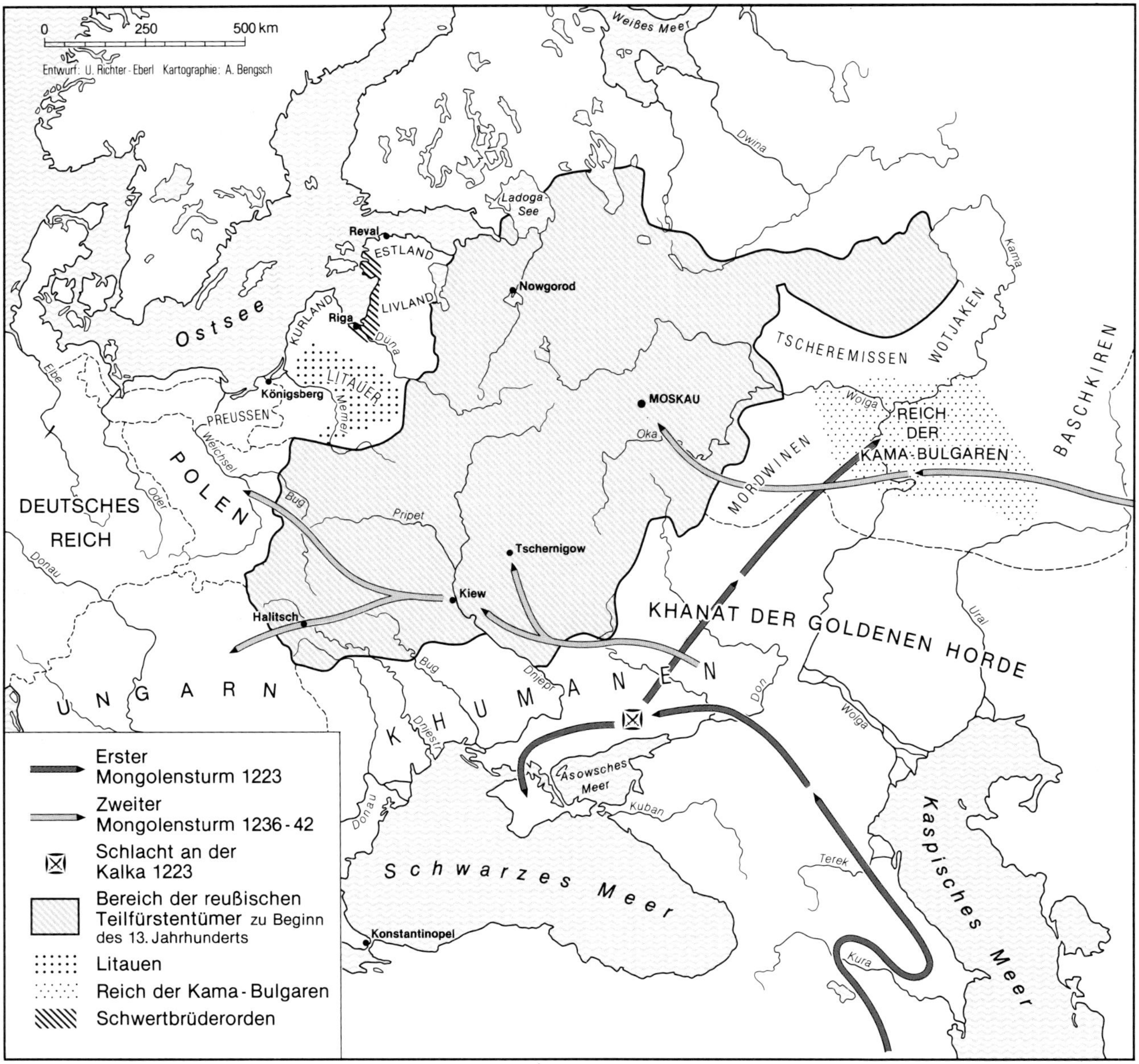

0
250
500 km
Entwurf: U. Richter-Eberl Kartographie: A. Bengsch
Weißes Meer
Dwina
Ladoga-See
Reval
ESTLAND
Nowgorod
Kama
LIVLAND
Riga
Ostsee
KURLAND
Düna
TSCHEREMISSEN
WOTJAKEN
LITAUER
Königsberg
Memel
MOSKAU
Wolga
REICH DER KAMA-BULGAREN
PREUSSEN
Oka
BASCHKIREN
Weichsel
POLEN
MORDWINEN
Elbe
Oder
DEUTSCHES REICH
Bug
Pripet
Tschernigow
Donau
Kiew
KHANAT DER GOLDENEN HORDE
Ural
Halitsch
Bug
Dnjepr
Don
UNGARN
KHUMANEN
Wolga
Dnjestr
Asowsches Meer
Kuban
Donau
Terek
Schwarzes Meer
Kaspisches Meer
Konstantinopel
Kura
Erster Mongolensturm 1223
Zweiter Mongolensturm 1236-42
Schlacht an der Kalka 1223
Bereich der reußischen Teilfürstentümer zu Beginn des 13. Jahrhunderts
Litauen
Reich der Kama-Bulgaren
Schwertbrüderorden

1.1

1.2

Die Szene ist typisch für die Taktik der Mongolen, Pfeil und Bogen als Waffen im Galopp einzusetzen, um einen schnellen Überraschungssieg zu erringen. Die existenzielle Grundlage des mongolischen Nomadenkriegers war das Steppenpferd, das er domestizierte. Die Kleidung des Kriegers ist zweckmäßig und leicht. Sie besteht aus wattierten Jacken, unter denen Kettenhemden getragen werden. Der Kopf wurde mit Spangenhelmen geschützt. (Nicht abgebildet).

Literatur:
K. Jettmar, Die frühen Steppenvölker, Baden-Baden 1980.

1.3
Dschingis Khan

Unbekannnter Meister
Photographie
Museum für Völkerkunde Berlin
Bildarchiv

Dschingis Khan wurde 1155/67 als Sohn eines kleinen Stammesfürsten geboren. Seinen 1206 angenommenen Beinamen – er hieß ursprünglich Temudschin (Schmied) – legte er sich angesichts der

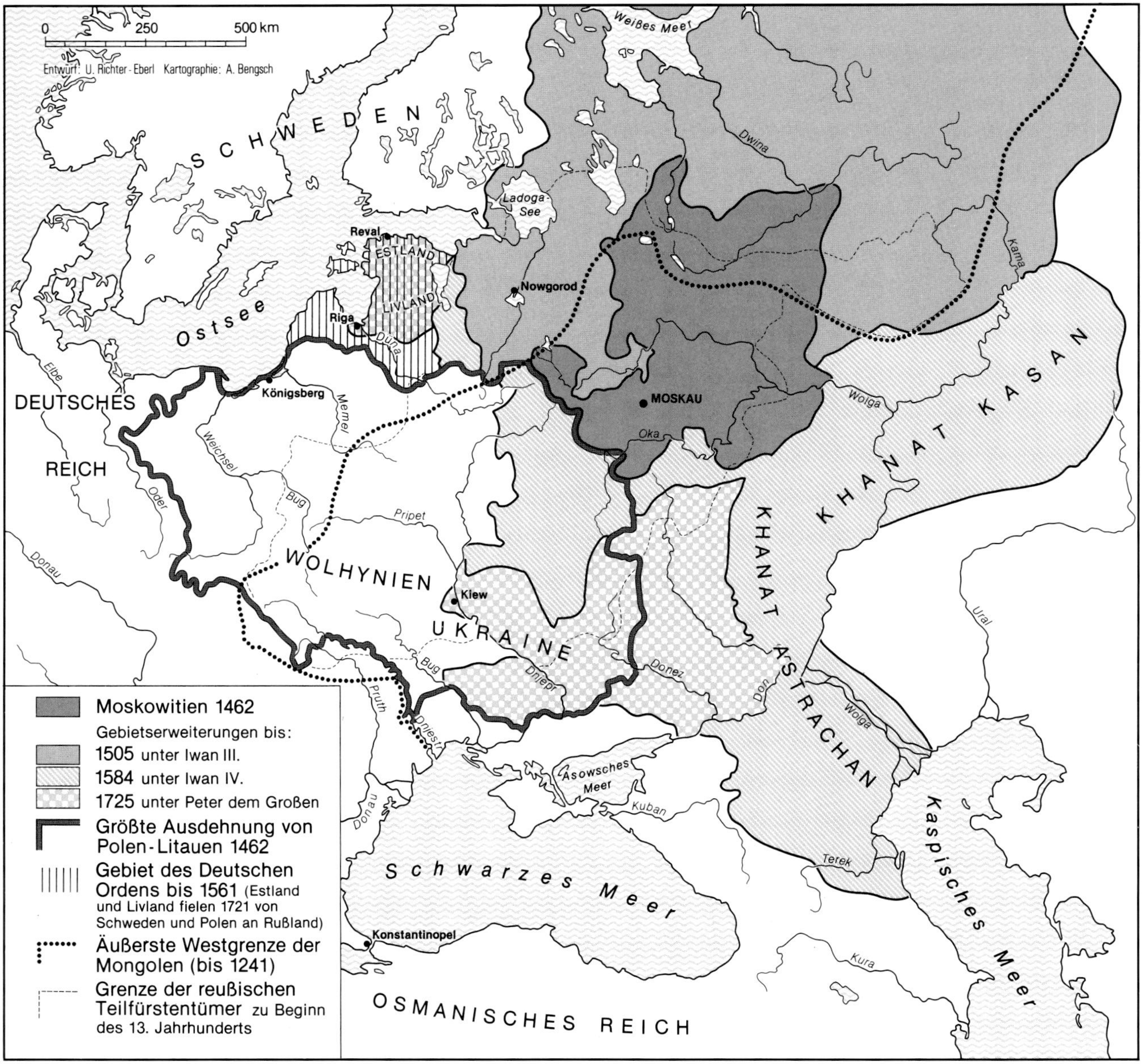
0
250
500 km
Entwurf: U. Richter-Eberl Kartographie: A. Bengsch
Weißes Meer
SCHWEDEN
Dwina
Ladoga-See
Reval
ESTLAND
LIVLAND
Nowgorod
Kama
Ostsee
Riga
Düna
Königsberg
Memel
MOSKAU
Wolga
Oka
DEUTSCHES REICH
Elbe
Weichsel
Oder
Bug
Pripet
Donau
WOLHYNIEN
Kiew
UKRAINE
KHANAT KASAN
KHANAT ASTRACHAN
Ural
Donez
Don
Dnjepr
Pruth
Dnjestr
Asowsches Meer
Kuban
Terek
Schwarzes Meer
Kaspisches Meer
Konstantinopel
Kura
OSMANISCHES REICH
Moskowitien 1462
Gebietserweiterungen bis:
1505 unter Iwan III.
1584 unter Iwan IV.
1725 unter Peter dem Großen
Größte Ausdehnung von Polen-Litauen 1462
Gebiet des Deutschen Ordens bis 1561 (Estland und Livland fielen 1721 von Schweden und Polen an Rußland)
Äußerste Westgrenze der Mongolen (bis 1241)
Grenze der reußischen Teilfürstentümer zu Beginn des 13. Jahrhunderts

1.4

Tatsache zu, daß seine seit 1188 angestrebte Herrschaft über die Mongolei abgeschlossen war.
Bei seinem Tod 1227 hinterließ Dschingis das größte Imperium der Menschheitsgeschichte, das vom Chinesischen Meer bis nach Europa reichte. Sein auf den Grundsätzen des Nomadentums aufgebautes Reich basierte auf der Adaption chinesischer und iranischer religiöser Werte, auf Gottergebenheit und Duldsamkeit.

Literatur:
I. J. Korostowetz, Von Dschingis Khan zur Sowjetrepublik, Berlin–Leipzig 1926

1.4 Der Aufstieg Moskaus unter der Tatarenherrschaft (15.–17. Jahrhundert)

Karte

Das von den Mongolen errichtete tributäre System beließ die russischen Teilfürsten rechtmäßig in ihren Funktionen. Dementsprechend hatten sie einen verfassungsmäßig sanktionierten Handlungsspielraum. Die innerrussische Politik des 14./15. Jahrhunderts zeigt zwei Tendenzen: militärische und politische Einigung der Teilfürstentümer und Abwehr der Fremdherrschaft. In diesem Prozeß kristallisierte sich Moskau als Führungsmacht heraus. Mit seinem Programm, dem »Sammeln« von Ländern, stand Moskau bis 1462, dem Regierungsantritt Iwans III., unter dessen Herrschaft entscheidende Weichen für die russische Geschichte gestellt wurden, in Konkurrenz zu Litauen, das, durch Personalunion mit Polen, die nach der 1386 geschlossenen Ehe zwischen dem Litauer Großfürsten Jagiello und der polnischen Thronerbin Hedwig eingeleitet wurde, das Kerngebiet der Ukraine besetzt hielt. Die altrussische Einheit löste sich allmählich auf in die Volksgruppe der Ukrainer unter polnischer, in Weißrussen unter litauischer und in Großrussen unter tatarischer Hoheit.
Auf Grund der Auseinandersetzungen mit Litauen-Polen konzentrierte sich die territoriale Ausdehnung Moskaus zunächst auf den Norden, wo die politische Einigung Nordrußlands mit der Einnahme Nowgorods und der endgültigen Aufgabe seiner Autonomie 1478 zum Abschluß kam.
Im Norden grenzte das Moskauer Fürstentum nun an das Polarmeer, an das Königreich Schweden und das Gebiet des Deutschen Ordens. Das Reich rückte in unmittelbare Nähe des westeuropäischen Einfluß- und Kulturbereichs. Mit der Eroberung Nowgorods im Norden und Nordwesten erbte Moskau allerdings zugleich einen seit Generationen bestehenden Konflikt mit den Nachbarn Litauen und Livland, der die Geschichte des Russischen Reiches bis ins 18. Jahrhundert hinein beschäftigen sollte. Bestimmend wirkte dabei der Kampf um einen Zugang zur Ostsee und der damit verbundenen politischen und strategisch wichtigen Lage zum europäischen Westen.
In den folgenden Auseinandersetzungen mit Schweden, das Mitte des 17. Jahrhunderts seine europäische Großmachtstellung mit seiner Dominanz im Ostseeraum durchsetzte, mußte Moskau vorerst auf seine Besitzungen im Baltikum verzichten, ohne jedoch seine Ansprüche aus den Augen zu verlieren. Nach der russischen Niederlage im baltischen Raum fallen die livländischen Eroberungen 1661 im Frieden von Kardis an Schweden zurück. Erst Peter dem Großen gelingt es 1721 im Frieden von Nystad, das Baltikum, diesmal in seiner Gesamtheit, für Rußland zurückzugewinnen. Die Befreiung von Litauen/Polen nach Südwesten gelang Alexej Michailowitsch 1660 im Frieden von Oliva mit der Rückgewinnung der Ostukraine, Seweriens und Teilen Weißrutheniens – einst altrussisches Kernland.
Das Abwerfen der tatarischen Herrschaft leitete 1480 der letzte Angriffsversuch der Mongolen ein; der Verdrängungsprozeß kulminierte unter Iwan IV. in der Eroberung der Khanate Kasan und Astrachan 1552–1556. Er zog die allmähliche Eroberung Sibiriens, die 1689 unter Iwan V. zum Abschluß kam, nach sich. Jenseits der diplomatischen Beziehungen, die vom 15. bis 17. Jahrhundert starken Schwankungen unterworfen waren, darf das Handelsleben als eine wichtige Konstante im Ost-West-Verhältnis des Russischen Reiches angesehen werden. Wenngleich die wirtschaftliche und politische Blüte der Hanse bereits zu diesem Zeitpunkt verblichen war, war sie ein wichtiger Faktor als Tor zum Westen. Kristallisationspunkt war und blieb Lübeck, das sich, trotz der beginnenden Konkurrenz im Atlantikhandel, seinen Platz im Rußlandhandel zu wahren wußte. Über den Hafen von Wisby galten Riga und Narwa als Hauptumschlagplätze für die Verbindung ins Innere Rußlands mit dem Mittelpunkt Nowgorod. Exportiert wurden hauptsächlich Pelze, Wachs und Leder, als Importware stand Butter an erster Stelle. Auch nach der Schließung des Peterhofes in Nowgorod 1494, die die ökonomischen Machtverhältnisse zugunsten Moskaus verlagerten, fluktuierte der Handelsaustausch. Besonders unter Iwan III. (1462–1505) setzte der kulturpolitische Aufbau des Moskauer Staates ein, indem er aus dem Westen vor allem deutsche Vertreter in Handel, Militär und Diplomatie in die Hauptstadt zog. Die Gründung und Anlage der Moskauer Fremdenvorstadt fällt in diese Zeit. Die Bedeutung Lübecks für den Rußlandhandel blieb auch im 17. Jahrhundert bestehen. Die Hansestadt sicherte sich im Handelsprivileg von 1603 den Handelsverkehr mit Rußland, wenngleich die

Effizienz der Beziehungen durch die »Wirren« des Moskauer Staates und den Dreißigjährigen Krieg in Europa gering war.
Die diplomatischen Beziehungen zum Deutschen Reich waren mit der Herrschaft der Mongolen über Rußland abgebrochen. Die Folgebeziehungen können nur als sporadisch bezeichnet werden und unterliegen weniger einer kontinuierlichen Politik als spontaner Taktik, die Moskau zu einer Stellung im europäischen Beziehungsgeflecht des 16. und 17. Jahrhunderts verhelfen konnte. Dementsprechend muß der Stand der Information über Rußland im deutschsprachigen Gebiet beurteilt werden.

Literatur:
H. Neubauer, Das Moskauer Privileg für Lübeck 1603, in: Jahrbücher für Geschichte Osteuropas, NF, Bd. 16 (1968), S. 70–84; Handbuch der Geschichte Rußlands, Bd. 2 (Vom Randstaat zur Hegemonialmacht, bis 1856), hg. von K. Zernack, Stuttgart 1986; Lübecksche Geschichte, hg. von A. Graßmann, Lübeck 1988.

U. R.-E.

1.5
Handelsprivileg der Stadt Lübeck für den Rußlandhandel

1603
Photographie
Archiv der Hansestadt Lübeck
Ruthenica 36

Die Urkunde beinhaltet ein Zollprivileg allein für die Hansestadt Lübeck für den Rußlandhandel.
Die Originalurkunde gilt seit 1945 als verschollen. Nach der Beschlagnahmung der Lübecker Archivalien durch die Sowjets 1946 kehrte nur noch ein Teil des Bestandes 1950 ins Deutsche Zentralarchiv Potsdam zurück, darunter nicht die Ruthenica und Borussia.
Das Format des Pergaments läßt sich nicht genau bestimmen, der Schriftspiegel ist 20 cm breit und enthält bei 19,5 cm Höhe 58 Zeilen. 25 cm hohe Zierleiste, 17 cm lange, senkrecht gestellte Girlande. Als Motive sind geometrisch stilisierte Ranken, Blätter, Blüten, Trauben verwendet, die auf den Einfluß italienischer Buchmalerei der Renaissance schließen lassen.
Als Hängesiegel angebrachte vergoldete Silberbulle (∅ ca. 76 mm), innere Scheibe (∅ 37 mm) trägt den doppelköpfigen Adler mit einem Brustschild, auf dem ein Einhorn abgebildet ist.

Aus: H. Neubauer, Das Moskauer Privileg für Lübeck 1603, in: Jahrbücher für Geschichte Osteuropas, NF, Bd. 16 (1968), S. 73.

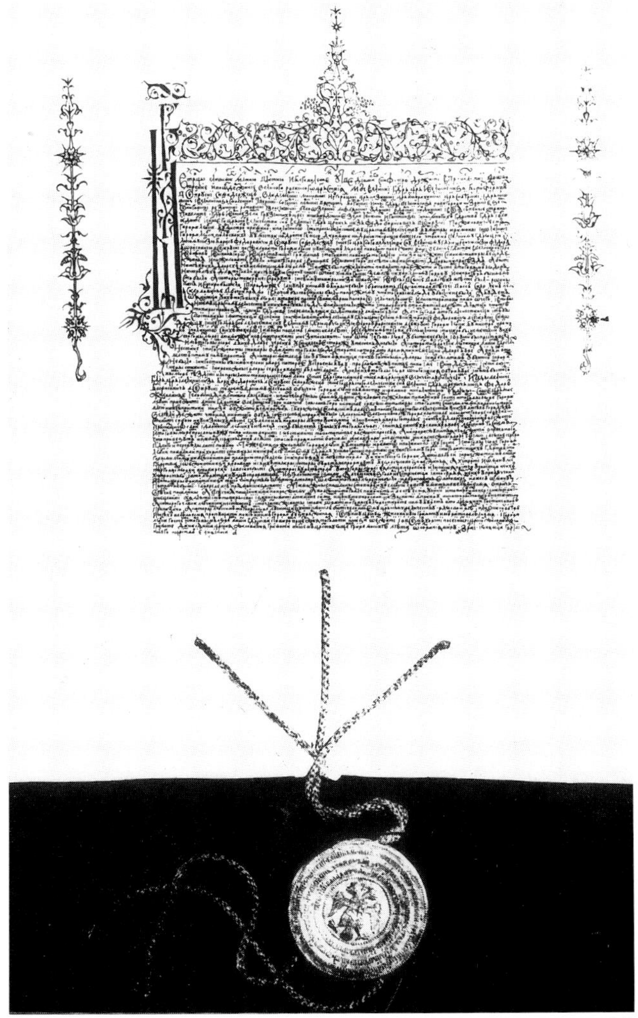

1.5

1.6
Moskowiter Herr

Russische Chronik von S. von Herberstein
Deutsche Ausgabe 1559, S. 89
20 × 50 cm
Holzstich von Lautensack * 1524
Landesbibliothek Stuttgart
Sign. HB b 327

1.7
Kampf der Moskowiter gegen die Mongolen, Rückeroberung Kasans (1552–1556)

Holzstich von Lautensack, * 1524
aus: Russische Chronik von S. von Herberstein
Deutsche Ausgabe 1559, S. 120
Landesbibliothek Stuttgart
Sign. HB b 327

Der durch Lautensack modifizierte Holzstich zeigt Moskoviter und Mongolen in der Schlacht um Kasan. Die Eroberung des Khanats unter Iwan IV. 1556 leitete die Befreiung Rußlands von der Tatarenherrschaft ein.

1.6

Literatur:
Handbuch der Geschichte Rußlands, Bd. 1 (Von der Kiewer Reichsbildung bis zum Moskauer Zarentum bis 1613), hg. von M. Hellmann, Stuttgart 1981.

1.8
Siegmund Graf von Herberstein. Deutscher Botschafter und kaiserlicher Gesandter in Moskau

Tafel

Als einer der wichtigsten westlichen Informanten in der Zeit des Moskauer Reiches gilt bis heute der als deutscher Botschafter und kaiserlicher Gesandter fungierende steiermärkische Graf Siegmund von Herberstein (1486–1566), dessen Rußlandbericht »Rerum Moscoviticarum commentari« in der lateinischen Erstausgabe 1549 in Wien erschien und Eindrücke seiner beiden 1517 und 1526 unternommenen Rußlandreisen zusammenfaßt. Das Buch wurde in mehrere Sprachen übersetzt. Von den von 1549 bis 1600 erschienenen zwanzig Ausgaben sind neun in lateinischer, sieben in deutscher, zwei in italienischer und zwei in englischer Sprache veröffentlicht. Während die lateinische Ausgabe noch keine Illustrationen enthält, bereicherte Herberstein die Übersetzungen mit Stichen, die er nach seinen Entwürfen bei Hirschvogel (* 1503) und Lautensack (* 1524) in Auftrag gab. Mit dem Auftrag zur Radierung der Herbersteinschen Skizzen etablierte sich Hirschvogel als einer der einfühlsamsten (Landschafts-) Grafiker seiner Zeit. Die Grafiken erfuhren durch Lautensack, wie Hirschvogel ebenfalls Nürnberger, eine Modifizierung. Das Werk ist in vier Teile geteilt. Erstens in Dedikationen und Gedichte, zweitens in einen religiöse, geschichtliche, wirtschaftliche und soziale Aspekte russischer Verhältnisse behandelnden Abschnitt, drittens in eine Landesbeschreibung und viertens in einen Anhang mit Angabe der Itinerarien.
Bemerkenswert ist der chronologische Aufbau des Berichts, in dem vor allem die Beschreibung der einzelnen Teile des Moskauer Staates besticht. Die Informationen sind erstaunlich genau und frei von jeglicher kultureller Arroganz. Den Zeitgenossen eröffnete sich damit eine völlig neuwertige Informationsquelle noch nie dagewesenen Ausmaßes.
Man kann davon ausgehen, daß die Quellen, die Herberstein benutzt hat und deren Ursprung er teilweise selbst angibt, wahrheitsgemäß informieren. Es ist sogar anzunehmen, daß Herberstein auf Grund seines politischen Geschicks interne Informationen aus dem engeren Umfeld des Moskauer Fürsten erfuhr und der westlichen Welt vermitteln konnte. Diese Informationskette war so intim,

1.9

daß es nachfolgenden Berichterstattern nicht gelang, Herbersteins Aussagen in ihrem Kern zu revidieren.
Ungefähr 100 Jahre lang galt der Bericht Herbersteins als aktuellste Information, aus der andere Autoren, wie z. B. Adam Olearius, der Mitte des 17. Jahrhunderts Bibliothekar am Hof des Herzogs von Holstein-Gottorp war und selbst eine Rußlandreise unternommen hat, profitierten. Erst Peter I. hob die Informationssperre gegenüber dem Westen auf.

Literatur:
W. Leitsch, Das erste Rußlandbuch im Westen. Siegismund Freiherr von Herberstein, in: Russen und Rußland aus deutscher Sicht 9.–17. Jahrhundert, hg. von M. Keller, München 1985, S. 118–149; Die Steiermark. Brücke und Bollwerk, hg. von G. Pferschy/P. Krenn, Graz 1986 (Veröffentlichungen des Steiermärkischen Landesarchivs, Bd. 16); Lübeckische Geschichte, hg. von A. Graßmann, Lübeck 1988; G. Pferschy, Siegmund von Herberstein. Kaiserlicher Gesandter und Begründer der Rußlandkunde und die europäische Diplomatie, Graz 1989 (Veröffentlichungen des Steiermärkischen Landesarchivs, Bd. 17).

U. R.-E.

1.9
Siegmund von Herberstein

Ölportrait, coloriert
Kopie, unbekannter Künstler
undatiert
95 × 198 cm
Schloß Herberstein, Österreich

Das Bild zeigt Herberstein im Pelzmantel nach russischer Art.

1.10
Schloß Herberstein

Schloßhof (Innenansicht)
Photographie, 1988
Museum der Deutschen aus Rußland, Stuttgart

Der Palas, der älteste Bauteil des Schlosses, wurde Anfang des 13. Jahrhunderts angelegt und befindet sich am Fuße eines Berges in geschützter Lage. Die natürlichen Gegebenheiten bedingten einen Ausbau ins Tal hinein. Im 16. Jahrhundert wurden alle mittelalterlichen Teile überbaut. Die Pläne für den Ausbau des Schloßhofes und des Portals, wie wir sie heute sehen, dürften von Georg dem Breiten stammen. Die Ausführungen selbst konnten erst Anfang des 17. Jahrhunderts, nachdem die Erbfolge geklärt war, in Angriff genommen werden.

Literatur:
H. Purkarthofer, Burg und Schloß Herberstein, in: Die Steiermark. Brücke und Bollwerk, Graz 1986, S. 553f.

1.11
Wappen Siegmunds von Herberstein

Holzschnitt, coloriert
in: Familienbuch der Grafen von Herberstein
Photographie: Originalgröße
Landesarchiv Graz, Familienarchiv Herberstein

Die hier gezeigte Form des Wappens geht auf eine Wappenbesserung zurück, die Kaiser Karl V. am 4. Januar 1522 gewährte. Sie bezieht sich auf die Verdienste Herbersteins für den deutschen Kaiser in Rußland. Die drei dargestellten Figuren sollen in der Mitte den Kaiser, (heraldisch) rechts einen König und (heraldisch) links den russischen Großfürsten Vasilij III. darstellen. Rechts außen vom Wappen steht ein Autograph Siegmunds.

1.12
Moskowiter Fürstenmahlzeit

Russische Chronik von S. von Herberstein
Deutsche Ausgabe 1559, S. 107
Holzstich von Lautensack, * 1524
Landesbibliothek Stuttgart
Sign. HB b 327

1.13
Reiseweg Siegmunds von Herberstein 1516–1518 nach Moskau und zurück

Karte
Eintragungen des Familienbuches
fol. 39v–45r
Pergament
Landesarchiv Graz, Familienarchiv von Herberstein

Die Reise führte Siegmund von Herberstein von Innsbruck nach Moskau auf rund 100 Stationen über Mähren und Polen. Die Rückkehr erfolgte im Frühjahr 1518.

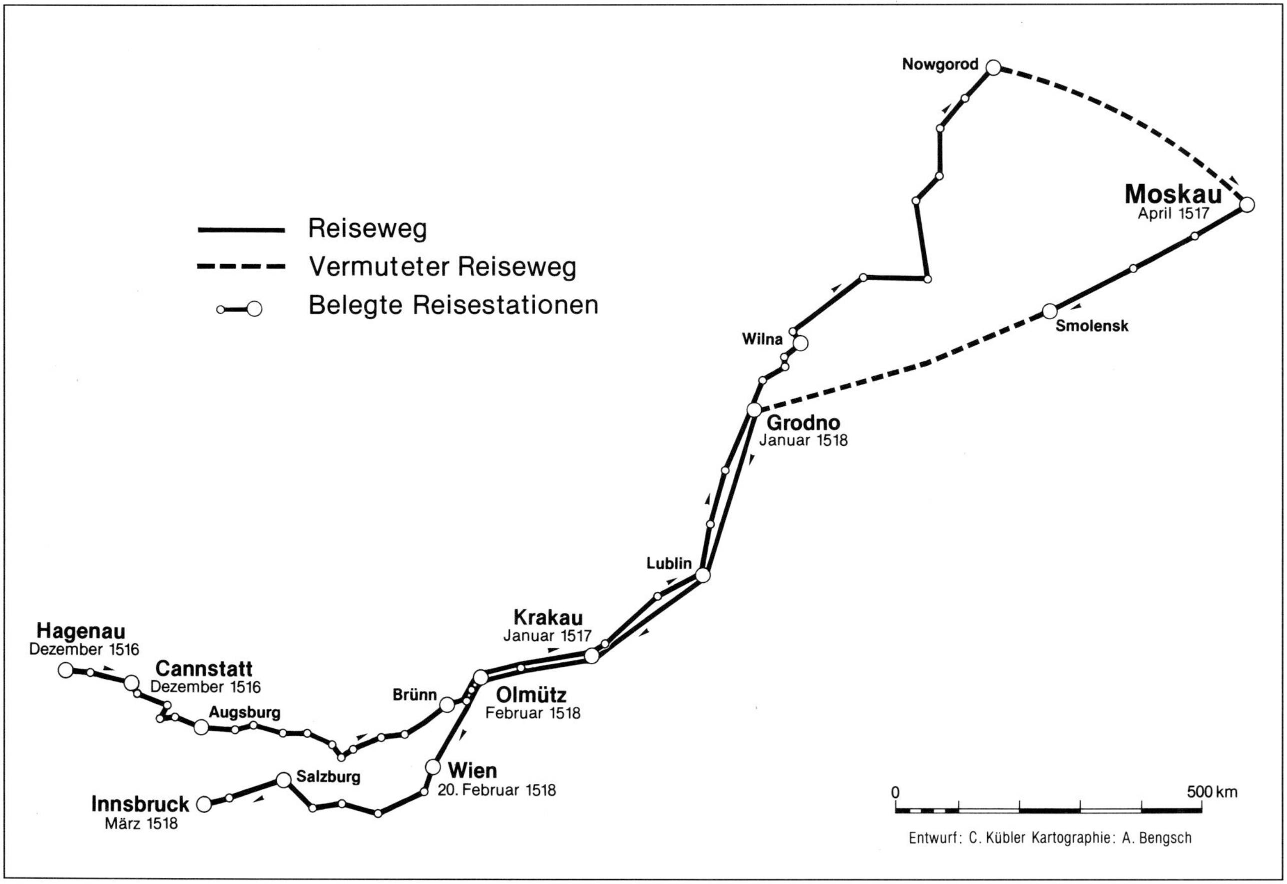
Reiseweg
Vermuteter Reiseweg
Belegte Reisestationen
Nowgorod
Moskau
April 1517
Wilna
Smolensk
Grodno
Januar 1518
Lublin
Krakau
Januar 1517
Hagenau
Dezember 1516
Cannstatt
Dezember 1516
Augsburg
Brünn
Olmütz
Februar 1518
Wien
20. Februar 1518
Salzburg
Innsbruck
März 1518
0
500 km
Entwurf: C. Kübler Kartographie: A. Bengsch

1.13

2. Peter I. und die Öffnung nach Westen

Tafel

Peter I. (1682/89–1725) übernahm bei Regierungsantritt von seinen Vorfahren ein im Laufe der zwei vorangegangenen Jahrhunderte über die einstigen Grenzen altrussischen Kernlandes hinaus erweitertes Territorium, das aufgrund seiner Größe einerseits die Basis für die künftige Großmachtstellung Rußlands bildete, andererseits hinsichtlich der inneren Staatsorganisation den Zaren vor große Strukturprobleme stellte. Abgesehen davon, daß die Vorgänger des Zaren sich nach dem Westen hin relativ verschlossen gezeigt haben und eine »westliche« Belebung des Russischen Reichs nur sporadisch vorgenommen wurde – im Vordergrund stand zunächst immer der territoriale Wiederaufbau des Reichs nach der Mongolenherrschaft – stand Peter vor der Aufgabe, nicht nur dem Reich den Anschluß an wissenschaftlichen und technischen Fortschritt zu vermitteln, sondern auch die vielen verschiedenen Völkerschaften des Reiches zu koordinieren. Dieser Aufgabe hatten sich seine Vorgänger nicht gestellt. Die Bewunderung des Zaren für alles fremdländisch-Westliche dürfte wohl schon in seiner Jugendzeit gelegt worden sein, in der er ständiger Gast der Moskauer Fremdenvorstadt, der nemezkaja sloboda, war. Anregungen zur Modernisierung des Staatswesens holte sich Peter I. auf seinen Europareisen, die geradezu legendär in die Historiographie eingingen.
Der Anschluß des Baltikums ans Russische Reich mit den wichtigen Ostseehäfen Reval und Riga eröffnete ihm die Möglichkeit, eine konkurrenzfähige, maritime Handelsmacht auszubauen. Das Zentrum des russischen Seehandels allerdings verlegte er in die 1703 gegründete Hauptstadt St. Petersburg. Hier war auch die von ihm ins Leben gerufene Ostseeflotte stationiert, die 1725 zweiunddreißig Linienschiffe, 16 Fregatten und eine große Galeerenflotte umfaßte.
Den inneren Aufbau und die Modernisierung des russischen Staatswesens gestalteten Deutsche in diversen Bereichen mit. Abgesehen von den Deutschbalten, die durch das Inkrafttreten der Rangtabelle von 1722 die Möglichkeit des Aufstiegs in den höheren Staatsdienst erhielten und sich vor allem in Militär und Diplomatie etablierten, rief Peter westliche Ausländer zum inneren Aufbau des Landes in die Hauptstadt. Das Manifest verfaßte der Deutschbalte Patkul und übertrug es 1702 ins Deutsche. Es lockte aus dem deutschen Sprachraum vor allem Handwerker und technische Spezialisten an. Führend war die Gruppe der Ärzte, die in St. Petersburg das Monopol innehatten. Der Leibarzt des Zaren war der Deutsche Laurentius Blumentrost. Die deutsche Bevölkerung, die seit 1728 ihr eigenes Presseorgan, die St. Petersburger Zeitung, hatte, stieg bis Anfang des 20. Jahrhunderts auf die Hälfte der ausländischen Bevölkerung Petersburgs an. 1881 besaß ca. ein Drittel noch die deutsche Staatsangehörigkeit.
Wenn auch nicht systematisch, so faßte der Zar die Modernisierungsvorhaben für sein Land doch konsequent an. Für die Beziehung zu den Deutschen sind besonders zwei Aspekte hervorzuheben:

1. Die Einbindung Rußlands ins europäische Mächtesystem mit deutscher Hilfe,
2. der innere Aufbau und die Modernisierung des russischen Staatswesens unter Mitwirkung von Deutschen.

Innen- sowie außenpolitisch versuchte Peter das von ihm übernommene Territorium zu stärken. Dies soll am Beispiel der Münzreform, der Akademie der Wissenschaften und der Heiratsallianzen aufgezeigt werden.

Literatur:
R. Wittram, Peter I. Czar und Kaiser. Zur Geschichte Peters des Großen in seiner Zeit, 2 Bde., Göttingen 1964; R. K. Massie, Peter der Große und seine Zeit, Königstein/Ts. 1980.

U. R.-E.

2

2.1

2.1
Peter der Große 1682/89–1725

Öl/Leinwand
1862
Alexander von Kotzebue 1815–1889
4 × 3 m
Maximilianeum, München

Das Gemälde »Die Gründung von St. Petersburg durch Peter den Großen im Jahre 1703« wurde von Kotzebue mit ausdrücklicher Genehmigung des Zarenhofes nach Auftrag von Maximilian II. von Bayern angefertigt. Es reiht sich thematisch in die vom Künstler bevorzugte Kategorie der Historienmalerei ein. Dazu angeregt dürfte Kotzebue wohl in der St. Petersburger Kunstakademie worden sein, wo er die Klasse des Schlachtenmalers Sauerwied besuchte.
Kotzebue ist ein Sohn des ermordeten Dichters August von Kotzebue, der aufgrund seiner guten russischen Kontakte in der Funktion als russischer Staatsrat von deutschen Burschenschaften als Staatsverräter angesehen und von dem Jenaer Studenten Karl Ludwig Sand 1819 erdolcht wurde.

Literatur:
G. Calov, Russen und Deutsche in der bildenden Kunst, in: Tausend Jahre Nachbarschaft, Rußland und die Deutschen, hg. von M. Hellmann, München 1988, S. 221–246.

2.2
Alexander von Kotzebue empfängt den bayerischen König in seinem Atelier in St. Petersburg

Bildarchiv Foto Marburg
(näheres s. 2.1)

2.3
Johann Reinhold von Patkul 1660–1707

Bildarchiv Foto Marburg

Patkul trat nach seiner Ausbildung zum Juristen 1687 in Riga in schwedische Offiziersdienste. Seit 1702 in russischen Diensten als Gesandter in Wien, Berlin und Dresden, setzte er sich wie auch vordem als Führer der livländischen Ritterschaft für die nationalen Rechts- und adeligen Selbständigkeitsansprüche ein.

Literatur:
Y. Erdmann, Der livländische Staatsmann Johann Reinhold von Patkul, Berlin 1970.

2.4
Plan von St. Petersburg

aus: St. Petersburg in Bildern und Skizzen von J. G. Kohl, 1. Teil, Dresden/Leipzig 1845, Anhang; Papier 20 × 30 cm, Institut für Auslandsbeziehungen, Stuttgart

Der Stadtplan zeigt bereits alle Siedlungsflächen der Stadt, die 1703 von Peter I. gegründet wurde, an. Ursprünglich wurde als erste Siedlung die Festung St. Peter und Paul angelegt, von wo aus sie sich erweiterte. Die Stadtviertel benennen sich nach ihrer Lage in die Moskauer Seite (links der Newa), die Wyborger Seite rechts, der Petrograder Seite und der Wassilij-Insel im Newadelta. Die Wasilij-Insel wurde schon bei der Gründung ins Baugebiet einbezogen und beherbergt wichtige kulturelle Institutionen wie die Akademie der Wissenschaften (1725 gegründet), die Universität (1819) und die Akademie der Künste (gegründet 1757). Der Hof übersiedelte 1712 nach St. Petersburg. Doch blieben viele Zentralbehörden in Moskau, so daß das Russische Reich verwaltungstechnisch und kulturell bis ins 20. Jahrhundert hinein zwei Hauptstädte besaß.
Die Anzahl der Deutschen in der neuen Hauptstadt war überproportional gegenüber der anderer nichtrussischer Nationalitäten. Mehr als die Hälfte der ausländischen Bewohner St. Petersburgs war Anfang des 20. Jahrhunderts deutscher Herkunft.
Die deutsche Kolonie hatte bereits seit 1728 eine eigene deutschsprachige Zeitung zur Verfügung.
Deutsche eroberten für sich ganze Berufssparten und waren in den Zünften der Bäcker, Konditoren, Uhrmacher und Goldschmiede überproportional vertreten. In akademischen Berufen galt das besonders für den Apotheker- und Ärztestand.
Hauptsächlich stammten die Deutschen aus den angrenzenden Ostseeprovinzen. Zweisprachigkeit und landsmannschaftliches Zugehörigkeitsgefühl prägten eine besondere kosmopolitische Gemeinde, die vorbildlich in der Pflege der deutschen Sprache in Schule und Kirche war.

Literatur:
Ocerki istorii Leningrada, 4 Bde., Moskau 1955–1964; A. L. Kaganowitsch, Die Kunstschätze Leningrads, München 1969.

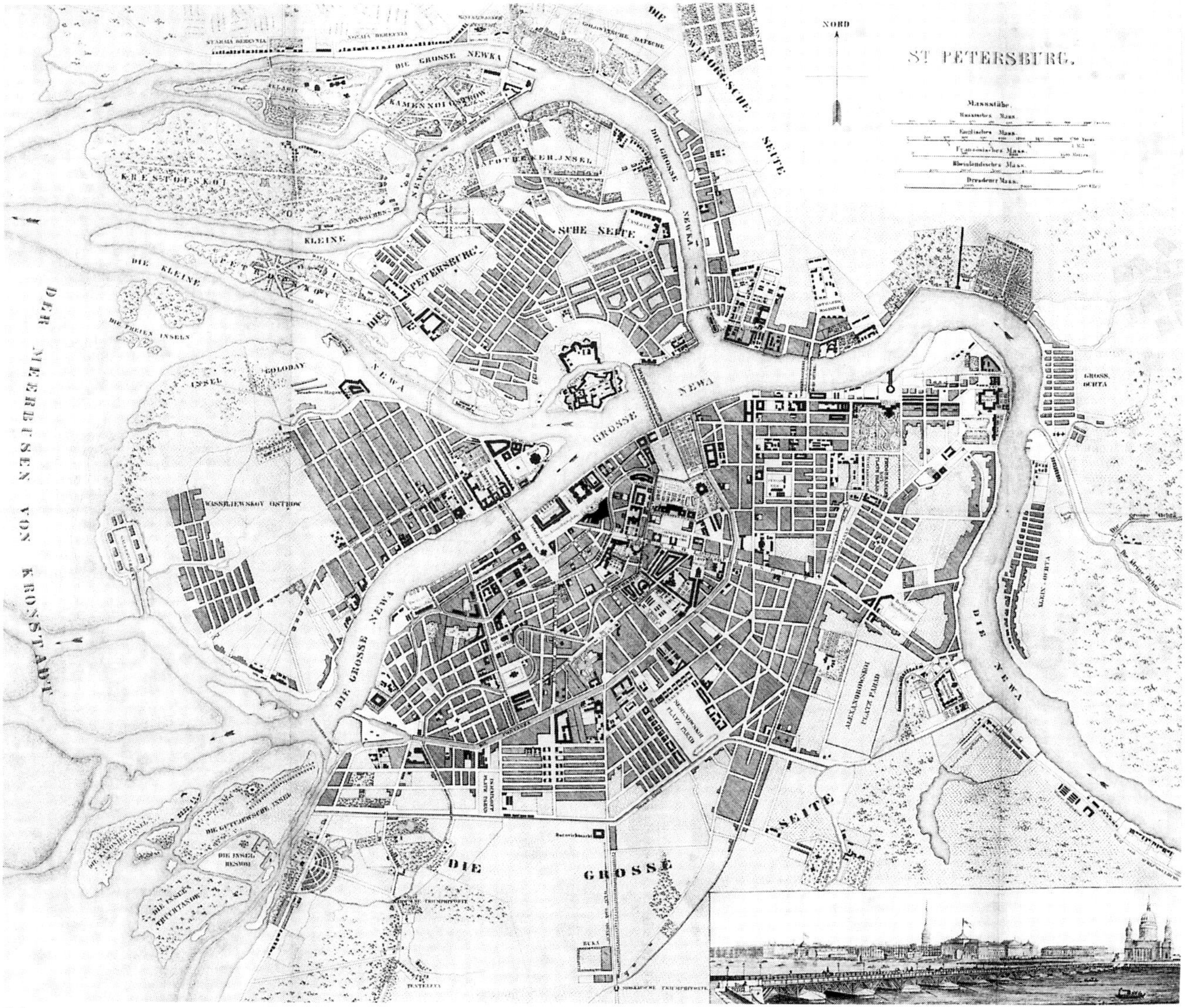
ST PETERSBURG.
NORD
Massstäbe.
DIE GROSSE NEWKA
KRESTOFSKOI
KLEINE
DIE KLEINE
PETERSBURG
NEWA
GROSSE
WASSILJEWSKOY OSTROW
DER MEERBUSEN VON KRONSTADT
DIE GROSSE NEWA
DIE NEWA
GROSS OCHTA
DIE GROSSE
DIE GROSSE NEWA
DIE FREIEN INSELN
GOLODAY
INSEL
DIE GUTUJEWSCHE INSEL

2.4

2.5
St. Petersburger Zeitung
Zeitungskopf 13. Juli 1888

Photographie Universitätsbibliothek Bonn
Sign. Ztg. 241

Die Zeitung war die erste deutsche Zeitung im Russischen Reich. Sie erschien seit 1728. Erstherausgeber war P. v. Kügelgen.

Literatur:
C. Eichhorn, Geschichte der St. Petersburger Zeitung 1727–1902, St. Petersburg 1902; O. Hötzsch, P. von Kügelgen und die St. Petersburger Zeitung, Riga 1928.

2.6
Münzreform

Tafel

Der deutsche Einfluß in Handwerk und technisch-wissenschaftlichem Bereich kann auszugsweise anhand des Aufbaus von Münzwerkstätten verdeutlicht werden.
Erst unter Peter I. kam es in Rußland zu einem Münzwesen, das im äußeren Bild den west- und mitteleuropäischen Verhältnissen entsprach. Voraus ging der Reform der Gebrauch weniger fremder Münzen wie Silberbarren und Taler oder privater Wertzeichen. Diese ungeordneten Verhältnisse im Münzwesen systematisierte Peter I., indem er 1704 für einen Rubel 100 Kupferkopeken festlegte. Er baute damit auf dem Reformversuch von 1534 auf, der so etwas wie ein Dezimalsystem einzuführen suchte und die Kopeke als 2-Denga-Stück brachte, deren 100 Einheiten zu einem Rubel zusammengefaßt wurden. Rußland war damit das erste europäische Land, das die Kupferscheidemünze im modernen Sinn einführte. Die russischen Münzwerkstätten waren von 1700 bis 1876 auf 11 Städte im Reich verteilt. Seit 1876 bestand allein noch diejenige in St. Petersburg. Die in dieser Zeit registrierten Münzmeister und Graveure deutscher Herkunft lassen sich aufgrund ihrer Initialen feststellen. Sie stellten ein Viertel aller Münzmeister und Graveure. Leider sind nicht alle vollständig biographisch zu erfassen. Die im folgenden gezeigten Münzen schließen auch diejenigen von deutschen Meistern in Deutschland ein, die von den Zaren Aufträge erhalten haben.

Literatur:
Russische Numismatik. Ein Handbuch und Typenkatalog von Peter dem Großen bis zur Gegenwart, hg. von R. Kaim, Braunschweig 1986 (dort weiterführende Literatur).

U. R.-E.

2.7
Medaille auf den Seesieg der russischen Flotte über die türkische bei Tschesme
24/26. Juli 1770

Bronze ∅ 91 mm; 228,8 gr.
Vs. Brustbild des Fürsten Gregori Alexej Gr. Orlow mit Federbuschhelm und Marschallstab
Umschrift: ГР : А:ФФ : ОРЛОВЬ • ПОББЕДИТЕЛЬ ИСТРЕБИТЕЛЬ • ТУРЕЦКОГО • ФЛОТА
(Grigor Alexej Grigorewitsch Sieger und Vernichter der türkischen Flotte)
Rs. Aufstellung der feindlichen Truppen in der Bucht vor Tschesme
Umschrift: ББ • БЛАГОДАРНОСТЬ • ПОБЕДИТЕЛЮ
I. B. Gass * 1730, † 1813 St. Petersburg
(ab 1760 Meister der Gilde ausländischer Goldschmiede; neben Münzstempeln zahlreiche Gedächtnismedaillen; ab 1768 Stempelschneider; ab 1773 festbesoldeter Beamter an der kaiserl. Münze)
Privatbesitz

Literatur:
Iwersen. Lexikon der Russischen Medailleure, o. O. 1874, S. 38; Foelkersam, Lexikon der St. Petersburger Goldschmiede, o. O. 1907, S. 15.

P. G.

2.8
Medaille auf den russischen Sieg bei Kagul und die Zerstörung der türkischen Flotte bei Tschesme
1770

Zinn mit Kupferstift
∅ 45 mm; 29,1 gr.
Vs. Brustbild der Zarin Katharina II. von Rußland
Umschrift: CATHARINA II. D. G. IMP. AUTOCRATRIX RUSSORUM (Katharina II. Alleinherrscherin über Rußland)
Sign. OEXLEIN
Rs. Stehende Pallas Athene mit Schild und Lanze
Umschrift: SAPIENTIA ET ARMIS (durch Weisheit und Waffen)
Inschrift: TURCIS TERRA MARIQUE DEVICTIS. MDCCLXX. (Zu Land und zu Wasser sind die Türken besiegt)
J. L. Oexlein * 1715 Nürnberg † 1787 Nürnberg
Privatbesitz

P. G.

2.7

2.9
Medaille auf den Beginn des türkischen Feldzuges 1728

Bronze
∅ 38 mm; 24 gr.
Vs. Brustbild Nikolaus I.
Umschrift: НИКОЛАЙ • I^{И} • ИМПЕРАТОРЬ • ВСЕРОССИЙСКИЙ
(Nikolaj I. Allrussischer Zar)
Rs. Pallas Athene übergibt dem Krieger das gesegnete Schwert
Umschrift: ПРЕПОЯЩИЙ • МЕЧЬ • ТВОЙ • ПО • БЕДР • ТВОИЙ • СИЛЬНЕ
(Gürte Dein Schwert um Deinen Schenkel, Du Starker)
D. Loos * 1735 Altenburg † 1819 Berlin
H. Gube * 1805 Breslau † 1848 St. Petersburg
(Gube arbeitete in der Berliner Medaillenmünzanstalt von Loos, studierte in Wien, wurde 1829 Mitglied der Berliner Akademie, 1830 Münzmedailleur in St. Petersburg; er gestaltete hauptsächlich Denkmünzen und Medaillen)
Privatbesitz E. V.

2.7

2.10
Medaille auf den Tod von Katharina Pawlowna 1819

Bronze
∅ 38 mm; 25 gr.
Vs. Brustbild Katharinas
Umschrift: CATHARINA KOENIGIN VON WÜRTTEMBERG 22 MAI 1788 9 JAN. 1819
Rs. Inschrift: IN ZEITEN / VOLLER NACHT / WANDELTE SIE / UNTER UNS LEUCHTEND; WÄRMEND, BIS WIEDER / DIE SONNE KAM, DA GIENG SIE
(Justinus Kerner 1786–1862)
Sign. G.
Privatbesitz E. V.

2.11
Medaille auf die Bekämpfung der Pest in Moskau 1771

Guß, verzinkt
∅ 92 mm; 245 gr.
Vs. Brustbild von Fürst Orlow
Umschrift: ГРАФЬ·ГРИГОРИ·ГРИГОРИЕВИЧ·ОРЛОВЬ·РИМСКИ·ИМПЕРИН·КНЯЗЬ
(Graf Grigorij Grigorjewitsch Orlow, Fürst des Römischen Reichs)
Rs. Orlow als Feldherr zu Felde. Im Hintergrund das Stadtbild von Moskau
Umschrift: РОССИЯ·ТАКОВИХ·СЫНОВЪ·ВЪ·СЕБЯ·ИМЕТЬ
(Solche Söhne besitzt Rußland)
Inschrift: ЗА/ИЗБАВЛЕНИЕ /МОСКВЫ/ ОТЪ /ЯЗВЫ/ I77I /ГОДУ
(Für die Befreiung Moskaus von der Geißel im Jahr 1771)
G. Wächter * 1729 Heidelberg † 1789 St. Petersburg
(Schüler von Jean Dassier in Genf. Seit 1771 in St. Petersburg; Medaillen auf Voltaire, Rousseau, Orlow und Ereignisse der Regierungszeit Katharinas II.)
Privatbesitz

Literatur:
Iwersen, Lexikon der Russischen Medailleure, o. O. 1874, S. 36.

E. V.

2.8

2.12
Medaille 1743

Zinn
∅ 46 mm; 42 gr.
Vs. Brustbild von Münnich
Umschrift: CHRISTIAN DE MUNCH PATRIC AUG
Rs. Siegesgöttin
Umschrift: SINCERE AC CANDIDE (Dem Treuen und Guten)
Inschrift: MDCCXLVIII
Dassier
Privatbesitz

E. V.

2.8

2.13
Medaille auf die Eroberung der Krim
1739

Zinn mit Kupferstift
∅ 42 mm; 26 gr.
Vs. Brustbild von Münnich
Umschrift: CHRISTOPH BURCH COMES DE MUNICH GENERALIS CAMPI MARESCH RUSSIAE
Sign. OEXLEIN
Rs. Mars jagt fliehende Türken und Tataren
Umschrift: FVLMEN BELLI
Inschrift: VINCENDO TVRCAS ET TARTAROS MDCCXXXXIX
(Dem Sieger über Türken und Tataren)
Privatbesitz E. V.

2.14
Preismedaille der Akademie der Künste in St. Petersburg
1765

Bronze
∅ 51 mm; 64 gr.
Vs. Brustbild Katharinas II.
Umschrift: ЕКАТЕРИНА·II·ПОКРОВЩЕЛЬНИЦА
(Die Beschützerin Katharina II.)
Sign. Wächter
Rs. Attribute der Künste
Umschrift: ТАКО·ТВЕРДЫ·ПРЕБУДЕТЕ
(Solch harte werden sie bleiben)
Privatbesitz E. V.

2.15
Medaille auf den Frieden von Jassy
1791

Bronze
∅ 80 mm; 220 gr.
Vs. Brustbild der Kaiserin Katharina II.
Umschrift: Б.М.ЕКАТЕРИНА·II.·ИМПЕРИАТРИЦА·И·САМОДЕРЖИЦА·ВСЕРОССІ·И·СКАЯ
(Katharina II. Kaiserin und gesamtrussische Alleinherrscherin)
Rs. links Wappen; rechts Landkarte des Schwarzmeergebietes
Umschrift: ПОБѢДАМИ·ПРИОБРѢТЕНЬ·МИРЬ
(Durch die Siege errungener Frieden)
Inschrift: ДЕКАБРЯ 29 ДНЯ/I79I ГОДА
(29. Dez. 1791)
C. Leberecht * 1749 Meiningen † 1827 St. Petersburg
(1800 Professor der Akademie in St. Petersburg; von Paul I. zum Obermedailleur und Leiter des Münzhofs ernannt)
Privatbesitz P. G.

Literatur:
Kondakoff, Jubiläums-Handbuch der St. Petersburger Kunstakademie 1764–1914, o. O., o. J.
P. G.

2.16
Akademie der Wissenschaften

Tafel

Die russische Akademie der Wissenschaften wurde von Peter I. nach französischem und englischem Vorbild konzipiert. Sie wurde allerdings erst nach seinem Tod 1725 mit dem Leiter Laurentius Blumentrost endgültig ins Leben gerufen. Den Zweck der Institution sah Peter darin, der nach wie vor religiös bestimmten russischen Kultur wissenschaftliches Denken auf weltlicher Grundlage und damit den kulturellen Fortschritt zu präsentieren. Die Akademie der Wissenschaften war zumindest in den Jahren 1725–1799 eine weitgehend deutsche Forschungsinstitution: Von 111 berufenen Akademikern sprachen 71 Deutsch als Muttersprache. Mehrheitlich waren sie Naturwissenschaftler. Den Professoren wurden sogenannte Adjunkten, studentische Zuhörer, beigesellt, die aus dem Ausland geworben wurden, da die einheimischen Russen kein Latein verstanden, die ausländischen Professoren meistens kein Russisch.
Einer der berühmtesten Gelehrten, den die Akademie aufgenommen hat, ist der Botaniker Johann Georg Gmelin (1709–1755). Er gilt als der Erforscher Sibiriens und befand sich insgesamt neuneinhalb Jahre auf Forschungsexpeditionen, die unter dem Zeichen der zweiten Kamschatka-Expedition von der Zarin Anna begünstigt wurden. Nach dem Studium in Tübingen und der dortigen Ausbildung zum Naturwissenschaftler folgte Gmelin seinem Lehrer Bilfinger an die Akademie von St. Petersburg. Von dort aus trat er 1733 seine lange Reise nach Sibirien an, bei der ihn der Historiker Gerhard Friedrich Müller und der Astronom Louis de l'Isle de la Croyère begleiteten.

2.17

Wenngleich ihm große wissenschaftliche Entdeckungen nicht vergönnt waren, machte er sich doch einen Namen durch das systematische Registrieren der dort verbreiteten Fauna und Flora. In seinen Aufzeichnungen befinden sich ausführliche Beschreibungen über Geographie, Botanik, Zoologie und Völkerkunde Sibiriens. Die ersten beiden Bände seiner ›Flora sibirica‹ konnte Gmelin selbst noch nach seiner Rückkehr nach Tübingen, wo er 1749 eine Professur annahm, fertigstellen, bevor er sehr jung – 1755 – starb. Sein Neffe Samuel Gottlieb Gmelin, der selbst in die Fußstapfen seines Onkels stieg und eine ausgedehnte Reise in den Süden Rußlands und nach Persien machte, konnte die restlichen Teile des Werkes redigieren und zum Druck freigeben.
Durch die Werke von Onkel und Neffe Gmelin wurden der westlichen und der östlichen Welt die Naturgegebenheiten Sibiriens erstmalig erschlossen. Erstmalig ergab sich auch die Diskussion um die Scheide zwischen dem europäischen Rußland und dem geographischen Beginn Sibiriens, die Gmelin richtig mit dem Überschreiten des Flusses Jenissei angab.

Literatur:
J. G. Gmelin, Flora sibirica, 4 Bde., St. Petersburg, 1748–1769; Ders., Kurze Nachricht von dem Leben und Reisen Herrn Doktors J. G. Gmelin, Göttingen 1758; S. G. Gmelin, Reise durch Rußland, St. Petersburg 1771–1786; O. Gmelin, Johann Gottlieb Gmelin 1709–1755. Der Erforscher Sibiriens, München 1911; E. Amburger, Beiträge zur Geschichte der deutsch-russischen kulturellen Beziehungen (Osteuropastudien der Hochschule des Landes Hessen, Reihe 1, Bd. 14) Gießen 1961; H. Dolezal, J. G. Gmelin, in: NDB, 6 (1964) S. 479.

U. R.-E.

2.17
Johann Georg Gmelin
1709–1755

Ölgemälde, ca. 1750
unbekannter Künstler
2 × 3 m
Photographie
Universität Tübingen Neue Aula

2.18.a
Samuel Georg Gmelin
Reise durch Rußland zur Untersuchung der drey Natur-Reiche, Teil 1 (1768/69), St. Petersburg

Titelblatt
29 × 31 cm
Photographie
Universitätsbibliothek Tübingen
Sign. Fo X 24

2.18.b
Armenierinnen aus der Gegend von Astrachan

aus: S. G. Gmelin, Reise durch Rußland zur Untersuchung der drey Natur-Reiche, Teil 1 (1768/69), St. Petersburg, S. 158
Photographie
Universitätsbibliothek Tübingen
Sign. Fo X 24

Originalgetreuer Kommentar Gmelins:
Das armenische Frauenzimmer ist ungemein fruchtbar, vermuthlich sind an diesem Umstand die strenge Fasten dieses Volkes, in welchen der beyschlaf verbothen ist, mehr schuldig als der bey ihm eingeführte häufige Gebrauch des Knoblauchs. Die Mädgen

bekommen sehr gerne schon im zehnten und eilften Jahr ihres Alters die Reinigung. Die armenische Frauens-Personen pflegen die Haare und die Augenbrauen schwarz zu färben. Sie nehmen zu diesem Ende Galläpfel, die auf Armenisch Maasu genannt werden, stoßen solche zu Pulver, legen dieses auf eine eiserne Platte, laßen noch eine andere eiserne Platte im Feuer glühend werden, und brennen mit derselben das zerstossene Pulver bis es ein Oel von sich gibt ... Sie benetzen mit derselben (Tinktur) vermittelst eines Pinsels oder etwas Baumwolle die Augenbrauen, und wann sie die Haare auf den Kopf färben, so binden sie solche mit einem Tuch in die Höhe mit der Vorsicht, daß sie die Haut am Halse und im Gesichte nicht berühren.

2.19
Armenier aus der Gegend von Astrachan

aus: S. G. Gmelin, Reise durch Rußland zur Untersuchung der drey Natur-Reiche, Teil 1 (1768/69), St. Petersburg, S. 157
Photographie
Universitätsbibliothek Tübingen
Sign. Fo X 24

Originalgetreuer Text Gmelins:
Im Winter tragen die armier Europäische wollne meistentheils rothe, und im Sommer schwarze, lederne nur bis an die Schenkel-Beine gehende Strümpfe, jederzeit hingegen seidene und lederne Toffeln. Auch bei ihnen wird der Gürtel über den zweyten Ober-Rock angebracht, und entweder aus maßiven Gold oder Silber verfertigt, und mit Edelsteinen besetzt, oder aus Seiden zusammen gewürket.

2.20
Astrachanischer Utschug

aus: S. G. Gmelin, Reise durch Rußland zur Untersuchung der drey Natur-Reiche, Teil 1 (1768/69), St. Petersburg, S. 206
Photographie
Universitätsbibliothek Tübingen
Sign. Fo X 24

Originalgetreuer Text Gmelins:
Derjenige, der täglich zwey mal nämlich des Morgens und des Abends die Fischwehren untersucht, ob und was in denselben enthalten ist, hat den Nahmen Bagratschey und solchen von dem Hacken bekommen, mit dem er versehen seyn muß. Der Hacken ist ungemein spitzig und an einen sehr langen Stecken befestigt; der bagratschey nähert sich also den Fischkammern, untersucht mitten in denselben, was in ihnen enthalten ist, ihm sind zwey Podbagorscdhiki beygesellt, die sich in dem Boot bey dem Eingang der Kammern befinden, mit kleinern an einer Handhebe befestigten Angeln und mit hölzernen Hammern oder Keulen, die man Tschekuscha nennt. Hat also der bagratschey vermittelst seines großen Kahens einen Fisch entdeckt, so ergreifen ihn diese mit ihren kleinern, schlagen ihn mit den Hammern auf die Stirne und bringen ihn in das Boot.
... Ich erinnere, daß er (der Fischfang) tatarischen Ursprungs zu sein scheint, und daß er bey den vier Aermen der Wolga, nämlich bey den Flüßen iwantschug, tschagan, uwari und Rumusik üblich ist. Von diesen vier Flüßen haben auch die vier Utschugen ihren Namen.

2.21
Das wilde Pferd

aus: S. G. Gmelin, Reise durch Rußland zur Untersuchung der drey Natur-Reiche, Teil 1 (1768/69), St. Petersburg, S. 44
Photographie
Universitätsbibliothek Tübingen
Sign. Fo X 24

2.22
Anatorquata (Wildente)

aus: S. G. Gmelin, Reise durch Rußland zur Untersuchung der drey Natur-Reiche, Teil 1 (1768/69), St. Petersburg, S. 180
Photographie
Universitätsbibliothek Tübingen
Sign. Fo X 24

2.23
Heiratsallianzen

Tafel

Diplomatische Geschicklichkeit bewies Peter I. im Arrangement von Heiratsallianzen, mit deren Hilfe er die Rolle des politischen Stabilisators in Europa übernahm. Der territorialen Zersplitterung des Deutschen Reiches Rechnung tragend, knüpfte der Zar entsprechend den jeweiligen politischen Konstellationen insgesamt vier Verbindungen, von denen eine für das Fortbestehen des Hauses Romanow entscheidende dynastische Konsequenzen haben sollte.

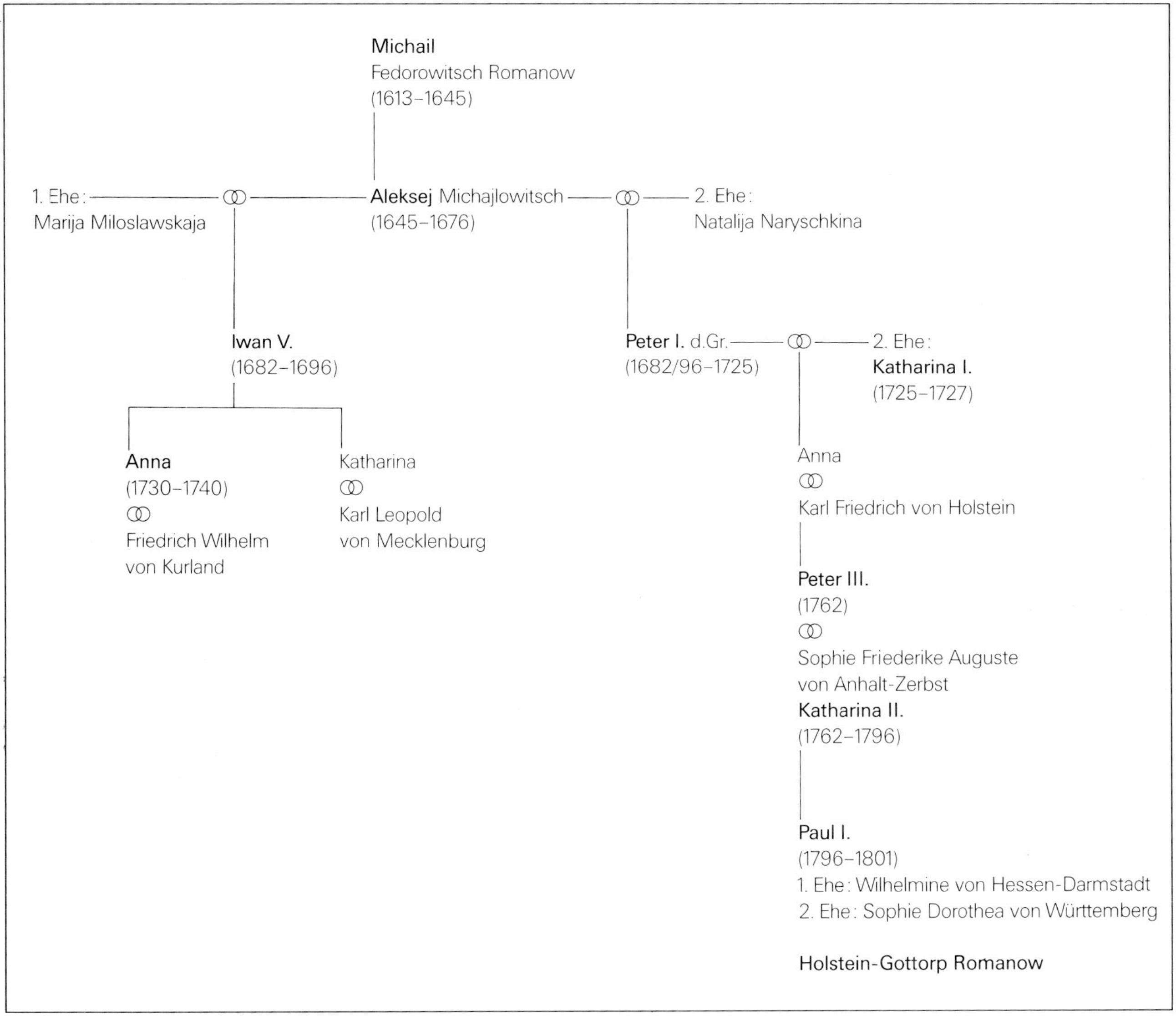

2.23

Im Zuge der territorialen Ausdehnung des Russischen Reiches nach Norden legte Peter drei Kompensationsverträge fest, die seine Vertragspartner für die russische Annexion entschädigen sollte.
Das erste Abkommen wurde zwischen ihm und Friedrich Wilhelm von Kurland abgeschlossen, dessen Herrscherwürde bei der russischen Besetzung erheblich gelitten hatte. Der Vertrag setzte die Vermählung von Peters Nichte, Anna Iwanowna, mit Friedrich Wilhelm fest. Der zweite Vertrag sanktionierte die Verbindung des russischen Thronfolgers Alexej mit Christine Charlotte von Braunschweig-Wolfenbüttel, einer Nichte Kaiser Karls VI. Es galt hier,

Rußland durch persönliche Bindungen Rückendeckung auf norddeutschem Boden während der russisch-schwedischen Auseinandersetzung zu sichern. Dieselbe Bedeutung hat die dritte Verbindung, die Peter zwischen seiner anderen Nichte, Katharina Iwanowna, und Karl Leopold von Mecklenburg einleitete. Die für die deutsch-nationale Komponente der Romanow-Dynastie entscheidende Allianz zwischen Peters Tochter Anna Petrowna und dem Herzog Friedrich von Holstein-Gottorp fädelte Peter noch kurz vor seinem plötzlichen Tode ein. Diese Linie des Hauses Romanow, die bis 1917 Rußland regierte, heiratete von diesem Zeitpunkt an, bis auf eine Ausnahme, immer in deutsche Fürstenhäuser ein. Seither wurde Rußland von einer deutsch-freundlich gesonnenen Dynastie regiert. Besonders intensiv wurden im 19. Jahrhundert die Beziehungen zu Württemberg, in deren Kräftefeld eine Einwanderungswelle württembergischer Untertanen nach Südrußland einsetzte.

Literatur:
M. Lindemann, Die Heiraten der Romanows im 18. und 19. Jahrhundert und ihre Bedeutung in der Bündnispolitik der Ostmächte, Berlin/Bonn 1935.

U. R.-E.

2.24
Heiratsurkunde Karl Friedrich von Holstein-Gottorp mit Anna Petrowna
1724

Pergament
Auszug: Titelseite
zweisprachig (russisch, deutsch)
Siegel und Unterschrift Peter I.
Photographie
Landesarchiv Schleswig-Holstein
Schloß Gottorp

2.25
Karl Friedrich Herzog von Holstein-Gottorp
1702–1739

Ölgemälde, vermutlich Kopie eines Originals um 1725/30
81 × 66,5 cm
Photographie
Landesbibliothek Kiel
Leihgabe des Herzogs von Oldenburg

Seine Jugendzeit verbrachte der Herzog in Schweden, bis er 1718 die Regentschaft über sein Territorium, das von dänischen Truppen besetzt war, übernehmen konnte. Es gelang ihm aber erst nach seiner Heirat mit der Zarentochter Anna Petrowna und einem sechsjährigen Aufenthalt in Rußland, die Verwaltung seines Herzogtums 1727 zu übernehmen.

Literatur:
Kiel, Eutin, St. Petersburg. Ausstellungskatalog zum 150jährigen Bestehen der Kreisbibliothek Eutin, hg. von D. Lohmeier, Heide 1987 (Schriften der Schleswig-Holsteinischen Landesbibliothek Bd. 2).

2.26
Anna Petrowna, russische Großfürstin, Herzogin von Holstein-Gottorp
1708–1728

Ölgemälde um 1725
80,5 × 66,5 cm
Photographie
Landesbibliothek Kiel
Leihgabe des Herzogs von Oldenburg
(zur Biographie s. 2.25)

2.27
Das Haus Württemberg und Rußland im 18./19. Jahrhundert

Tafel

Die dynastischen Beziehungen zwischen Württemberg und Rußland, die im 19. Jahrhundert durch die enge Verflechtung der Heirat zwischen Cousin und Cousine (Olga und Karl) und der Friedenspolitik Alexanders I. gekrönt wurden, verdeutlichen, wie befruchtend der Austausch zwischen den beiden Ländern war, wie man fast fürsorglich zueinander stand. Davon profitierte nicht nur Europa, sondern auch die deutsche Volksgruppe. Dem Charisma Alexanders, seinem württembergischen Ursprung und seiner pietistisch-württembergischen Verbundenheit ist wohl zuzuschreiben, daß ca. 17000 württembergische Untertanen nach Rußland auswanderten. Im 18. Jahrhundert war das Verhältnis zwischen Katharina II., dem Preußenkönig Friedrich II. und den Vermittlungen seines Bruders ausschlaggebend für den Beginn württembergisch-russischer Beziehungen.
Die dynastische Verflechtung kam mit Hilfe Preußens, das sich die Gunst der anerkannten Großmacht Rußland erhalten wollte, zustande, indem auf den württembergischen Herzog Friedrich Eugen eingewirkt wurde, seine Tochter auf den Wunsch Kathari-

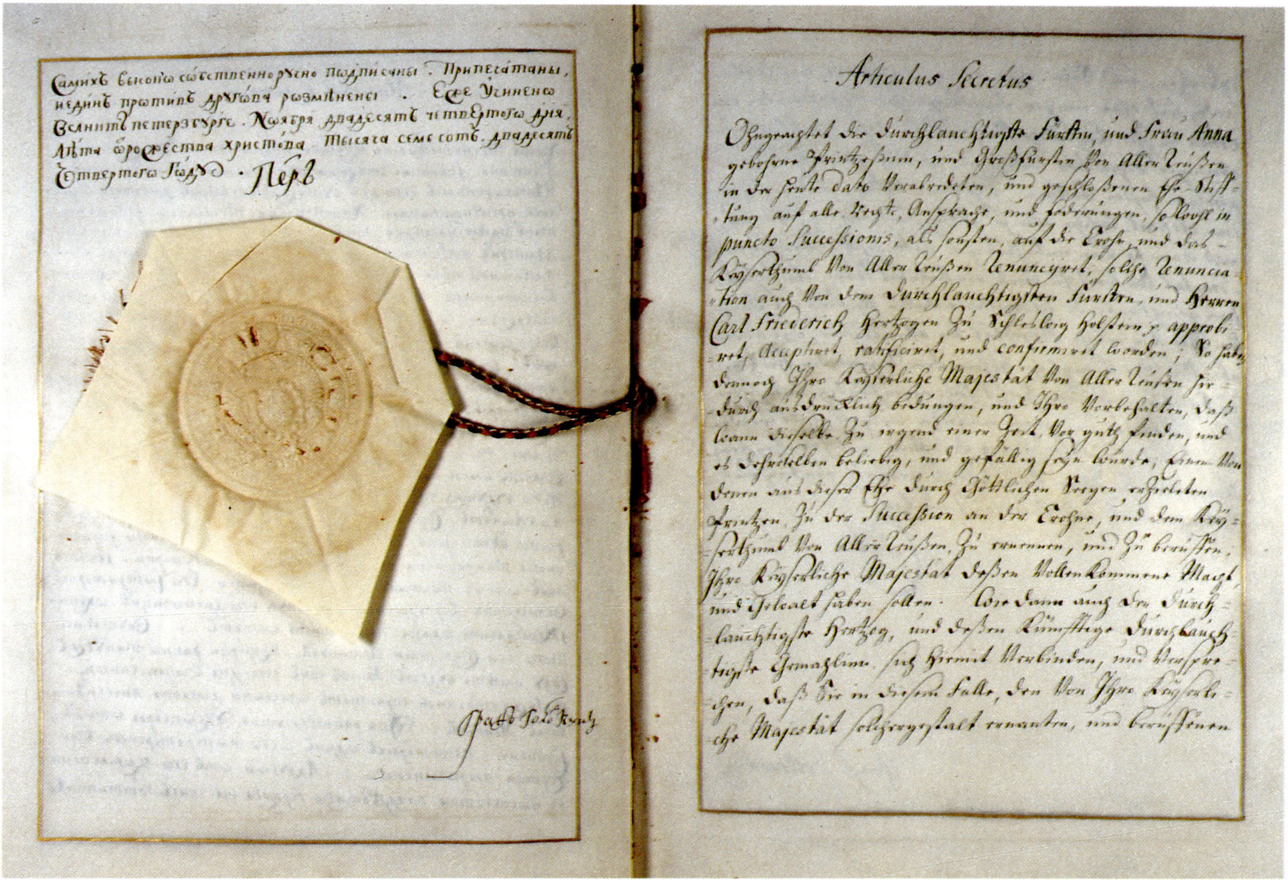

2.24

nas II. hin mit dem Thronfolger Paul zu vermählen. Nach dessen kurzer Regentschaft übernahm sein Sohn Alexander, der einen württembergischen Namen trug, die Herrschaft. Auf Betreiben der Königinmutter Maria verheiratete man seine Schwester Katherina mit dem württembergischen Thronfolger Wilhelm. Die Kinder der beiden Geschwister endlich wurden wiederum miteinander vermählt, so daß eine enge Verschwägerung zwischen den beiden Ländern eintrat. Andere Familienmitglieder wie Dorotheas vier Brüder, besonders der zukünftige König von Württemberg Friedrich I., standen bei Katharina II. in Diensten und erhielten hier ihre Ausbildung.

Sowohl die der Aufklärung verbundene Erziehung Alexanders durch seine Großmutter als auch der Einfluß Marias und ihrer Bildung auf ihre Kinder ließen in beiden Ländern Reformwerke entstehen: Alexander wurde als Befreier Europas gefeiert, der die Herrschaft Napoleons zurückdrängte, ohne sich selbst der eroberten Territorien in Europa zu bemächtigen.

Besonders die Geisteshaltung der Frauen in Württemberg und Rußland und ihre karitativen Ambitionen hinterlassen zum Teil noch heute ihre Spuren. Eng war die Beziehung zwischen Mutter Maria und Tochter Katherina. Maria schuf bereits im ersten Jahr als Zarin 1797 ein Sozial- und Bildungswerk in Rußland, das bis 1919 ausgebaut wurde und Bestand hatte. Das vorbildliche Netz von Stiftung, Waisen-Witwen-Krankenhäusern und Mädchenbildungsanstalten war in Europa ohne Beispiel; in Württemberg versuchte ihre Tochter es ebenfalls in entsprechendem Maßstab umzusetzen.

2.28

Dazu zählen das erste württembergische Gymnasium für Mädchen »Katharinenstift«, das Katharinenhospital, die landwirtschaftliche Hochschule Hohenheim (jeweils in Stuttgart) sowie Sonntagsschulen und die erste Sparkasse Württembergs. Auch Olga, deren politisches Engagement beim Zweikaisertreffen in Stuttgart und der Vermittlung durch den Fürsten Gortschakow, der bereits ihre Heirat (1846) arrangiert hatte und mit dem sie ständig Verbindung hielt, knüpfte an die Tradition ihrer Tante Katharina an und unterstützte weiterhin die von ihr geschaffenen Institutionen. Neu schuf sie das erste Lehrerinnenseminar in Württemberg und weitere Kindergärten und -tagesstätten, Frauenheime, Schulen und Krankenhäuser. Das heute noch bestehende Karl-Olga-Krankenhaus in Stuttgart, das Olga-Hospital und das Olgastift gehen auf sie zurück. Olga starb 1892. Ihre Nichte, Herzogin Wera – wie sie Russin –, die mit Eugen von Württemberg verheiratet war, blieb ohne politische Relevanz, lehnte sich aber der russischen Tradition in Württemberg an und pflegte karitative Einrichtungen, die von ihren Verwandten ins Leben gerufen wurden, weiter. Auf sie geht die heute noch bestehende orthodoxe Kirche in der Seidenstraße in Stuttgart zurück.

Literatur:
P. Sauer, Der schwäbische Zar, Stuttgart 1980; H. Maurer, Friedliche Beziehungen zum Wohle der Völker. Das Haus Württemberg und Rußland im 19. Jahrhundert, in: Zeitschrift für württembergische Landesgeschichte, Bd. 48 (1989), in Erscheinung. Vorabdruck in: Beiträge zur Landeskunde (Regelmäßige Beilage zum Staatsanzeiger für Baden-Württemberg), Nr. 2 (April 1989), S. 1–10.

U. R.-E.

2.28
Maria Feodorowna 1759–1828
geb. Sophie Dorothea von Württemberg, Kaiserin von Rußland

Stich
undatiert
38 × 32 cm
Photographie
Württembergische Landesbibliothek, Stuttgart

2.29
Friedrich I. König von Württemberg 1754–1816

Gemälde, Öl auf Leinwand
um 1800
Johann Baptist Seele
1 × 2 m
Photographie
Schloß Ludwigsburg, Konferenzzimmer

2.30
Katharina Königin von Württemberg 1788–1816
geb. Großfürstin von Rußland

Gemälde um 1816
Franz Seraphim Stirnbrand (1788–1882)
50 × 70 cm
Photographie
Schloß Ludwigsburg, Gemäldegalerie

2.30

3. Die Deutschen im Russischen Reich: politische, konfessionelle und wirtschaftliche Aspekte

3.1
Das Haus Romanow und die Deutschen

(in ausgewählten Kurzbiographien)

Tafel

Das Haus Romanow verfolgte vom 18. Jahrhundert bis ins späte 19./frühe 20. Jahrhundert eine konsequente dynastische Politik, die sich auf Heiratsallianzen mit Angehörigen deutscher Fürstenhäuser stützte. Die Außenpolitik des Hauses ist durchweg deutschfreundlich; selbst unter dem Druck panslawistischer Kreise, die aus ›ideologischen‹ Gründen ein Bündnis mit Frankreich wünschten, hielt das Zarenhaus von sich aus an den deutsch-russischen Bündnissen fest. Die Rolle der Deutschen in Rußland ist demzufolge im Kräftespiel von Außen- und Innenpolitik zu sehen.
Im folgenden soll anhand ausgewählter Kurzbiographien russischer Herrscher ein knapper Überblick über die Etappen der deutsch-russischen Beziehungen gegeben werden.

3.2
Anna Iwanowna 1730–1740

* 1693 in Moskau, ⚭ 1711 Herzog Friedrich Wilhelm von Kurland

Anna Ioannowna Imperatrix totius Russiae (Anna Iwanowna Herrscherin über ganz Rußland)
Schabkunstblatt, undatiert
24 × 35 cm
Photographie
Württembergische Landesbibliothek, Stuttgart
Graphische Sammlung

3.3

Als Nichte Peters I. wurde Anna vom Hochadel 1730 zur Kaiserin erhoben. Sie übernahm nach dem Tod des Thronfolgers Peter II., dem Sohn ihres Cousins Aleksej, die Macht. Sie widersetzte sich mit Erfolg dem Versuch des Obersten Geheimen Rates, eine obligatorische Mitbestimmung desselben festschreiben zu lassen.
Ihr Kabinett ließ sie von deutscher Hand leiten. Die maßgeblichen Personen waren der holsteinische Graf Münnich und der kurländische Herzog Biron. Anna berief Münnich von 1731 bis zu ihrem Tod zum Kabinettsminister, seit 1732 zum Präsidenten des Kriegskollegiums. Im polnischen Thronfolgekrieg eroberte er Danzig, im Türkenkrieg von 1736 bis 1739 besetzte er die Krim und die Moldau. Als ausgebildeter Ingenieur leitete er den Bau des Ladoga-Kanals, der 1731 eingeweiht werden konnte. Er schaffte eine Verbindung zwischen Ostsee, oberer Wolga und Schwarzem bzw. Kaspischem Meer. Dies war für die Binnenschiffahrt von größter Bedeutung.
Als Oberkammerherrn waren Biron von Anna die Regierungsgeschäfte übertragen worden. Nach ihrem Tod ließ Münnich ihn stürzen und nach Sibirien verbannen. Erst Katharina II. holte ihn wieder zurück.
Wegen der Macht, die Deutsche unter Anna im Kabinett hatten, wurde ihre Regierungszeit von ihren Untertanen als besonders deutsch überfremdet empfunden.

Literatur:
D. Korsakov, Anna Iwanowna, Kasan 1880.

U. R.-E.

3.3
Peter III. 1741/42–1761/62

* 1728 in Kiel, ⚭ 1745 Sophie Auguste von Anhalt-Zerbst

Russorum Imperator (*russischer Herrscher*)
Radierung, undatiert
Sign.: l. u. Schütze, pinxiert
r. u. J. F. Bause sculps et exud. Halae
r. o. NO VI
Johann Christoph Schütze, Architekt und Maler, * 1765 in Weißenfels, arbeitete häufig mit Bause (1738–1814) zusammen, der u. a. auch seine Zeichnung Katharinas II. stach.
18 × 24 cm
Photographie
Württembergische Landesbibliothek, Stuttgart
Graphische Sammlung

Als Sohn der Zarentochter Anna Petrowna, die mit dem holsteinischen Herzog Karl Friedrich verheiratet war, ließ die Kaiserin Elisabeth ihn 1741/42 als Thronnachfolger nach Rußland rufen. Nach Elisabeths Tod 1761 bestieg er den Zarenthron, von dem aus er nur sechs Monate regierte. Seine kurze Amtszeit setzte in dem Sinne innenpolitische Akzente, als er die Abschaffung der Geheimkanzlei, des Toleranzgesetzes für Altgläubige, vor allem aber die Dienstbefreiung des Adels anordnete. Er leitete damit eine vorsichtige Reformpolitik ein. Für die Zukunft wegweisend war allerdings die Entscheidung Peters, aus dem Siebenjährigen Krieg auszuscheiden und eine Allianz mit dem Preußenkönig Friedrich II. einzugehen, für den er von Jugend an eine große Verehrung hegte. Seine Leidenschaft für alles militärisch Preußische, die er infantil auslebte, trug ihm Verachtung von seiten des russischen Volks ein, so daß sich eine Verschwörung gegen ihn richtete, die seiner Gattin gestattete, ihn stürzen zu lassen. Nach seiner Festnahme ließ sie zu, daß man ihn ermordete.

Literatur:
Thieme/Becker, Allgemeines Lexikon der bildenden Künstler, Bd. 3 (1909), S. 93–95, Bd. 30 (1936), S. 319. H. Fleischhacker: Porträt Peters III., in: Jahrbücher für Geschichte Osteuropas, N. F. 5 (1947), S. 40–62.

U. R.-E.

3.4
Katharina II. 1762–1796

* 1729 in Stettin, ⚭ Karl Peter Ulrich von Holstein-Gottorp

Catherine II.ᵉ Empress of Russia (Katharina II. Herrscherin über Rußland)
Radierung, undatiert
Sign.: l. u. M. Benedetti det.
r. u. Vockerodt sculp.
Die von dem italienischen Maler, Zeichner und Kupferstecher Benedetti (1745–1810), der hauptsächlich in London tätig war, angefertigte Zeichnung wurde von Vockerodt gestochen. Bekannt ist ebenfalls eine Umsetzung durch Bartolozzi.
10,5 × 18 cm
Photographie
Württembergische Landesbibliothek, Stuttgart
Graphische Sammlung

Die Tochter des preußischen Generals Fürst Christian August von Anhalt-Zerbst war die erste Deutsche auf dem Zarenthron. Nach dem Sturz ihres Mannes übernahm sie mit Unterstützung des Adels die Herrschaft über Rußland. Sie selbst sah sich gern in der Tradition Peters I., um ihre Herrschaft zu legitimieren. Dementsprechend leitete sie Reformen zur Erneuerung des Landes ein. Sie blieben allerdings ohne große Tragweite. Weit gewichtiger war ihre expansive Außen- und Machtpolitik, die Rußland zu einer Großmachtstellung mit fast schiedsrichterlichen Kompetenzen verhalf. Sie erwiesen sich als besonders gefragt bei den Streitigkeiten zwischen den deutschen Fürsten und in den Koalitionskriegen gegen das revolutionäre Frankreich.

Katharina II. stand den Ideen der Aufklärung positiv gegenüber, stand sogar in persönlichem Kontakt mit Voltaire. Innenpolitisch versuchte sie, aufklärerisches Gedankengut nach Rußland einzuführen. Zeugnis davon gibt die große Instruktion von 1768, in der sie ein Konzept für den Entwurf eines neuen Gesetzbuches erarbeiten ließ. Er sah u. a. die Mitwirkung der Stände bei einer Gesetzgebung vor. Dem politischen Verständnis freiheitlicher Forderungen im Sinne der Aufklärung stand allerdings Katharinas Streben nach absoluter Macht und Selbstherrschaft entgegen. Dieser Dualismus wirkte durch ihre gesamte Regierungszeit.

Einerseits stärkte sie die überkommene Sozialstruktur, indem sie die Leibeigenschaft auch auf die Ukraine ausdehnte, andererseits versuchte sie, den wirtschaftlichen Aufschwung, den sie in den bisher brachliegenden Steppengebieten des Reiches einleiten wollte, mit Hilfe ausländischer Bauern, hauptsächlich Deutschen, mit der Zusicherung von Privilegien zu garantieren.

Außenpolitisch war die Regierungszeit Katharinas von Erfolgen gekrönt. Der erste Türkenkrieg (1768–1774) endete mit einer Niederlage der Türken im Frieden von Kütschük Kainardsche. Rußland erhielt nicht nur den Zugang zum Schwarzen Meer, sondern auch ein Interventionsrecht an der Pforte, d. h. gegenüber den Donaufürstentümern und Bessarabien. Die für unabhängig erklärte Krim annektierte Katharina 1783. Der zweite Krimkrieg (1787–1792) brachte die Ausdehnung des Reiches bis zum Dnjestr. Ihre Vision von einer russischen Sekundogenitur in Konstantinopel, dem Hort der Orthodoxie, und der Aufteilung Europas in Machtsphären blieb unverwirklicht. Dafür allerdings erreichte Katharina bei der dritten Teilung Polens 1795 endgültig die Verwaltung des Landes, nachdem bei der ersten und zweiten polnischen Teilung 1772/1793 bereits Teile an Rußland gefallen waren, und die Annektion Kurlands. Unter Katharina II. erhielt Rußland in seinem europäischen Teil seine bisher größte territoriale Ausdehnung.

Literatur:
Thieme/Becker, Allgemeines Lexikon der bildenden Künstler, Bd. 3 (1909), S. 307; G. S. Thomson, Catherine the Great and the expansion of Russia, London 1950; Katharina II. Memoiren, hg. v. E. Boehme, 2 Bde., München 1988 (originalgetreuer Nachdruck der Erstausgabe von 1859).

U. R.-E.

3.4

3.5
Alexander I. 1801–1825

* 1777 in St. Petersburg, ⚭ 1793 Luise von Baden

Kaiser von Rußland
Punktierradierung, undatiert
Sign.: J. H. Fiedler fe: Hanau
Fiedler war um 1828 in Hanau a. M. tätig und ist durch Stichportraits von Zar Alexander I. und dem russischen General Fürst A. H. Tschernyschew nachgewiesen.
12 × 14 cm
Photographie
Württembergische Landesbibliothek, Stuttgart
Graphische Sammlung

Der Sohn Zar Pauls I. und der gebürtigen Württembergerin Sophie Dorothea, der Schwester König Friedrichs I. von Württemberg, wurde von seiner Großmutter Katharina II. im Sinne aufklärerischer Ideen erzogen. Im Unterschied zu ihr ging Alexander realpolitisch weiter, indem er auf die Übernahme neuzeitlicher Staats- und Verfassungsgrundsätze unter der Ausschaltung des hohen Adels zielte. Seine Ansprüche als Selbstherrscher stellte auch er dabei nie in Frage. Alexander reformierte 1802 dementsprechend die Verwaltung und die Ministerien, erließ 1810 die Unterordnung des Senats unter den neu geschaffenen Reichsrat.
Alexander gründete fünf Universitäten: 1802 Dorpat – deutschsprachig, 1803 Wilna – polnischsprachig, 1804 Kasan, 1805 Charkow, 1819 St. Petersburg (jeweils russisch).

3.5

1816–1819 wurde in den Ostseeprovinzen die Bauernbefreiung durchgeführt. Die Peuplierungsmaßnahmen, die bereits seine Großmutter eingeleitet hatte, bestärkte Alexander in einem neuerlichen Einladungsmanifest 1804. Seiner besonderen Verbindung mütterlicherseits zu Württemberg ist sicherlich zuzuschreiben, daß besonders viele Schwaben daraufhin nach Rußland zogen. Sie wurden in Bessarabien, in Südrußland und im Kaukasus angesiedelt.
Außenpolitisch spielte Alexander eine zentrale Rolle bei den Friedensverhandlungen während der Napoleonischen Kriege. Nach der österreichisch-russischen Niederlage von 1805 und der preußischen 1806/07 schloß er mit Napoleon das Bündnis von Tilsit, das ihm den Gewinn Finnlands 1808/09, den Gewinn Bessarabiens 1812 und die Möglichkeit zur Fortsetzung des Türkenkrieges 1805–1812 einbrachte.
Napoleons »Sturm« auf Moskau 1812 leitete die Zurückdrängung der Franzosen aus ganz Europa von seiten des russischen Zaren ein, der seitdem als Befreier Europas gefeiert wurde. Auf dem Wiener Kongreß 1815 erreichte er die Vereinigung des Königsreichs Polen mit seinem Reich unter russischer Oberherrschaft.

Literatur:
Thieme/Becker, Allgemeines Lexikon der bildenden Künstler, Bd. 11 (1915), S. 538; N. von Semetowsky-Kurilo, Alexander I. von Rußland, Frankfurt/M. 1967.

U. R.-E.

3.6
Alexander II. 1855–1881

* 1818 in Moskau, ⚭ 1841 Maria von Hessen

Alexander II. stellt Napoleon III. seiner Gemahlin vor.
Lithographie 1857
Photographie
Württembergische Landesbibliothek, Stuttgart
Graphische Sammlung

Nach Jahren der politischen Restriktion, die die Herrschaft seines Vaters Nikolaus I. begleitet hatte, bestieg Alexander inmitten des Krimkrieges, der von 1854 bis 1856 dauerte, 1855 den Thron. Die Niederlage im Krimkrieg, die als nationale Niederlage empfunden wurde, stellte Alexander vor zwei politische Herausforderungen: die Korrektur der außenpolitischen Isolierung Rußlands und die Selbst-

3.6

behauptung seiner autokratischen Herrschaft gegenüber panslawistischen Kreisen, die nationale Forderungen und solche nach Demokratisierung verbanden. Sie standen deshalb französischen Kreisen nahe.
Alexander veranlaßte daher 1861 die längst überfällige Aufhebung der Leibeigenschaft und 1864 die Schaffung von Selbstverwaltungsorganen (semstwo).
Die deutsche Eigenverwaltung wurde aufgehoben und eingegliedert. Als Korrektiv seines autokratischen Amtes ließ er lediglich die Berufung einer beratenden und gewählten Körperschaft mit unverbindlicher Funktion zu.

Die außenpolitische Isolation versuchte er durch ein Bündnis mit Preußen zu überwinden. 1872 wurde der Dreikaiservertrag zwischen Österreich, Preußen und Rußland abgeschlossen. Er stieß bei den panslawistischen Kreisen auf Kritik. Alexander fiel einem Bombenanschlag zum Opfer, zu dem sich eine anarchistische Aktionsgruppe bekannte.

Literatur:
J. Golowin, Rußland unter Alexander II., Leipzig 1870.

U. R.-E.

3.7
Alexander III. 1881–1894

* 1845 in St. Petersburg, ⚭ Dagmar von Dänemark

Radierung von M. Hentschel
Sign.: l. u. O. Reim
Reim, * 1864, war 1894/95 als Reproduktionsstecher am Städelschen Kunstinstitut Frankfurt/M. tätig.
40 × 45 cm
Photographie
Württembergische Landesbibliothek, Stuttgart
Graphische Sammlung

Alexander trat nach der Ermordung seines Vaters die Regierung an und verfolgte dessen auf Bismarck orientierte Außenpolitik. An der Selbstherrschaft hielt er ungeachtet der Forderungen panslawistischer Kreise fest, beugte sich aber ihren systemkritischen Forderungen in dem Punkte, daß er die Randländer des Russischen Reichs russifizieren ließ. Zum Beispiel ließ er von 1885 bis 1890 im Baltikum das Volksschulwesen dem russischen Unterrichtsministerium unterstellen.

3.8

Erst nach der Nichterneuerung des Rückversicherungsvertrages 1890 von deutscher Seite ging Alexander ein Bündnis mit den Franzosen ein. Es löste ein über Generationen bestehendes Bündnis mit den Deutschen ab. Der von Alexander eingeleitete Bau der transsibirischen Eisenbahn erschloß für die Zukunft die Beziehungen zu Asien.

Literatur:
F. Neubürger, Rußland unter Kaiser Alexander III., o. O. 1895; Thieme/Bekker, Allgemeines Lexikon der bildenden Künstler, Bd. 28 (1934), S. 113.

U. R.-E.

3.8
Nikolaus II. 1894–1917

* 1868 in St. Petersburg, ⚭ Alice von Hessen

Nikolaus II. an Bord seiner Yacht »Standart«
ca. 1910
Photographie
Privatbesitz

Die autokratische Herrschaft seines Vaters Alexander III. konnte Nikolaus bis zur Revolution 1905, die während des russisch-japanischen Kriegs ausbrach, fortsetzen. Im Oktobermanifest von 1905 mußte er dann wider seine Überzeugung das allgemeine Wahlrecht und die Schaffung einer gesetzgebenden Volksvertretung (Duma) anerkennen.
Er versuchte allerdings 1907, mit Unterstützung Stolypins das Dumawahlrecht zugunsten konservativer Kreise einzuschränken, konnte sich aber letztendlich beim totalen Zusammenbruch des Russischen Reiches 1917 nicht durchsetzen. Durch die Verwicklung in den Ersten Weltkrieg, während dem er in Koalition mit Frankreich und England gegen Deutschland und Österreich stand, und die Übernahme des Oberbefehls für die Wehrmacht 1915 wurde der Zar immer mehr den innenpolitischen Realitäten entzogen. Als 1916 die österreichisch-deutsche Ostfront Wolhynien erreichte, wurden die Deutschen wegen Verdachts auf Spionage für ihre Landsleuten deportiert. Die Versorgungslage im Inneren des Reiches wurde immer schlechter, so daß sich in den Städten, zuerst in Petrograd, dann übergreifend auch auf andere, Arbeiterdemonstrationen organisierten. Die Arbeiter bildeten schließlich ein provisorisches Dumakomitee.
Als der britische und französische Botschafter in Petrograd das Organ de facto anerkannten, dankt der Zar auf Drängen der Generalität am 15. März 1917 ab. Nachdem England der königlichen Familie das Asyl verweigert, wird die Zarenfamilie von den Bolschewisten nach Sibirien verbannt und umgebracht.

Literatur:
C. de Grünwald, Der letzte Zar, Wien–Berlin 1965; Der letzte Zar, Das Familienalbum der Romanows; hg. von: R. K. Massie/M. Pfeifer Swezey, Zürich–Schwäbisch Hall 1983.

3.9
Medaille auf die 300-Jahr-Feier der Romanows

Silber
∅ 3 cm, 1 gr.
Vs. Portraits von Nikolaus II. und Michail Fedorowitsch Romanow
Rs. Doppeladler, 1613–1913
Museum der Deutschen aus Rußland, Stuttgart

3.10
Auswanderung nach Rußland

Tafel

Die Auswanderung nach Rußland ging hauptsächlich von Hessen und Südwestdeutschland aus. Die Auswanderung von Mennoniten aus Westpreußen und von Herrnhuter Brüdern aus der Oberlausitz beschränkte sich auf eine kleinere Interessengemeinschaft. Im Vergleich zu anderen Auswanderungszielen nahm Rußland nach Amerika und (Österreich-)Ungarn den dritten Platz der von den Deutschen bevorzugten Zielländer ein. Während die Gründe für die Auswanderung im 18. Jahrhundert aus Hessen von der Forschung in der allgemein unsicheren Zeit nach dem Siebenjährigen Krieg (1756–1763) und in den Spannungen des bevorstehenden Napoleonischen Krieges gesucht werden, nimmt man für die Auswanderung aus Südwestdeutschland Anfang des 19. Jahrhunderts die erschwerten Lebensbedingungen unter der Last der napoleonischen Herrschaft, verbunden mit erhöhten Steuern, und die Mißernten an, die zu großen Hungersnöten führten. Die schlechte wirtschaftliche Lage der Südwestdeutschen nährte die Tendenz pietistischer Gruppen, in religiöse Schwärmerei zu verfallen und ihr »Heil« in der Auswanderung zu suchen. Religiöser Natur waren auch die Beweggründe für die Auswanderung westpreußischer Mennoniten und der Herrnhuter Brüder aus der Oberlausitz. Die Verschiedenartigkeit der auswandernden Gruppen spiegelt sich auch in der Ansiedlung im russischen Raum wider, wo durch die Weite des Territoriums ein Zusammenwachsen der Gruppen erschwert wurde.
Die kurz nach Bekanntwerden des Manifestes Katharinas II. 1763 einsetzende Auswanderung aus Hessen hatte ihren Schwerpunkt in den Gebieten Oberhessen und Hessen-Darmstadt. Die Auswanderung im 19. Jahrhundert beschränkte sich auf Südhessen. Insgesamt wird die Zahl der ausgewanderten Personen auf rund 25 000 geschätzt. Sie siedelten hauptsächlich an der Wolga, wo ihr Dialekt die Sprache der Wolgadeutschen nachhaltig bestimmte. Die Auswanderung wurde von sogenannten Werbern organisiert, die die Ausreisewilligen an Sammelplätze führen ließen, von wo aus sie in Gruppen auf dem Landweg nach Lübeck gebracht und in Richtung St. Petersburg eingeschifft wurden.
Von dort aus gelangten sie in monatelanger Reise entweder auf dem Landweg oder zu Wasser auf der Wolga in das Gebiet um Saratow, einer russischen Garnisonsstadt.
Die Ausreise wurde nur verheirateten Deutschen gestattet. Deshalb ließen sich viele Ausreisewillige kurzfristig trauen. In Büdingen, einem der Sammelplätze zur Ausreise, sind für das Jahr 1766 allein 400 Eintragungen im Trauregister der Kirche vorgenommen worden.
Bis zum Auswanderungsverbot 1806 setzte die Auswanderung aus Südwestdeutschland ebenfalls bald nach 1763 ein und erfaßte überwiegend den altwürttembergischen Raum. Der Weg führte zu Land nach Ulm, zu Wasser donauabwärts bis nach Bessarabien; von dort aus zogen die Kolonisten zeitweise bis zum Kaukasus. Auf die Bestimmungen Alexanders I., nur noch Deutsche mit einem Mindestvermögen von 300 Gulden pro erwachsenem Mann einwandern zu lassen, und der damit verbundenen »Kapitalflucht« reagierte Friedrich I. 1806 mit Ausreiseverbot. Für die seit 1814 aus dem Stuttgarter Raum ausziehenden schwärmerischen Pietisten wurden Sonderkonditionen ausgehandelt. In der Folgezeit, bis zum Einwanderungsstop von 1819 von seiten der russischen Regierung, verlagerten sich die Auswanderungsgebiete nach Nordwesten, nach Baden, dem Elsaß und der Pfalz. Die Zahl der Ausgewanderten wird auf das Zwei- bis Dreifache der aus Hessen Ausgesiedelten geschätzt.
Die deutschen Siedlungsgebiete in Rußland wurden besonders von zwei Gruppen deutscher Auswanderer befruchtet: den Mennoniten und den Herrnhuter Brüdern.
Die Herrnhuter Brüdergemeine erhielt im Manifest Katharinas II. die eindrückliche Zusicherung der Missionierung in Rußland. Sie blieb ein Sonderfall.
Die Mennoniten, die auf Grund ihrer religiösen Überzeugung keine allgemein verbindliche Kirchenverfassung anerkannten und die Wehrpflicht ablehnten, wanderten, nachdem diese allgemein in Westpreußen eingeführt werden sollte, Ende des 18. Jahrhunderts nach Rußland aus. Die besonders gute finanzielle Situation der Mennoniten im Unterschied zu vielen ihrer Schicksalsgenossen im Russischen Reich und die für alle bindend geltenden religiösen Gesetze mögen ihren späteren wirtschaftlichen Aufschwung erklären.

Keine besondere Bedeutung erlangte die religiöse Motivation der in den Kaukasus ziehenden pietistischen Württemberger. Ihre Schwärmerei verlor sich durch die Existenzsorgen, die mit dem Aufbau ihrer Kolonien verbunden waren.

Literatur:
G. Leibbrand, Die Auswanderung aus Schwaben nach Rußland 1816–1823, Stuttgart 1928 (Schriften des Deutschen Auslandsinstitutes Stuttgart 21); H. Richter, Hessen und die Auswanderung 1815–1855, in: Mitteilungen des Oberhessischen Geschichtsvereins, N. F., Bd. 32 (1934), S. 49–139; K. Büttner, Die Auswanderung aus Württemberg, Stuttgart 1938; K. Stumpp, Ostwanderung. Akten über die Auswanderung der Württemberger nach Rußland 1816–1822, Leipzig 1941 (Sammlung Leibbrand 2); E. Amburger, Die Einzelauswanderung aus Hessen nach Rußland, in: Hessische Familienkunde, Bd. 4 (1959), Heft 11, Sp. 599–602; K. Stumpp, Die Auswanderung aus Deutschland nach Rußland in den Jahren 1763–1862, Stuttgart o. J.; W. Hakker, Auswanderungen aus Baden und dem Breisgau, Stuttgart-Aalen 1980; K. P. Decker, Büdingen und Feuerbach bei Friedberg als Werbeplätze der Rußlandauswanderung von 1766, in: Wetterauer Geschichtsblätter 30 (1981), S. 87–106; W. Hacker, Auswanderungen aus Rhein-Pfalz und Saarland im 18. Jahrhundert, Stuttgart-Aalen 1983; W. Hacker, Kurpfälzische Auswanderer vom Unteren Neckar, Stuttgart-Aalen 1983; Auswanderung aus Hessen. Ausstellungskatalog, hg. v. J. Auerbach, Wetzlar 1984 (dort weiterführende Literatur).

U. R.-E.

3.12

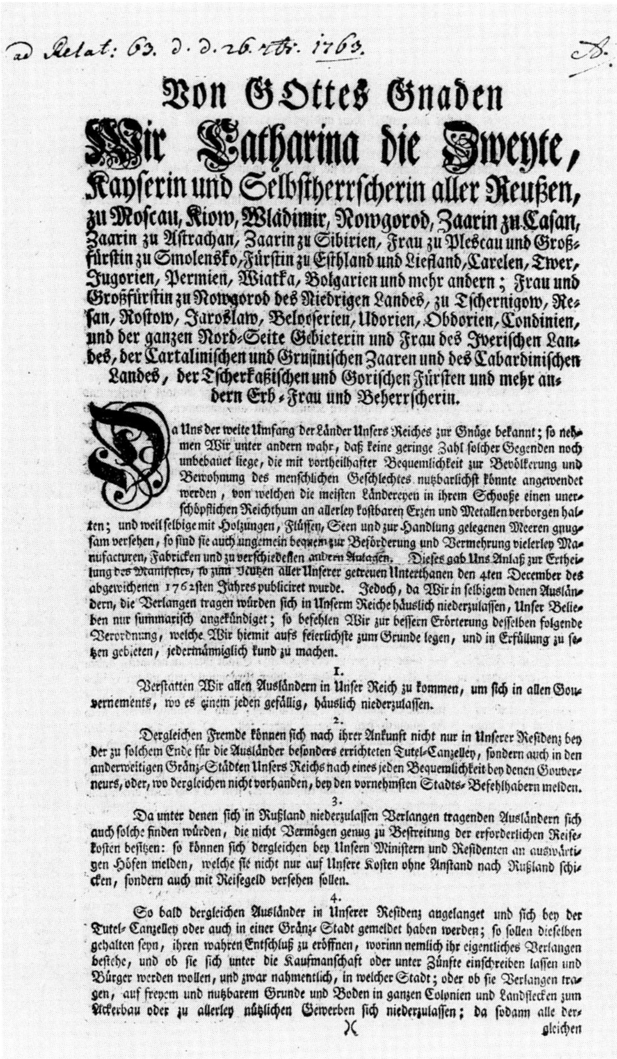

Von GOttes Gnaden
Wir Catharina die Zweyte,
Kayserin und Selbstherrscherin aller Reußen,
zu Moscau, Kiow, Wlädimir, Nowgorod, Zaarin zu Casan, Zaarin zu Astrachan, Zaarin zu Sibirien, Frau zu Plescau und Großfürstin zu Smolensko, Fürstin zu Esthland und Liefland, Carelen, Twer, Jugorien, Permien, Wiatka, Bolgarien und mehr andern; Frau und Großfürstin zu Nowgorod des Niedrigen Landes, zu Tschernigow, Resan, Rostow, Jaroslaw, Beloserien, Udorien, Obdorien, Condinien, und der ganzen Nord-Seite Gebieterin und Frau des Iverischen Landes, der Cartalinischen und Grusinischen Zaaren und des Cabardinischen Landes, der Tscherkaßischen und Gorischen Fürsten und mehr andern Erb-Frau und Beherrscherin.

Da Uns der weite Umfang der Länder Unsers Reiches zur Gnüge bekannt; so nehmen Wir unter andern wahr, daß keine geringe Zahl solcher Gegenden noch unbebauet liege, die mit vortheilhafter Bequemlichkeit zur Bevölkerung und Bewohnung des menschlichen Geschlechtes nutzbarlichst könnte angewendet werden, von welchen die meisten Ländereyen in ihrem Schooße einen unerschöpflichen Reichthum an allerley kostbaren Erzen und Metallen verborgen halten; und weil selbige mit Holzungen, Flüssen, Seen und zur Handlung gelegenen Meeren gnugsam versehen, so sind sie auch ungemein bequem zur Beförderung und Vermehrung vielerley Manufacturen, Fabricken und zu verschiedenen andern Anlagen. Dieses gab Uns Anlaß zur Ertheilung des Manifestes, so zum Nutzen aller Unserer getreuen Unterthanen den 4ten December des abgewichenen 1762sten Jahres publiciret wurde. Jedoch, da Wir in selbigem denen Ausländern, die Verlangen tragen würden sich in Unserm Reiche häuslich niederzulassen, Unser Belieben nur summarisch angekündiget; so befehlen Wir zur bessern Erörterung desselben folgende Verordnung, welche Wir hiemit aufs feierlichste zum Grunde legen, und in Erfüllung zu setzen gebieten, jedermänniglich kund zu machen.

1.

Verstatten Wir allen Ausländern in Unser Reich zu kommen, um sich in allen Gouvernements, wo es einem jeden gefällig, häuslich niederzulassen.

2.

Dergleichen Fremde können sich nach ihrer Ankunft nicht nur in Unserer Residenz bey der zu solchem Ende für die Ausländer besonders errichteten Tutel-Canzelley, sondern auch in den anderweitigen Gränz-Städten Unsers Reichs nach eines jeden Bequemlichkeit bey denen Gouverneurs, oder, wo dergleichen nicht vorhanden, bey den vornehmsten Stadts-Befehlhabern melden.

3.

Da unter denen sich in Rußland niederzulassen Verlangen tragenden Ausländern sich auch solche finden würden, die nicht Vermögen genug zu Bestreitung der erforderlichen Reisekosten besitzen: so können sich dergleichen bey Unsern Ministern und Residenten an auswärtigen Höfen melden, welche sie nicht nur auf Unsere Kosten ohne Anstand nach Rußland schicken, sondern auch mit Reisegeld versehen sollen.

4.

So bald dergleichen Ausländer in Unserer Residenz angelanget und sich bey der Tutel-Canzelley oder auch in einer Gränz-Stadt gemeldet haben werden; so sollen dieselben gehalten seyn, ihren wahren Entschluß zu eröffnen, worinn nemlich ihr eigentliches Verlangen bestehe, und ob sie sich unter die Kaufmanschaft oder unter Zünfte einschreiben lassen und Bürger werden wollen, und zwar nahmentlich, in welcher Stadt; oder ob sie Verlangen tragen, auf freyem und nutzbarem Grunde und Boden in ganzen Colonien und Landflecken zum Ackerbau oder zu allerley nützlichen Gewerben sich niederzulassen; da sodann alle dergleichen

3.13

3.11
Bauern aus der Gegend von Koblenz und Frankfurt/M.

ca. 1850
Stahlstich von Aze nach Demoraine
Photographie
Hessisches Staatsarchiv Marburg, Bildersammlung

3.12
Schwäbische Bauern

Trachtenbilder
Photographie aus: Illustrierter Atlas des Königreichs Württemberg für Schule und Haus mit vielen Karten und Bildern von Louis Rachel, Stuttgart 1888, S. 209
Universitätsbibliothek Tübingen

3.13
Kolonisationspatent Katharina II.

1763, Juli 25
Titelblatt
Faksimile
21 × 30 cm
Hessisches Staatsarchiv Marburg
Best. 4e, 1807

3.13.a
Russische Werbeschrift für die Auswanderung an die Wolga o. D.

(1765 oder 1766)
Photographie
Hessisches Staatsarchiv Marburg
Best. 121, No. 8451

3.14
Zettel des russischen Werbers Obristleutnant v. Nolting

23. Mai 1766
Photographie
Hessisches Staatsarchiv Marburg
Best. 121, No. 8451, f. 12

Inhalt:
Wann in Müllhausen tüchtige Pferde und Waagens zum Transport derer Russisch Kayser(liche)n Colonisten zu haben sind und gerne etwas verdienen wollen so will ich ihnen solches als landes leuten gerne gar wohl zuwenden. Es ist aber erforderlich: daß sowohl Wagen als Pferde durchaus stark und gut sein müssen, auch mit Spriegeln und schlage Tücher versehn, damit sowohl die Leute als Sachen bei einfallendem Regen Wetter schützen können, dazu müssen Leitern auf die Wagen gelegt werden, welche wenigstens 16 Schuh lang und nicht zu enge gespannt sein.

3.16

3.15
Auswanderung der Merzin nach Rußland aus Herbstein

1766 April 27
Faksimile
21 × 30 cm
Hessisches Staatsarchiv Marburg
Best. 98d, X, No. 6, f. 10

3.16
Kirchenbuch Büdingen

Auszüge 1766
Photographie
Dekanat Büdingen

Im Jahr 1766 heirateten in Büdingen insgesamt 400 Paare, um von dort nach Rußland auszuwandern.

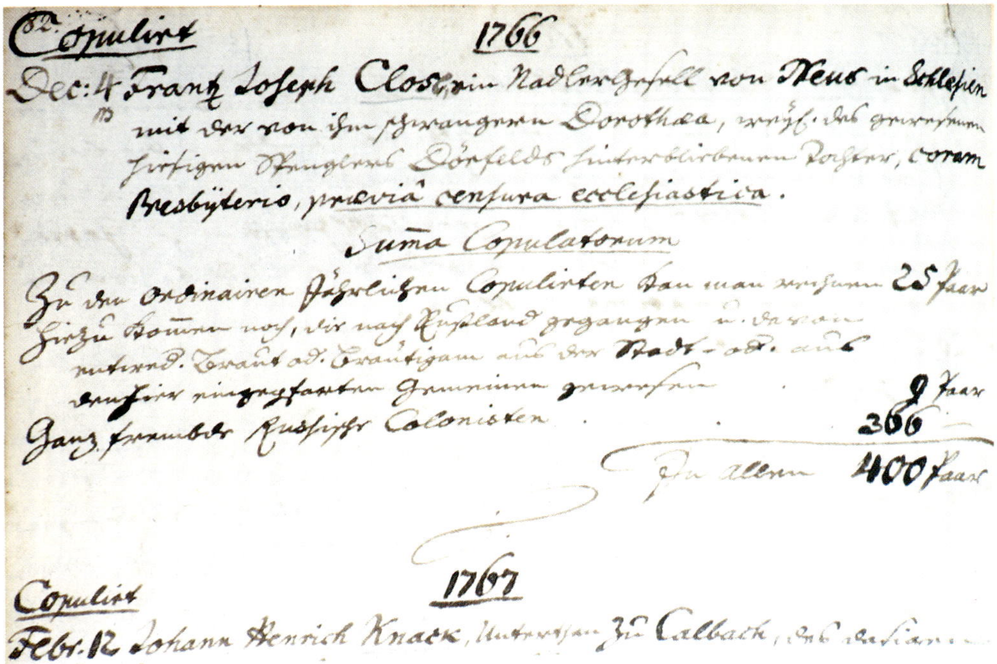

Copulirt 1766

Dec: 4 Franz Joseph Closs, ein Nadlergesell von Neus in Schlesien mit der von ihm geschwängerten Dorothea, weyl. des gewesenen hiesigen [illegible] Dörfelds hinterbliebenen Tochter, coram Presbyterio, praevia censura ecclesiastica.

Suma Copulatorum

Zu den ordinairen jährlichen Copulirten kan man rechnen 25 Paar

Hierzu kommen noch, die nach Rußland gegangen u. davon entweder Braut od. Bräutigam aus der Stadt- od. aus unsern eingepfarrten Gemeinen gewesen . 9 Paar

Ganz frembde Rußische Colonisten . 366

In allem 400 Paar

1767

Copulirt

Febr. 12 Johann Henrich Knack, Unterthan zu Calbach, des ...

3.16

3.17
Büdingen, ev. Kirche

Außenansicht
Photographie ca. 1985

In dieser Kirche wurden die auswanderungswilligen Paare getraut, bevor sie nach Rußland zogen.

3.18
Antrag auf Auszahlung der Erbschaft an die Frau des Johannes Leister,

geb. Merzin, Herbstein, jetzt Karaulnoj/Rußland, 1788 Dezember 22
Faksimile
21 × 30 cm
Hessisches Staatsarchiv Marburg
Best. 98d, x, No. 6, f. 3

3.19
Erneutes Verbot der Regierung von Hessen-Kassel des Wanderns der Handwerksgesellen und des Auswanderns

1786 Februar 17
Photographie
Hessisches Staatsarchiv Marburg
Verordnungssammlung

3.20
Verbot der Auswanderung aus dem Deutschen Reich durch Joseph II.

1768 Juli 7
Faksimile
41 × 31 cm
Hessisches Staatsarchiv Marburg
Bildersammlung

3.21
Auswanderungsverbot Friedrichs II. von Württemberg Bestimmungen über das Auswandern württembergischer Untertanen

Titelseite
21 × 30 cm
Hauptstaatsarchiv Stuttgart
E 146 (neu) Bü 1647

3.21

Friderich der Zweyte,

Von Gottes Gnaden, Herzog von Würtemberg, des heil. Röm. Reichs Erz-Panner und Churfürst, Herzog von Teck 2c. 2c.

Unsern Gruß zuvor, Liebe Getreue!

Aus Gelegenheit des gegenwärtigen Auswanderns ist bey Uns von verschiedenen Unserer Ober- und Stabs-Beamten die Anfrage geschehen, wie es in den Fällen zu halten sey, wenn der Eine Ehe-Gatte mit Zurücklassung des andern oder gegen seinen Willen auswandern will? ob und wann der hinwegziehende Ehe-Gatte sich durch das Auswandern einer Desertion schuldig mache? was in Ansehung der Kinder und des gemeinschaftlichen Vermögens zu beobachten? endlich ob und in wie fern die Auswanderung ledigen Leuten zu gestatten sey?

Das Auswandern 1. der Ehe-Gatten, im Falle eines Dissenses, und besonders in Ansehung ihres gemeinschaftlichen und ihrer Kinder Vermögens; 2. der ledigen Leute und der Waisen.

Wir finden Uns daher gnädigst bewogen, nach Maßgabe der diesfalls anwendbaren gemeinen Rechte und Landes-Gesetze, für solche Fälle folgendes Normativ zu ertheilen.

§. 1.

Ein Ehemann, der, vermöge des ihm zustehenden gesetzlichen Rechts, den gemeinschaftlichen Wohnort nach seiner Einsicht zu bestimmen und zu verändern, gegen den Willen seiner Ehe-Gattin das Vaterland verläßt, um außer demselben an einem bestimmten Orte sich niederzulassen, es sey nun, daß an diesem Orte die Bedingungen seiner neuen Niederlassung schon zur Zeit des Abzugs fest bestimmt sind, oder erst bey seiner Ankunft in dem neuen Wohnorte bestimmt werden müssen, kann nicht als Desertor angesehen und behandelt werden, es wäre denn

§. 2.

a) daß er, neben der Absicht auszuwandern, zugleich die Absicht, das Band der Ehe aufzulösen, auf eine unzweydeutige Art erklärte, welches letztere auch in dem Fall geschieht, wenn er, dadurch, daß er ein bestimmtes Ziel seines Auswanderns anzugeben nicht vermag, ein Vagabund wird;

Königreich Württemberg.

Kreis. Oberamt

Bürgerrecht-Verzichts-Urkunde.

Zur Auswanderung.

D Unterzeichnete
welche nach auszuwandern, und sich daselbst häuslich niederznlassen gesonnen ist,

bekennt durch gegenwärtige Urkunde, daß in diesem Vorhaben auf bisheriges Recht zu und auf jede Art von bürgerlichem Verband mit dem Württembergischen Staat

wissentlich und wohlbedächtlich Verzicht leistet.

Zugleich verpflichtet sich, von dem Wegzug an innerhalb Jahresfrist gegen Seine Majestät den König und das Königreich Württemberg nicht zu dienen, und eben so lange in Hinsicht auf alle nach Wegzug etwa noch zur Sprache kommenden, vor demselben an erwachsenen Ansprüche vor den obrigkeitlichen Behörden des Königreichs Recht zu geben, indem für die Erfüllung dieser Verbindlichkeit den

als Bürgen stellt.

Geschehen zu am 18

Gesehen durch das
Königl. Oberamt
am

3.22

3.22
Bürgerrechts-Verzichtsurkunde

19. Jahrhundert
Formblatt
21 × 30 cm
Hauptstaatsarchiv Stuttgart
E 146 (neu) Bü 1647

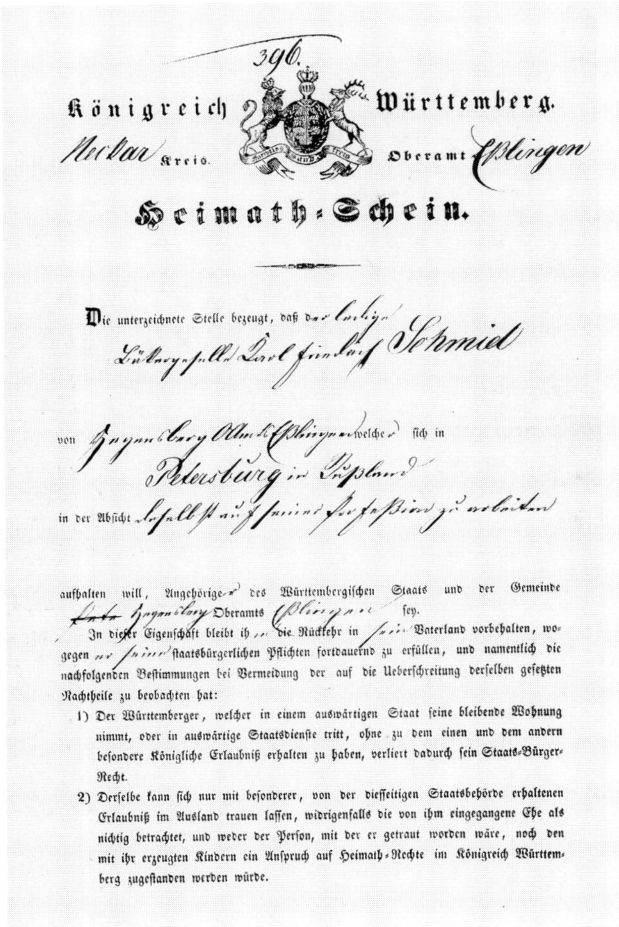

396.

Königreich Württemberg.

Neckar Kreis. Oberamt Eßlingen

Heimath-Schein.

Die unterzeichnete Stelle bezeugt, daß der ledige [illegible] Schmid

von [illegible] Oberamts Eßlingen, welcher sich in Petersburg in Rußland

in der Absicht daselbst auf seiner Profession zu arbeiten

aufhalten will, Angehöriger des Württembergischen Staats und der Gemeinde [illegible] Oberamts Eßlingen sey.

In dieser Eigenschaft bleibt ih[m] die Rückkehr in sein Vaterland vorbehalten, wogegen er seine staatsbürgerlichen Pflichten fortdauernd zu erfüllen, und namentlich die nachfolgenden Bestimmungen bei Vermeidung der auf die Ueberschreitung derselben gesetzten Nachtheile zu beobachten hat:

1) Der Württemberger, welcher in einem auswärtigen Staat seine bleibende Wohnung nimmt, oder in auswärtige Staatsdienste tritt, ohne zu dem einen und dem andern besondere Königliche Erlaubniß erhalten zu haben, verliert dadurch sein Staats-Bürger-Recht.

2) Derselbe kann sich nur mit besonderer, von der diesseitigen Staatsbehörde erhaltenen Erlaubniß im Ausland trauen lassen, widrigenfalls die von ihm eingegangene Ehe als nichtig betrachtet, und weder der Person, mit der er getraut worden wäre, noch den mit ihr erzeugten Kindern ein Anspruch auf Heimath-Rechte im Königreich Württemberg zugestanden werden würde.

3.23

3.23
Heimat-Schein für den Eßlinger Schmid

1851 Mai 8
Zur Auswanderung nach St. Petersburg mit Personenbeschreibung ohne Unterschrift des Inhabers
14 × 20 cm
Hauptstaatsarchiv Stuttgart
E 72 Bü 214

3.23.a
Wanderbuch zur Auswanderung nach Rußland Johann Blank,

Graab, * 1836
Mit Personenbeschreibung und Registratur des Auswandernden mit der Nr. 1940 bei seiner Ankunft in Rußland
11 × 15 cm
Hauptstaatsarchiv Stuttgart
E 72 Bü 214

3.24
Auszug aus: Der russische Colonist oder Christian Gottlob Züges Leben in Rußland

hg. von G. Robel/W. Grieb, Bremen 1988, S. 88f.

Der Weg, den man auf zweihundert Werste rechnet, führte durch eine Steppe, die uns eben keine günstige Meinung von dem geträumten Paradiese, das wir bevölkern sollten, beibrachte. Auf dem ganzen Weg fanden wir kein Dorf, außer einigen deutschen Kolonien, welche unsere Hoffnung von der Zukunft noch mehr herabstimmten, weil wir sahen, daß bei diesen verpflanzten Landsleuten die äußerste Dürftigkeit herrschte und sich beinahe in jedem Gesichte Sehnsucht nach dem verlassenen Vaterlande malte. Selten konnten wir hier Eier, Butter oder andere Lebensmittel bekommen, öfters schienen unsere Landsleute selbst daran Mangel zu leiden. Wir bemerkten, daß unsere Führer, das von Aranienbaum erhaltene Kommando, zu verhindern suchten, daß wir uns den Kolonisten näher bekannt machten.
Sie ließen uns nie mit ihnen allein, daher die Kolonisten, um sich nicht verdächtig zu machen, nicht so offen und unbefangen mit uns, ihren Leidensbrüdern sprachen, als es außerdem geschehen sein würde. Sie beantworteten unsere Fragen nach ihrem Befinden mit der Versicherung, daß sie zufrieden sein würden, wenn sie sich erst in einiger Zeit nur noch ein wenig besser eingerichtet hätten; doch ihre Mienen zeigten deutlich, daß sie aus Furcht vor den russischen Soldaten gegen ihre Überzeugung sprachen, und man durfte nur einen Blick auf ihr Äußeres werfen, um sich zu überzeugen, daß sie eben keine Ursache hätten, mit ihrer Lage zufrieden zu sein. Schon ihre Kleidung gab hierzu keinen Beleg, weil sie äußerst dürftig und eine Mischung von der deutschen und der russischen war. Fast alle trugen Bastschuhe, die mehresten großenteils russische Tracht, doch sah man hier und da noch ein veraltetes zerissenes deutsches Kleidungsstück.

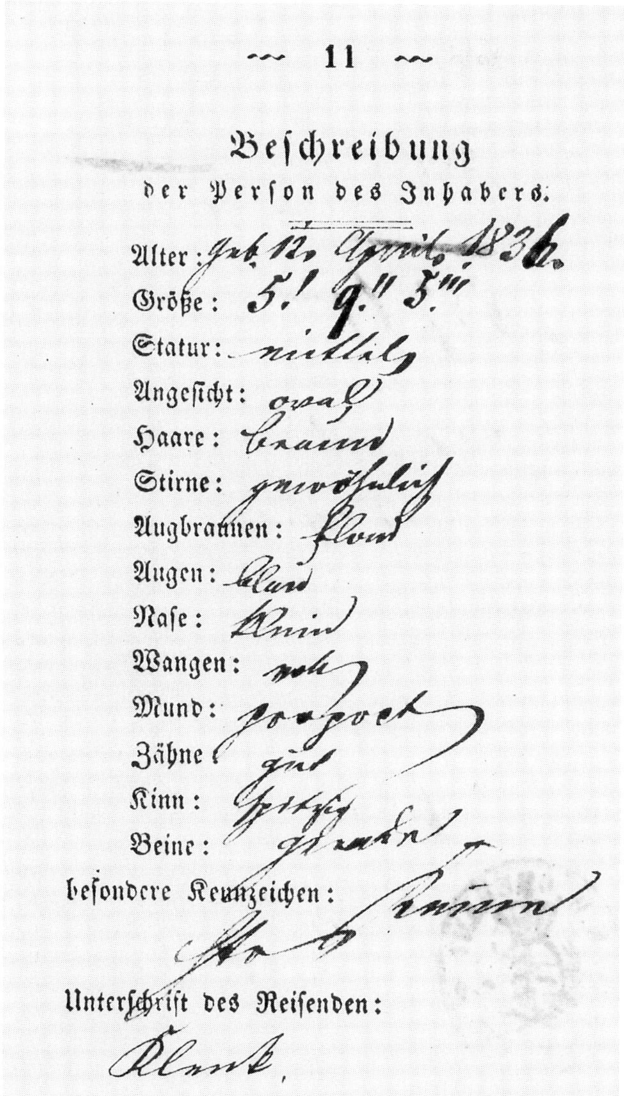
~ 11 ~

Beschreibung der Person des Inhabers.

Alter: geb. 12. April 1836.

Größe: 5' 9" 3'''

Statur: mittlich

Angesicht: oval

Haare: braun

Stirne: gewöhnlich

Augbraunen: blond

Augen: blau

Nase: klein

Wangen: roth

Mund: proport.

Zähne: gut

Kinn: spitzig

Beine: gerade

besondere Kennzeichen: keine

[illegible]

Unterschrift des Reisenden:

[illegible]

3.23.a

3.25
Die Kolonistenfamilie Zerr aus Neuweiler bei Lauterburg (Elsaß): Ahnen des Tiraspoler Bischofs Antonius Zerr

Von den vielen Dörfern des nördlichen Elsaß, aus denen im beginnenden 19. Jahrhundert so zahlreiche Familien nach Südrußland ausgewandert sind, verdient die Gemeinde Neuweiler bei Lauterburg besondere Beachtung. Dieses damals etwa 800 Einwohner zählende Bauerndorf schlägt nämlich bei weitem alle Rekorde mit nahezu 50 Familien, die ihre Heimat verlassen haben, um sich dem großen Zug nach Osten anzuschließen. Nur beiläufig kann hier auf deren verzweigte verwandtschaftliche Zusammenhänge hingewiesen werden. Zahlenmäßig fällt dabei der Name Zerr sofort auf. Deshalb ist es angebracht, diese Namensträger hier vorzustellen:

I Andreas Zerr, geboren am 1. Dezember 1787 als Sohn von Johann und dessen Ehefrau Regina Eckert. Dem Jungvermählten wurde in Selz am Kutschurgan die Hofstelle 24 zugewiesen. Somit wurde er zum Stammvater aller Selzer Zerr.

II Georg Zerr und dessen Ehefrau Eva Rosina Zerr verließen ihre Heimat am 21. Juni 1807. Sie wurden in Franzfeld (Liebentaler Gebiet) angesiedelt (Hofstelle 20). Eva Rosina starb bereits am 1. Januar 1812. Georg überlebte seine Ehefrau noch etwa 15 Jahre. Von einem Besuch im Nachbardorf Alexanderhilf heimkehrend, wurde er von einem heftigen Schneesturm überrascht, irrte lange umher, setzte sich schließlich nieder, um ein wenig auszuruhen; dabei wurde er von einem sanften Schlaf überwältigt, von dem er nicht mehr aufwachte. Bischof Anton Zerr, sein Enkel, hat uns den Eintrag im Totenbuch der Josephstaler Pfarrkirche, zu der Franzfeld noch damals gehörte, überliefert:
»Am 15. Februar 1827 starb eines plötzlichen Todes auf dem Felde, ohne die heiligen Sakramente empfangen zu haben, der Witwer Georg Zerr im Alter von 74 Jahren. Seine zeitlichen Überreste wurden des guten Rufes wegen, den er durch sein frommes Leben sich allzeitig erworben hatte, von dem Schulmeister auf dem Kirchhofe der Kolonie beerdigt, weil der Geistliche krankheitshalber die Beerdigung nicht vornehmen konnte.«
Georg und Eva Zerr sind die Urahnen aller Franzfelder Zerr. Gerade auf dieses Ehepaar ist unser Augenmerk gerichtet, weil in der Geschichte der elsässischen Rußlandauswanderung eben ihr Fall einmalig vorkommt. Das bei der Auswanderung verhältnismäßig schon ältere Ehepaar hatte sechs

Kinder großgezogen. Die Töchter, deren älteste schon verheiratet war, blieben in Neuweiler zurück, während die vier Söhne mit in die Ferne zogen:

1. Joseph *NW 5. 6. 1781
†Franzfeld 13. 8. 1831
⚭ NW 4 Pluviose An XI
Franziska Mastio * NW 30. 10. 1779
†Franzfeld 31. 1. 1826
Hofstelle 12 in Franzfeld
2. Johann Michael *NW 22. 6. 1785
†Franzfeld 15. 1. 1864
⚭
Franziska Sarbacher * in der Lauterburger Gegend
†Franzfeld 5. 4. 1870 (78 alt)
Hofstelle 19 in Franzfeld
3. Anton *NW 13. 11. 1788
†Franzfeld 25. 8. 1866
⚭ NW 21. 6. 1807
Margareta Karthes * NW 19. 12. 1789
†Franzfeld 4. 2. 1865
Ihre Trauung fand kaum einige Stunden vor der Auswanderung statt. Hofstelle 17 in Franzfeld.
(Großeltern von Mgr. Antonius Zerr, Bischof v. Tiraspol)
4. Johann * NW 17. 8. 1792
†Franzfeld 26. 7. 1836
⚭ Franzfeld 25. 11. 1812
Catharina Fix, Tochter von Johann (Hofstelle 13)
†Franzfeld 8. 11. 1860
Er übernahm den elterlichen Betrieb (Hofstelle 20) und verstarb frühzeitig an Cholera.

Im Rahmen dieses kleinen Beitrages ist es nicht möglich, deren zahlreiche Nachkommen aufzuführen und über ihr weiteres Schicksal zu berichten. Die hier zusammengestellte, sehr vereinfachte Stammfolge eines Franzfelder Zerr-Zweiges veranschaulicht stellvertretend die bewegte Geschichte vieler Rußlandauswanderer:

I Georg Zerr ⚭ Eva Rosina (s. o. II)
II Anton Z. ⚭ Margareta Karthes (s. o. II 3)
III Peter Z. * Franzfeld 9. 4. 1811
†Franzfeld 14. 9. 1864
⚭ Franzfeld 15. 5. 1828
Braun, A.-M. * Franzfeld 22. 12. 1812
†Franzfeld 22. 5. 1895
(Ihre Eltern auch aus Neeweiler)
IV Peter Z. * Franzfeld 7. 5. 1846
†Yeremejewka 8. 3. 1898
(Bruder des späteren Bischofs Mgr. Ant. Zerr)
⚭ Franzfeld 11. 10. 1865
Matery, Barbara * Franzfeld
†Yeremejewka 8. 2. 1913
(Ihre Ahnen auch aus Neeweiler). Dieses Ehepaar siedelten 1875 in die Tochterkolonie Yeremejewka (Bischofsfeld).
V Franz Z. * Yeremejewka 12. 11. 1879
†Amerika
Er wanderte am 10. 1. 1900 nach Amerika aus.
⚭ in North-Dakota 4. 11. 1901
Weber, Elisabeth
(auch Nachkomme von Rußlanddeutschen)

Zahlreiche Nachkommen der Franzfelder Zerr leben heute in den USA, vorwiegend in North Dakota und Kansas, während die Selzer Zerr in der kanadischen Provinz Saskatchewan stark vertreten sind. Es sei schließlich auch der Zerr-Stämme gedacht, die ihrem ersten Aufnahmeland treu geblieben und vor Jahrzehnten zwangsverschleppt in die Republiken von Zentralasien (Kasachstan, Kirgisien, Tadschikistan) umgesiedelt worden sind.
Den meisten dieser heute so sehr verzweigten und so jäh zerstreuten Zerr-Geschlechter aus Rußland mag der Name des elsässischen Bauerndorfes Neeweiler ganz fremd klingen, von dem vor über 150 Jahren ihre Urahnen ins Zarenreich zogen.
In ihrer elsässischen Heimat greifen bei jeder Generation immer wieder einige Zerr-Sprößlinge zum Wanderstab – heute wie schon damals. Und dennoch! Trotz dieser ununterbrochenen Auswanderungslust hat der Name Zerr in Neeweiler die Geschlechter überdauert, denn seit Jahrhunderten bleiben immer welche mit der heimatlichen Scholle verwachsen. Mit über 15 Familien – allerdings in vielfältigen Berufszweigen – sind die Namensträger Zerr heute noch vertreten in Neeweiler bei Lauterburg, der Urheimat aller Franzfelder und Selzer Zerr-Nachkommen.

Literatur:
A. Zerr, Eine Wanderungsgeschichte der Familie Zerr in Rußland, Odessa 1914.

J. S.

3.26

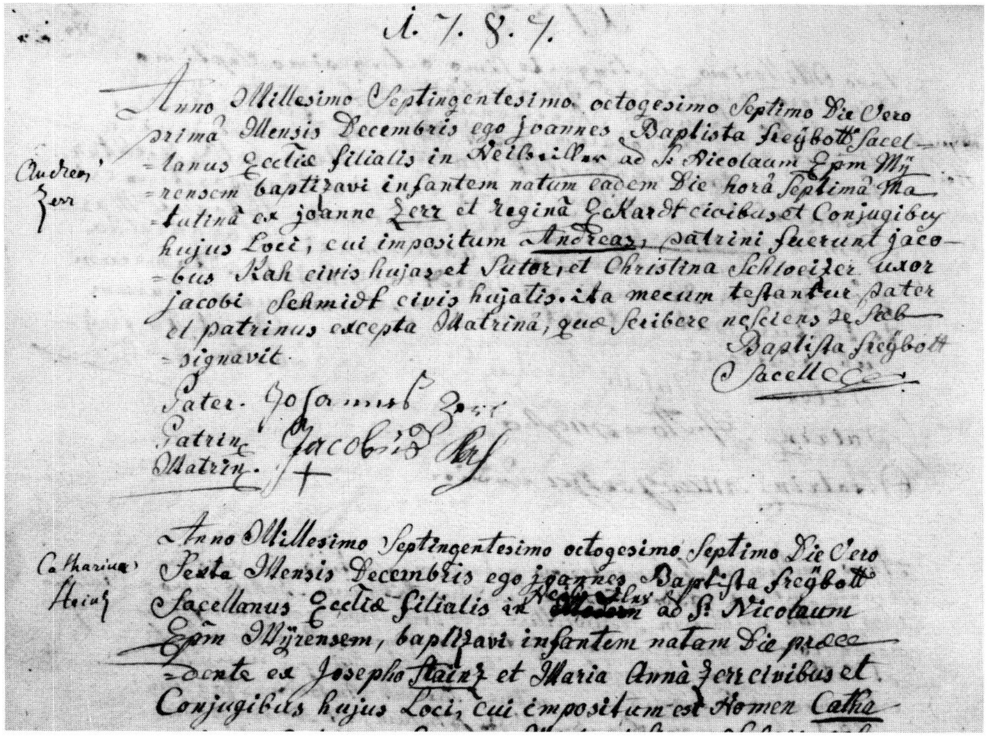

1. 7. 8. 7.

Andreas Zerr

Anno Millesimo Septingentesimo octogesimo Septimo Die Vero prima Mensis Decembris ego Joannes Baptista Freyboth Sacellanus Ecclesiae filialis in Neüweiller ad S. Nicolaum Epm Myrensem baptizavi infantem natum eadem Die horâ Septimâ Matutinâ ex joanne Zerr et reginâ Eckardt civibus et Conjugibus hujus Loci, cui impositum Andreas, patrini fuerunt jacobus Kah civis hujas et Sutor, et Christina Schweitzer uxor jacobi Schmidt civis hujatis. ita mecum testantur pater et patrinus excepta Matrinâ, quae scribere nesciens se sub signavit.

Baptista Freyboth Sacell.

Pater Johannes Zerr
Patrinus Jacobus Kah
Matrina +

Catharina Heinz

Anno Millesimo Septingentesimo octogesimo Septimo Die Vero Sexta Mensis Decembris ego joannes Baptista Freyboth Sacellanus Ecclesiae filialis in Neüweiller ad S. Nicolaum Epm Myrensem, baptizavi infantem natam Die praecedente ex Josepho Hainz et Maria Annâ Zerr civibus et Conjugibus hujus Loci, cui impositum est Nomen Catha

3.26
Taufe von Andreas Zerr 1787

Eintragung im Kirchenbuch von Neuweiler
Photographie
Archives départementales Strasbourg

Übersetzung aus dem Lateinischen:
Im Jahr 1787 am 1. des Monats Dezember habe ich, Johann Baptist Freyboth, Kaplan der dem heiligen Nikolaus, Bischof von Myra geweihten Filialkirche zu Neeweiler, ein Kind getauft, geboren heute morgen um 7 Uhr, von Johann Zerr und Regina Eckhardt, hiesigen Eheleuten und Bürgern, und dem der Name Andreas gegeben wurde.
Paten waren Jakob Kah, hiesiger Bürger und Schuster, und Christine Schweizer, Ehefrau des hiesigen Bürgers Jakob Schmidt.
Das bestätigen mit mir durch ihre Unterschrift der Vater und der Pate. Die Patin dagegen, des Schreibens unkundig, hat ihr Handzeichen darunter gesetzt.

J. S.

3.27
Taufe von Anton Zerr 1788

Eintragung im Kirchenbuch von Neuweiler
Photographie
Archives départementales Strasbourg

Übersetzung aus dem Lateinischen:
Im Jahr 1788 am 13. November ist von mir Unterzeichnetem getauft worden Anton, ehelicher Sohn von Johann Georg Zerr, Bürger und Bauersmann zu Neeweiler, und dessen Ehefrau Rosina Zerr, der geboren in der vorherigen Nacht.
Paten waren Michael Mastio, hiesiger Bürger und Bauersmann, und Catharina Zerr, Ehefrau von Anton Weiss, Bürger und Bauersmann in Neeweiler.
Das bestätigen mit mir der Vater und der Pate durch ihre Unterschrift; die Patin dagegen, des Schreibens unkundig, durch ihr hinzugesetztes Handzeichen.

Joseph Anton Boehser
Ortspfarrer

J. S.

3.29

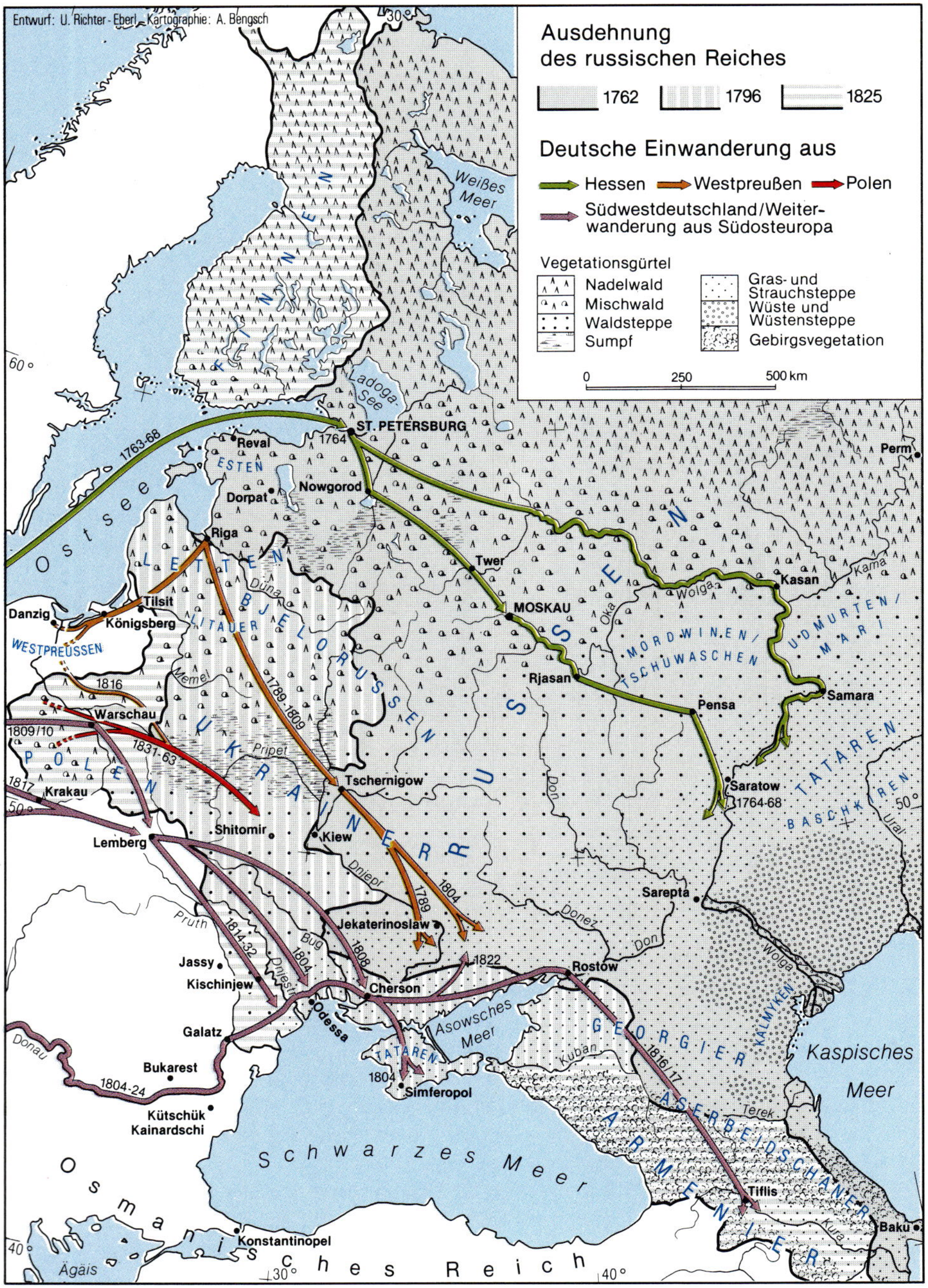

Entwurf: U. Richter-Eberl Kartographie: A. Bengsch
Ausdehnung des russischen Reiches
1762
1796
1825
Deutsche Einwanderung aus
Hessen
Westpreußen
Polen
Südwestdeutschland/Weiterwanderung aus Südosteuropa
Vegetationsgürtel
Nadelwald
Mischwald
Waldsteppe
Sumpf
Gras- und Strauchsteppe
Wüste und Wüstensteppe
Gebirgsvegetation
0
250
500 km
Weißes Meer
Ladoga-See
FINNEN
Ostsee
ST. PETERSBURG
1764
1763-68
Reval
ESTEN
Dorpat
Nowgorod
Riga
LETTEN
Düna
Tilsit
Danzig
Königsberg
WESTPREUSSEN
LITAUER
BJELORUSSEN
Memel
1816
Warschau
1809/10
POLEN
1831-63
1789-1809
Pripet
UKRAINER
Twer
MOSKAU
Oka
RUSSEN
Rjasan
Wolga
Kasan
Kama
Perm
MORDWINEN/TSCHUWASCHEN
UDMURTEN/MARI
Samara
Pensa
Saratow
1764-68
TATAREN
BASCHKIREN
Ural
50°
Don
Tschernigow
Krakau
1817
Lemberg
Shitomir
Kiew
Dnjepr
1804
1789
Sarepta
Donez
Pruth
1814-32
Bug
1804
1808
Jekaterinoslaw
1822
Rostow
Jassy
Kischinjew
Dnjestr
Cherson
Odessa
Galatz
Donau
Bukarest
1804-24
Kütschük Kainardschi
Asowsches Meer
TATAREN
1804
Simferopol
Kuban
GEORGIER
1816/17
KALMYKEN
Kaspisches Meer
Terek
ASERBEIDSCHANER
ARMENIER
Tiflis
Kura
Baku
Schwarzes Meer
Osmanisches Reich
Konstantinopel
Ägäis
30°
40°
60°

3.28
Trauung von Anton Zerr ⚭ Margareta Kartus 21. Juni 1807

Eintragung im Zivilstandsregister
Photographie
Archives départementales Strasbourg

Übersetzung aus dem Französischen:
Heute, am 21. des Monats Juni 1807, erschien vor mir, dem Bürgermeister und Standesbeamten der Gemeinde Neeweiler, Kanton Lauterburg, Bezirk Unter-Elsaß, Anton Zerr, Tagner, hier wohnhaft, 18 Jahre und 8 Monate alt, minderjähriger Sohn von Georg Zerr, Bauersmann hier gegenwärtig und einwilligend und Eva Rosina Zerr, und andrerseits Margaretha Kartus, 18 Jahre alt, geboren zu Neeweiler und hier wohnhaft, minderjährige Tochter von Joseph Kartus, Bauersmann, hier gegenwärtig und einwilligend, und Regina Kaiser.
Die Genannten haben mich ersucht, die zwischen ihnen geplante Trauung vorzunehmen, deren Aufgebote vor dem Haupteingang unseres Gemeindehauses gemacht worden waren, und zwar die erste am 31. des Monats Mai, um die Mittagsstunde und die zweite am 7. des Monats Juni, um die Mittagsstunde, 1807. Einspruch gegen besagte Trauung ist mir nicht vorgebracht worden. Um ihrem Ersuchen nachzukommen – und nachdem ich das Kapitel sechs des bürgerlichen Gesetzbuches mit dem Titel »Über die Ehe« vorgelesen habe, habe ich den Bräutigam und die Braut gefragt, ob sie willens sind, miteinander in den Ehestand zu treten, worauf jedes der beiden einzeln und bejahend geantwortet. Somit erkläre ich im Namen des Gesetzes: Anton Zerr und Margareta Kartus sind nun getraut.
Demnach habe ich diese Urkunde aufgesetzt in Gegenwart von Michael Ulm, 47 Jahre alt, Johann Deck, 40 Jahre alt, Valentin Weiss, 50 Jahre alt und Johann Adam Eckert, 40 Jahre alt. Nachdem diese ihnen vorgelesen und auf deutsch erläutert worden war, haben sie mit mir und den Brautleuten samt beiderseitigen Angehörigen unterschrieben.

J. S.

3.29
Ballungsräume der deutschen Siedlung im Russischen Reich des 18./19. Jahrhunderts

Landesnatur, Bevölkerung und Siedlungsgeschichte

Karte

Mit der Eingliederung Kongreßpolens 1795, Teilen der Westukraine und der Krim 1783 unter Katharina II. und der Annektion des Kaukasus sowie der Gewinnahme Bessarabiens 1812 unter ihrem Enkel Alexander I. hatte das Russische Reich seine bis zum Ersten Weltkrieg endgültig festliegende Westgrenze und größte Ausdehnung erreicht. Die einsetzende deutsche Siedlungsbewegung hatte sehr unterschiedliche Motive zur Ursache.
Es ist einmal der nicht versiegende Zustrom von Handwerkern und Spezialisten, um deren Hilfe bereits Peter I. ersucht hatte, zum anderen die zwei zeitlich aufeinanderfolgenden Einwanderungszüge in Steppengebiete des Reichs. Grundlage dafür boten die Manifeste Katharinas II. und Alexanders I. von 1763 bzw. 1804, die religiöse und soziale Privilegien garantierten. Es waren freie Religionsausübung, Steuerbefreiung für Bauern auf 10–30 Jahre, für Städter auf 10 Jahre, zinslose Darlehen, auf ewige Zeit Befreiung vom Militärdienst, eigene Gemeinde und Schulverwaltung, unentgeltliche Zuweisung von 30–80 Desjatinen (1 Desjatine = 109 a) Land an jede Familie. Die Auswanderung wurde dadurch u. a. für Mennoniten, religiös Verfolgte und für arme Bauern und Handwerker interessant. Die Besiedlungsmaßnahmen waren Teil der innenpolitischen Peuplierungspolitik, d. h., daß brachliegendes Land kultiviert, aber politisches Grenzland nach außen hin durch Kolonisten gesichert werden sollte. Alexander I. verschärfte die Einwanderungsbestimmungen dadurch, daß ein Mindestvermögen von 300 Gulden Kapital eines erwachsenen Mannes Aufnahmebedingung wurde, nachdem unter Katharina viele unsichere Elemente wie Arbeitsunwillige und Vagabunden ins Land gekommen waren.
Anderer Natur war die Migration von Deutschen aus Mittelpolen anläßlich des polnischen Aufstandes 1830/31 nach Wolhynien. Sie schloß Mitte des 19. Jahrhunderts die drei nach Rußland strömenden Wanderungsbewegungen ab.

Zur gleichen Zeit setzte eine Binnenwanderung nach Osten ein, die aus Landmangel entstand. Abgesehen vom baltischen Raum, der als einheitliches Siedlungsgebiet mit deutscher Bevölkerung an Rußland kam, entstanden im 18./19. Jahrhundert folgende deutsche Ballungsräume im Russischen Reich:

1. Die städtische Bevölkerung konzentrierte sich in St. Petersburg, Moskau, Saratow und Odessa.
2. Die Siedlungen der Mutterkolonien und ersten Filialen entstanden im Gouvernement Petersburg, an der Wolga, in der Ukraine (Schwarzmeergebiet und Wolhynien), im Kaukasus, auf der Krim und in Bessarabien.
3. Die durch Binnenwanderung entstandenen Siedlungen der Tochterkolonien entstanden im Ural, in Sibirien und in Mittelasien.

Genaue Zahlen und Statistiken über die Bevölkerungsstruktur im Zarenreich liegen erst 1897 mit der ersten allgemeinen Volkszählung vor. Sie gibt das genaue Zahlenverhältnis zwischen der Gesamtbevölkerung und der Anzahl der Deutschen für die einzelnen Gebiete an.

Regionale Aufgliederung der deutschen Bevölkerung
nach den Volkszählungsergebnissen von 1897

Gebiet	Gesamtbevölk. Personen	darunter Deutsche	v. H.
1. Europäisches Rußland (ohne Polen und Finnland)	98340041	1294032	1,31
darunter			
Gouv. Petersburg	2107691	63457	3,01
Weißrußland [1]	6479222	7412	0,11
Estland und Nordlivland [2]	962237	33362	3,46

1 Gouvernements Grodno, Minsk, Mohilew und Witebsk (ohne Kreise Dünaburg, Rositten und Ludsen).
2 Gouv. Estland sowie Kreise Pernau, Fellin, Dorpat und Werro.

Gebiet	Gesamtbevölk. Personen	darunter Deutsche	v. H.
Südlivland [1], Gouv. Kurland u. Gouv. Witebsk (Teil)	1930478	136507	7,07
Litauen [2]	3479198	49562	1,42
Gouv. Bessarabien	1933436	60206	3,11
dar. Kreis Akkerman	266012	43389	16,31
Ukraine [3]	24653279	415385	1,68
dar. Wolhynien	2997902	171331	5,72
Schwarzmeergebiet [4] (ohne Gouv. Taurien)	7421301	239287	3,22
Gouv. Taurien	1443566	78305	5,42
Nordkaukasus [5]	3786784	39799	1,05
2. Kongreßpolen [6]	9118101	379296	4,16
dar. Gouv. Warschau	1933689	77160	3,99
Kreis Warschau	820257	20981	2,56
Kreis Lodz (G. Petrikau)	433448	97416	22,47
3. Übriges (asiat.) Rußland (mit Transkaukasien)	17452189	117161	0,67

1 Kreise Wolmar, Walk, Riga und Wenden.
2 Gouvernement Kowno-Wilna u. Suwalki (ohne Kreise Suwalki, Augustow und Seiny).
3 Gouvernements Charkow, Cherson, Jekaterinoslaw, Kiew, Podolien, Dongebiet, Tschernikow, Poltawa und Wolhynien.
4 Nur Gouvernement Cherson, Jekaterinoslaw und Dongebiet.
5 Gouvernement Kuban, Stawropol, Tschernomorje und Terek.
6 Ohne die litauisch besiedelten Kreise des Gouv. Suwalki.

Zusammengestellt nach W. Winkler: Handbuch für das gesamte Deutschtum, Berlin 1927, S. 119f.

Literatur:
I. Fleischhauer, Die Deutschen im Zarenreich, Stuttgart 1986; Tausend Jahre Nachbarschaft. Rußland und die Deutschen, hg. von M. Hellmann, München 1988.

U. R.-E.

3.30
Völkerschaften im Russischen Reich

Tafel

In seiner größten Ausdehnung vereinigte das Russische Reich vom 18. bis zu Beginn des 20. Jahrhunderts insgesamt 22 größere Völkerschaften und über 100 kleinere Nationalitäten. Die Bevölkerungszahlen schwankten im Laufe der Jahre; die Bevölkerungsentwicklung verlief für die aufstrebenden Völker Mittelasiens und des Kaukasus zum 20. Jahrhundert hin und darüber hinaus positiver als z. B. für die russische Bevölkerungsgruppe. (Die erste Volkszählung erfolgte erst 1897.) Die Bevölkerung Turkmeniens wuchs z. B. von 1970 bis 1979 um 28 %, die von Usbekistan um 30 %, die von Tadschikistan um 31 %; in der RSFSR, der Ukraine und in Bjelorußland dagegen nur um 6 %. Insofern wird im folgenden für den großen Zeitrahmen nur eine ungefähre Kategorisierung der Nationalitäten nach ihrer Größe angegeben.

Nation	Sprache/Sprachfamilie
1. Großrussen	Slawisch
2. Ukrainer	Slawisch
3. Usbeken	Turksprache
4. Bjelorussen	Slawisch
5. Tataren	Turksprache
6. Kasachen	Turksprache
7. Aserbaidschaner	Turksprache
8. Armenier	Indoeuropäisch
9. Georgier	Kaukasisch
10. Moldauer	Rumänisch
11. Litauer	Litobaltisch
12. Juden	Jiddisch
13. Tadschiken	Iranisch
14. Deutsche	Deutsch
15. Tschuwaschen	Turksprache
16. Turkmenen	Turksprache
17. Kirgisen	Turksprache
18. Letten	Litobaltisch
19. Mordwinen	Finno-Ugrisch
20. Baschkiren	Turksprache
21. Polen	Slawisch
22. Esten	Finno-Ugrisch

Kleinere Völkerschaften wie z. B. mongolisch- oder turksprachige Nationalitäten konzentrierten sich hauptsächlich in Sibirien, im

3.36

nördlichen Kaukasus und im Wolgagebiet. Hier allein unterscheiden sich 25 verschiedene Nationalitäten.

Literatur:
W. Kolarz, Rußland und seine asiatischen Völker, Europäische Verlagsanstalt 1956; G. Stökl, Russische Geschichte von den Anfängen bis zur Gegenwart, Stuttgart ³1973; R. Vossen, Sowjetunion. Völker der Sowjetunion vor und nach der Revolution, Hamburg 1980 (Wegweiser zur Völkerkunde Heft 23); M. Wixman, Peoples in Russia. An ethnographic handbook, Michigan 1984.

U. R.-E.

3.31
Russisches Dorffest

Stich aus: C. Geißler/F. Hempel, Malerische Darstellungen der Sitten, Gebräuche und Lustbarkeiten bey den Russischen, Tatarischen, Mongolischen und anderen Völkern im Russischen Reich, Leipzig 1804, S. 20
Landesbibliothek Coburg
Sign. J I 2/25

3.32
Kalmücken im Zelt

Stich aus: C. Geißler/F. Hempel, Malerische Darstellungen ..., S. 56

3.33
Markt mit Tataren, Russen, Zigeunern, Griechen und Juden

Stich aus: C. Geißler/F. Hempel, Malerische Darstellungen ..., S. 78

3.34
Tatarische Kinder, Kaukasien

Photographie
ca. 1900
Bundesarchiv Koblenz

3.35
Imeretierin in Nationaltracht

Photographie
ca. 1900
Bundesarchiv Koblenz

3.36
Kirgisensiedlung bei Semipalatinsk/Kasachstan

Photographie
ca. 1900
Bundesarchiv Koblenz

3.37

3.37
Russische Bäuerin, Muchlinino/Sibirien

Photographie
ca. 1900
Bundesarchiv Koblenz

3.38
Wolhyniendeutscher

Photographie
ca. 1910
Landsmannschaft der Deutschen aus Rußland, Stuttgart

3.39
Kaukasusdeutsche und Tscherkesse beim Picknick

Photographie
1913
Dr. Artur Allmendinger, Heilbronn

3.40
Baltikum

Tafel

Mit dem Gebiet des Baltikums, das 1721 mit dem Frieden von Nystad an Rußland fiel, wurde erstmals in der russischen Geschichte eine gewachsene deutsche Siedlung ins Reich integriert, die neben Esten, Kuren, Semgallen und Letten existierte und die soziale Oberschicht darstellte. Ihre Vertreter setzten die Sonder- und Eigenverwaltung der russischen Ostseeprovinzen durch. Daß die Deutschen, obwohl sie in der Minderheit waren, die soziale Oberschicht bildeten, hat seine Ursache in der Siedlungsgeschichte. Sie ist Teil der ostdeutschen Kolonisationsbewegung und kam durch die Erschließung und Christianisierung des Landes zustande.
Anfang des 13. Jahrhunderts zogen die ersten deutschen Missionare in die Gegend von Riga aus. In ihrem Gefolge befanden sich Kaufleute und Adelige, deren Organisation deutsches Stadtbürgertum und deutschen Landadel entstehen ließen. Auf sie gehen auch die ersten Städtegründungen mit deutschem Stadtrecht zurück, hier vor allem Riga mit seiner 1201 erfolgten Gründung. Bäuerliche deutsche Siedlungen entstanden unter Katharina II. in Zusammen-

3.41

hang mit ihrer Populationsmaßnahme. Hier ist die Siedlung Hirschenhof in Livland das einzige Beispiel einer bäuerlichen Aufsiedlung im Baltikum geblieben.
Das baltische Land wird klimatisch durch die Ostsee bestimmt. Klimaverlauf und Feuchtigkeitsverhältnisse schufen in Lettland ein Drittel der Gesamtfläche an Sandboden, in Estland überwiegend sehr fruchtbaren Lehmboden. Hinzu kommen ertragreiche Wiesen- und Weideflächen.
Mit den zwei wichtigsten Häfen Riga und Reval bildete das Baltikum die Brücke für den Rußlandhandel. Hier wurden hauptsächlich Pelze und Wachs aus dem Osten und Zucker aus dem Westen umgeschlagen.

Literatur:
R. Wittram, Baltische Geschichte. Die Ostseelande Livland, Estland, Kurland 1880–1918, München 1954; G. von Rauch, Aus der baltischen Geschichte. Vorträge, Untersuchungen, Skizzen aus sechs Jahrhunderten, Hannover 1980.

U. R.-E.

3.41
Riga, »metropolis livoniae«, Stadtansicht

Stich
undatiert
Jeremias Wolf (1663/73–1724)
20 × 70 cm
Photographie
Georg-Dehio-Gesellschaft, Lohmar

3.42
Bessarabien

Tafel

Bessarabien verfügt über natürliche Grenzen (Pruth, Dnjestr, Schwarzes Meer). Da es durch das Schwarze Meer und die Donaumündungen mit Mittel- und Westeuropa verbunden ist und eine besondere strategische Bedeutung im Südosten besitzt, war Bessarabien seit jeher der Schauplatz einer bewegten Geschichte. Die über Jahrhunderte anhaltenden Völkerverschiebungen haben die gesellschaftlichen und materiellen Gegebenheiten des Gebietes ununterbrochen verändert; dabei wurden die ohnehin dürftigen Lebensvoraussetzungen der hier ansässigen rumänischen Bevölkerung in zunehmendem Maße in Mitleidenschaft gezogen. Den Namen erhielt die Provinz von der walachischen Dynastie Basarab; während der Herrschaft von Mircea dem Alten (1386–1418) gehörte der südliche Teil des Territoriums zwischen Pruth und Dnjestr zum rumänischen Fürstentum der Walachei. Es wurde von Stefan dem Großen (1457–1504) erobert und war fortan Teil des Fürstentums Moldau. Die politische Bedeutung Bessarabiens nahm im 15. Jahrhundert wieder zu, als die Türken auftraten und ihren Machtbereich ausbauten. Im Jahre 1511 kommt es zu einer ersten Kapitulation zwischen der Moldau und den Türken, welche festlegte, daß die Moldau Vasall der Pforte sei (nicht ein besetztes und erobertes Gebiet). Die Befestigungsanlagen am Dnjestr (Hotin, Soroka, Tighina/Bender, Weißenburg/Akkerman, von moldauischen Fürsten errichtet) und die sie verbindenden Gebietsstreifen, die unter ausschließlich türkischer Herrschaft standen, haben in den betreffenden Gebieten weder ethno-linguistische noch konfessionelle Veränderungen der hier lebenden älteren und neueren Völkergruppen veranlaßt. Als dann am 28. Mai 1812 die Türkei ihre Kriegsschulden begleicht, indem sie das Gebiet zwischen Pruth und Dnjestr an Rußland abtritt, wird gegen die mehr als dreihundert Jahre alte Kapitulation von 1511 verstoßen; in der Geschichte dieser Provinz sollte dies nicht der einzige Rechtsbruch bleiben, der für die Landesbevölkerung zum Teil dramatische Folgen heraufbeschwor. Rußland übernahm ein verarmtes Gebiet (44422 km^2 mit 240000 Einwohnern), das jetzt als Südwestgrenze des Zarenreichs militärisch und vor allem wirtschaftlich gefestigt werden mußte. Da dies mit landeseigenen Mitteln nicht möglich war, da andererseits positive Erfahrungen nach dem von der Zarin Katharina II. (1762–1796) unterzeichneten Manifest des Jahres 1763 gesammelt worden waren, beschließt Zar Alexander I. (1777–1825), ein Sohn der Prinzessin Sophie Dorothea von Württemberg (Zarin Marja Fjodorowna), durch einen Ukas im Jahre 1813 die Besiedlung des südlichen Teiles von Bessarabien mit Deutschen.

Die Maßnahmen, die Zar Alexander I. ergriff, waren für die bessarabischen Rumänen der Beginn nationaler Entrechtung: in vielen Fällen kam es zu Enteignungen und zu Verlegungen der rumänischen Bevölkerung in die Ukraine, in den Kaukasus und nach Sibirien. Durch die Russifizierung wurden die rumänischen Schulen und Kirchen als Kulturinstitutionen bedroht.

Die Ansiedlung der deutschen Bevölkerung erfolgte in mehreren Etappen und auf unterschiedlichen Anreiserouten. Als erste kamen Deutsche aus Polen. Ihnen folgten 1830–1831 nach der polnischen Novemberrevolution weitere 975 Siedler aus den gleichen Gebieten. So entstanden die ersten 12 bessarabischen Siedlungen, beginnend mit *Tarutino* und *Borodino* (1814). Später setzte der Zustrom aus deutschen Staaten ein; dabei stellte Württemberg (1012 Siedler) den Hauptanteil für 50 Ortschaften. Aus folgenden Orten kamen 27 bis 67 Siedler: *Backnang, Brackenheim, Freudenstadt, Heilbronn, Leonberg, Ludwigsburg, Marbach, Nagold, Nürtingen, Reutlingen, Schorndorf, Stuttgart, Sulz, Tübingen, Urach, Waiblingen.* Jeder Auswanderer erhielt ein Reisegeld und Wegzehrung. Die Reise aus Polen und Deutschland erfolgte mit Pferdewagen oder zu Fuß. Aus Württemberg konnte man über Lemberg, Radziwill und Tiraspol aufbrechen oder in kleinen Booten die Donau hinabfahren und in Wien auf größere Schiffe umsteigen. Viele Siedler benutzten die sogenannten »Ulmer Schachteln«, die den zahlreichen Auswanderern von Ulm aus wenig ansprechende Reisebedingungen bieten konnten. Die nicht immer guten hygienischen Zustände führten dazu, daß viele der Donaureisenden unterwegs erkrankten. In Ismail wurde deshalb eine Quarantänestation eingerichtet, wo jeder neu Eintreffende sich vier Wochen lang aufzuhalten hatte. Auf dem Festland dauerte die Fahrt viel länger (manchmal ein ganzes Jahr); dabei war nicht nur die Bedrohung durch Krankheiten und Seuchen (Pest, Cholera) zu befürchten, sondern ebenso die Gefahr von Überfällen durch Wegelagerer und Räuber. So waren die Verluste an Menschenleben bei der Donaureise und bei der Fahrt im Wagen oft beträchtlich.

Die Ansiedlung war in Bessarabien ebenso gründlich und systematisch vorbereitet worden, wie dies aus früheren Unternehmungen gleicher Art in Rußland bekannt war. Die Dorfanlagen, die Gebietsaufteilung waren planmäßig vorausbestimmt worden. Von 1812–1842 entstanden 25 Muttergemeinden, deren Namen z. T. an Siege über Napoleon erinnern sollten: *Tarutino* und *Borodino* (1814), *Leipzig* und *Malojaroslawetz* (1815), *Beresina, Brienne* und *Paris* (1816).

In der zweiten Hälfte des 19. Jahrhunderts siedelten sich Deutsche aus der Bukowina und aus Galizien in der Mitte und im Norden Bessarabiens an. Die von ihnen bewohnten Orte tragen rumänische Namen: *Alt-Oneschti, Neu-Oneschti, Ganscheschti, Neu-Strimba, Scholtoi.*

Literatur:
Chr. Kalmbach, – Bessarabien: Siedlungsgeschichte –, in: Handwörterbuch des Grenz- und Auslanddeutschtums, hg. von C. Petersen/O. Scheel/ P. H. Ruth/H. Schwalm, Bd. 1, Breslau 1933, S. 399–402; K. Stumpp, Die deutsche Auswanderung nach Rußland 1763–1862 (Heimatbuch der Deutschen aus Rußland, Stuttgart) 1961–1966; J. Becker, Bessarabien und sein Deutschtum, Bietigheim 1966.

L. F.

3.43
Amara/Bessarabien, Gänseherde

Photographie
1930
Landsmannschaft der Deutschen aus Rußland, Stuttgart

3.44
Sarata/Bessarabien, Beim Mist trocknen

Photographie
1930
Landsmannschaft der Deutschen aus Rußland, Stuttgart

3.43

3.45
Kaukasus

Tafel

Das Kaukasusgebirge und seine Ausläufer bilden die Landbrücke zwischen Schwarzem und Kaspischem Meer. Es herrscht hier Hochgebirgsklima mit üppiger mediterraner Vegetation.
Die einheimische Bevölkerung gehört zu den altkaukasischen Völkern, wie z. B. den Tschetschenen und Tscherkessen, und zu den iranischen, wie z. B. den Osseten, Armeniern und Bergtataren. In den beiden Kriegen gegen Persien (1804–1813, 1826–1828) kamen der Südosten und Teile Armeniens an Rußland, 1829 mußte die Türkei den letzten Küstenstreifen abgeben, so daß im kaukasischen Hochland nur im Westen die Tscherkessen und im Osten die Tschetschenen nicht besiegt werden konnten.
Insgesamt zählen 40 verschiedene Völkerschaften zu der Gruppe der Kaukasusvölker.

Seit 1818 wurden im südlichen und nördlichen Kaukasus 12 deutsche Kolonien angelegt, welche sich bis zur Wende zum 20. Jahrhundert verdoppelten. Zu den größten Siedlungen entwickelten sich die Kolonien Helenendorf und Katharinenfeld. Eine schwere Krise hatten die Dörfer 1826 durch den Perser- und Tatarenüberfall zu erleiden. Der Ortsplan von Katharinenfeld, das in sowjetischer Zeit in Luxemburg umbenannt wurde, zeigt die Anlage der Kolonie um 1920. Vom ursprünglich deutschen Dorfkern im Süden der Kolonie, den das Modell zeigt, dehnte sich nach Norden hin das Siedlungsgebiet der Russen und Armenier aus. Die Institution der Winzergenossenschaft und der insgesamt drei Mühlen am Ort bezeugt die überwiegende Produktion von Wein und Getreide.

Literatur:
P. Hoffmann, Die deutschen Kolonien in Transkaukasien, Berlin 1905; Heimatbuch der Deutschen aus Rußland, Stuttgart 1954; G. Haffner, Schicksalswege Reutlinger Auswanderer nach Helenendorf, in: Reutlinger Geschichtsblätter, N. F. Nr. 1, 1958/59, S. 81–86.

U. R.-E.

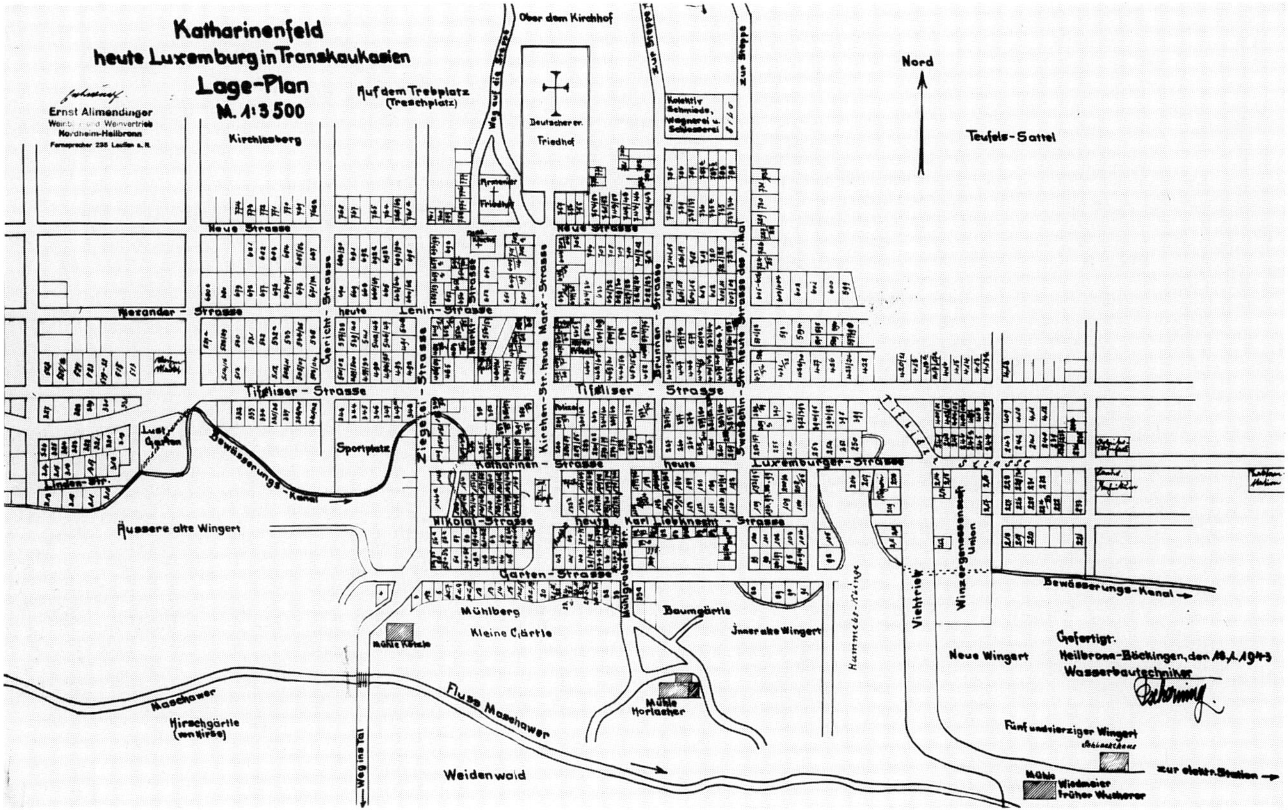

3.46

3.46
Katharinenfeld/Kaukasus, Ortsplan

ca. 1920
datiert 1943
Dr. Artur Allmendinger, Heilbronn

3.47
Katharinenfeld/Kaukasus, Dorfmodell deutsches Viertel (Ausschnitt)

ca. 1920
95 × 95 cm
Museum der Deutschen aus Rußland, Stuttgart

3.48
Berg Ararat

Photographie
1989

Der Berg Ararat war das ursprüngliche Ziel schwäbischer Pietisten. Sie wollten dort die Auferstehung des Herrn erwarten.

3.49
Kolonien um St. Petersburg

Tafel

Auf dem Weg an die Wolga und nach Südrußland blieben einige Kolonistenfamilien im Norden im Gouvernement Petersburg hängen und gründeten hier Kolonien. Es kristallisierten sich folgende Zentren heraus: 1. bei St. Petersburg die Kolonien Neu-Saratowka, Sredjnaja Rogatka und die Kolpinoer Kolonie; 2. am finnischen Meerbusen die Kolonien Oranienbaum und Peterhof und 3. im Gebiet Zarskoje Sselo. Aus insgesamt 14 Mutterkolonien entstanden bis Anfang des 20. Jahrhunderts 66 deutsche Siedlungen. Sie erstreckten sich über die Kreise Petersburg, Schlüsselburg, Zarskoje Selo, Oranienbaum, Jamburg und übers Gouvernement Nowgorod.

Literatur:
P. v. Koeppen, Über die Deutschen im St. Petersburger Gouvernement, St. Petersburg 1850; Ders., Deutsche Bauernsiedlungen in der Nähe von St. Petersburg, in: Alldeutsche Blätter, Jg. 17, Nr. 40, 1907, S. 343–344; E. Koch, Die deutschen Kolonien Nordrußlands, Gera 1931.

3.50
Flickendecke

Raum St. Petersburg
Ende 19. Jahrhundert
Baumwolle, Patchworktechnik
135 × 196 cm
Museum der Deutschen aus Rußland, Stuttgart

3.51
Wolga

Tafel

Das bereits unter Iwan IV. (1530–1584) an Rußland gefallene Wolgagebiet bestand aus Wald- und Wiesensteppe im nördlichen und aus Grassteppe im südlichen Teil. Zum Kaspischen Meer hin geht sie in Wüste über.
Die Region war ursprünglich mit Nomadenvölkern, hauptsächlich Mordwinen und Tschuwaschen, besiedelt – sie machen insgesamt 25 der 120 im Russischen Reich lebenden Völkerschaften und Stämme aus. – Diese Volksgruppen gehörten zu den sogenannten Naturvölkern, das heißt Jägern und Sammlern ohne festen Wohnsitz. Im 16. Jahrhundert drangen allmählich russische und ukrainische Siedler in dieses Gebiet vor. Erste Festungen und Niederlassungen waren Samara, Saratow, Kamyschin und Zarizyn. Eine konzentrierte Aufsiedlung des Landes gelang erst mit deutschen Kolonisten. Sie kamen zwischen 1764 und 1776 in die Gegend der mittleren und unteren Wolga bei Saratow und Astrachan. Sie wurden in zwei großen Gruppen, einer auf der Bergseite mit 4 Kolonien und der anderen auf der Wiesenseite mit 60 Kolonien, angelegt. Davon gingen 41 Ansiedlungen direkt von der Krone aus (Kronkolonien), die restlichen unterstanden Direktoren, nach denen sie auch ihre Namen erhielten, z. B. die Kolonien von Beauregard, Roy und Boff. Trotz anfänglicher entbehrungsreicher Jahre, vor allem durch Überfälle der Steppenvölker und dem von Pugatschow angeführten Bauernaufstand 1774, entwickelten sich bis 1914 192 ausschließlich deutsche Dörfer; 38 davon waren katholisch, acht mennonitisch, zwei protestantisch-katholisch gemischt, und der überwiegende Teil mit 144 Dörfern war protestantisch.

3.50

3.56

Literatur:
G. Bonwetsch, Geschichte der deutschen Kolonien an der Wolga, Stuttgart 1919; G. Beratz, Die deutschen Kolonien an der Wolga, Berlin 1923; Heimatbuch der Deutschen aus Rußland, Stuttgart 1955; F. C. Koch, The Volga Germans in Russia and the Americas, from 1763 to the Present, London 1977.

U. R.-E.

3.52
Wolgaufer bei Prolejka

Photographie
ca. 1910
Bundesarchiv Koblenz

3.53
Windmühle/Wolga

Photographie
ca. 1900
Bundesarchiv Koblenz

3.54
Furt über die Wolga

Photographie
ca. 1900
Bundesarchiv Koblenz

3.55
Wolga/Öffentliche Bootsanlegestelle

Photographie
ca. 1900
Bundesarchiv Koblenz

3.56
Strackerau/Wolga, Ortsansicht

Photographie
ca. 1930
Bundesarchiv Koblenz

3.57
Wolga, deutscher Floßwächter

Photographie
ca. 1910
Bundesarchiv Koblenz

3.58
Charta der deutschen Colonien ohnweit Saratoff, 1766

Photographie
Archiv der Brüder-Unität, Herrnhut
Sign. MBX ol 37

3.57

3.59
Kukkus/Wolga, deutscher Kolonist

Photographie
ca. 1900
Bundesarchiv Koblenz

3.60
Kukkus/Wolga, deutsche Bauernfamilie

Photographie
ca. 1930/40
Bundesarchiv Koblenz

3.61
Kukkus/Wolga, Zubereitung von Bauziegeln

Photographie
ca. 1900
Bundesarchiv Koblenz

3.62
Wolga, Ortsnamenskarte

Ausschnitt
Photographie der Karte von K. Stumpp: Wolgagebiet
Landsmannschaft der Deutschen aus Rußland, Stuttgart

3.63/3.64
Wolhynien/Ukraine

Tafel

Wolhynien ist ursprünglich das Stammesgebiet der Wolhynianen, deren Zentrum, die Burg Wolhyn, 1080 erstmals erwähnt wird. Nach litauischer und polnischer Besetzung vom 14. bis 17. Jahrhundert kam Wolhynien 1795 durch die polnischen Teilungen an Rußland. Die Kolonisation mit Deutschen erfolgte in drei Schüben: die ersten Deutschen, die 1816 ins Land kamen, waren Danziger Mennoniten. Eine größere Aufsiedlung brachten die polnischen Aufstände 1831 und 1861/62 (zweiter und dritter Schub) mit sich, als deren Folge sie zu Pächtern polnischer Großgrundbesitzer wurden. Die deutschen Siedler in Wolhynien kamen aus Niedersachsen, Pommern, Polen und Schlesien.

3.58

3.59

Wolhynien ist durchzogen von großflächigen Sümpfen. Wegen der Feuchtigkeit des Geländes sind die deutschen Dörfer meist auf Erhöhungen angelegt und waren als Bohlenbauten konstruiert. Sie bestanden meistens verstreut aus Einzelsiedlungen. Die Dörfer erstreckten sich nördlich von Shitomir. 1911 betrug ihre Einwohnerzahl insgesamt ca. 200000 mit rund 300000 ha Landbesitz.

Literatur:
Das Deutschtum in Polen, hg. von V. Kauder, Leipzig 1939; Heimatbuch der Deutschen aus Rußland, Stuttgart 1959, 1962.

U. R.-E.

3.65
Zielona/Wolhynien, deutsches Gehöft

Photographie aus: Das Deutschtum in Polen. Bildband 5, hg. von V. Kauder, Leipzig 1939 (im folgenden als »Bildband« zitiert), S. 51

3.66
Sofiówka/Wolhynien, deutsches Bauernhaus

Photographie aus: Das Deutschtum, s. o. S. 94

3.67
Emiliental/Wolhynien, deutsches Bauernhaus

Photographie aus: Das Deutschtum, s. o. S. 54

3.68
Elisabetin/Wolhynien, Inneres einer deutschen Kolonistenhütte

Photographie aus: Das Deutschtum, s. o. S. 55

3.69
Wolhynien, Photoportraits deutscher Bauern

Photographien aus: Das Deutschtum, s. o. S. 85–89

3.70
Südukraine mit Krim

Tafel

Die brachliegenden Steppengebiete Südrußlands wurden bereits unter Katharina II. von deutschen Kolonisten besiedelt; es entstanden die deutschen Gemeinden um Jelizawetgrad und die zehn deutsch-mennonitischen Gemeinden um Zaporoschje. Eine besondere Gruppe bildeten die sogenannten Musterwirte, die aus dem Norden umgesiedelt wurden, um im Süden unter russischen und ukrainischen Bauern zu wirken. Sie siedelten um Jamburg herum. Ein größeres Potential an Kolonisten kam allerdings erst unter Alexander I. ins Land; der Hauptstrom erfolgte 1806/07 direkt aus den Auswanderungsgebieten, zum Teil über Österreich–Ungarn. Das Ansiedlungsgebiet erstreckte sich nördlich des Schwarzen Meeres im Westen bis zum Kaukasus im Osten. Es konzentrierte sich an den Flüssen Kutschurgan mit anfänglich sechs Kolonien, am Beresan mit sieben Kolonien, an der Molotschna mit 29 – davon 18 mennonitischen – Kolonien und um die Dörfer Glückstal mit vier und auf der Krim mit elf Kolonien. 1914 lebten insgesamt fast 500000 deutsche Siedler in dem Gebiet mit insgesamt fünf Millionen ha Landbesitz.

3.61

3.67

3.68

3.69

Literatur:
J. Stach, Die deutschen Kolonien in Südrußland, Prischib 1904; C. Keller, Die deutschen Kolonien in Südrußland, Odessa, Bd. 1 (1905), Bd. 2 (1914); A. Ehrt, Das Mennonitentum in Rußland von seiner Einwanderung bis zur Gegenwart, Berlin–Leipzig 1932; Heimatbuch der Deutschen aus Rußland, Stuttgart 1956–62; G. Leibbrandt, Hoffnungstal und seine Schwaben, Bonn 1980.

U. R.-E.

3.71
Ukraine, Sonnenblumenfeld

Photographie
ca. 1930
Landsmannschaft der Deutschen aus Rußland, Stuttgart

3.72
Landau bei Odessa, Ortsansicht

Photographie
1941
Landsmannschaft der Deutschen aus Rußland, Stuttgart

3.72

3.73
Bergdorf bei Odessa, Ortsansicht

Photographie
1941
Landsmannschaft der Deutschen aus Rußland, Stuttgart

3.74
Chortitza, Straße mit Ortsansicht

Photographie
undatiert
Landsmannschaft der Deutschen aus Rußland, Stuttgart

3.75
Bergdorf bei Odessa, Ortsansicht

Photographie
1941
Landsmannschaft der Deutschen aus Rußland, Stuttgart

3.76
Krim, deutsche Mühle

Photographie
ca. 1920
Bundesarchiv Koblenz

3.77
Krim, Wohnhaus eines deutschen Gutsbesitzers

Photographie
1910
Bundesarchiv Koblenz

3.78
Krim/Livadia, Sommerresidenz des Zaren

Photographie
1910
Bundesarchiv Koblenz

3.79
Sibirien und Mittelasien

Tafel

Ende des 19. Jahrhunderts erlebten der sibirische und mittelasiatische Raum und seine Steppengebiete eine Aufsiedlung durch russische und deutsche Bauern. Erstere zogen nach der Aufhebung der Leibeigenschaft 1861 nach Osten, letztere sahen ihre Chance endgültig nach der Agrarreform von 1910, die das Mir-System aufhob und den Landbesitz in Privateigentum wandelte, darin, neuen Siedlungsraum im Osten zu erschließen. Somit wurde einerseits der Überbevölkerungsstruktur der deutschen Gemeinden an der Wolga und in der Ukraine Rechnung getragen, andererseits rückte mit der Besiedlung des sibirischen und mittelasiatischen Raums durch Kolonisten die Erschließung des brachliegenden Landes für den Staat näher. Das Land wurde entweder von der Krone vergeben oder von den Kirgisen, die einen Teil ihrer Weidefläche abgaben, gepachtet. Die Gesamtzahl der eingewanderten deutschen Familien betrug 1910 an die 100000. Die Siedlungen konzentrierten sich um Omsk herum und in der Kulundasteppe wie auch im Altaigebiet. Vereinzelt sind Gemeinden bis ins Amurgebiet zu finden.

Literatur:
J. Stach, Das Deutschtum in Sibirien, Mittelasien und dem Fernen Osten von seinen Anfängen bis in die Gegenwart, Stuttgart 1938; Heimatbuch der Deutschen aus Rußland, Stuttgart 1959, 1964.

U. R.-E.

3.80
Muchlinino/Sibirien, Kolonistenhäuser

Photographie
ca. 1920/30
Landsmannschaft der Deutschen aus Rußland, Stuttgart

3.77

3.80

3.81
Sibirien, Umgebung von Omsk

Photographie
ca. 1920/30
Bundesarchiv Koblenz

3.82
Ortsnamen am Beispiel der deutschen Kolonien an der Wolga, auf der Krim und in Mittelasien

Schon wenige Beispiele zeigen die Zeit- und Raumgebundenheit der Ortsnamen. Eine Vielzahl von deutschen Kolonien an der Wolga, so auch in anderen Landesteilen des Riesenreiches, wurde nach dem Herkunftsort aus der alten Heimat benannt, wie die Dörfer Straßburg, Weimar, Mannheim, Warenburg, oder Speyer, Kandel, Lichtenfeld, Neukirch, Münsterberg, Marienwerder in der Ukraine und an der Wolga.

Damit ist aber keinesfalls gesagt, daß alle Gründer des neuen Dorfes unbedingt aus der gleichnamigen Stadt in Deutschland kamen. Es kann sein, daß die Einwohner des Dorfes Straßburg an der Wolga nicht aus Straßburg am Rhein kamen, sondern aus dem Elsaß und alemannischen Bereich und ihre Kolonie aus Liebe zu der alten Reichsstadt auch Straßburg nannten. Oder, wenn wir Weimar nehmen (es gibt sogar zwei Orte mit dem Namen Weimar an der Wolga), gilt das gleiche, ebenso für die rein schweizerischen Namen wie Zürich, Basel, Bern, Luzern, Schaffhausen, Glarus und einige andere. Bei der Kolonie Speyer konnte allerdings nachgewiesen werden, daß Nachfahren aus dem pfälzischen Speyer dort siedelten.

Für die Namen von Ortschaften, die nicht im Zusammenhang mit ihren Ausgangspunkten in der Heimat stehen, gibt es die verschiedensten Erklärungen. Da wäre einmal Katharinenstadt an der Wolga zu nennen (gegr. 1767, 13150 Einwohner im Jahr 1926), zu Ehren der Kaiserin Katharina d. Gr.; auch nach anderen Familienmitgliedern aus dem Kaiserhaus wurden die neu gegründeten Ortschaften benannt. So Helenendorf – zu Ehren der Schwester des Kaisers Alexander I., oder Alexanderdorf – zu Ehren des Kaisers Alexander. Die Namen Mariental (gegr. 1766, 7566 Einwohner im Jahr 1912), Marienberg (gegr. 1855, 3310 Einwohner im Jahr 1912), Marienburg (gegr. 1860, 2375 Einwohner im Jahr 1912), Marienfeld (gegr. 1852, 2247 Einwohner im Jahr 1912) und andere Namensorte stehen im Zusammenhang mit der Marienverehrung und dem katholischen Marienkult.

Einige Dörfer wurden nach ihrem ersten Dorfältesten oder einer anderen hervorragenden Persönlichkeit benannt, so Kukkus (gegr.

3.81

1767, 3769 Einwohner im Jahr 1912), Brabander (gegr. 1767, 3885 Einwohner im Jahr 1912), Seelmann (gegr. 1767, 8089 Einwohner im Jahr 1912). Es existierte noch eine ganze Reihe anderer Dörfer, die nach bekannten Persönlichkeiten ihren Namen erhielten, so u.a. Trippelsdorf, Diesendorf, Dönndorf und Beckersdorf.
Andere Dörfer wieder erhielten ihren Namen nach ihrer Lage: Erlenbach, Hussenbach, Mühlbach, Riedbach, Waldbach, Rauschenbach oder Mühlberg, Friedenberg, Marienberg, Karlsberg, so auch Zusammensetzungen wie Schöndorf, Gnadendorf, Hohendorf u.a. Die von Aussiedlern aus den Mutterkolonien gegründeten Ortschaften erhielten in den meisten Fällen den Namen ihres Heimatdorfes mit der Vorsilbe »Neu«: Neu-Warenburg, Neu-Mariental, Neu-Kukkus, Neu-Beideck, Neu-Schilling.
Eine große Anzahl von Benennungen wurde mit Lokalbegriffen wie Feld, Tal, Heim, Berg usw. gebildet: Rosenheim, Waldheim, Ährenfeld, Traubenfeld, Katharinenfeld, Elisabethtal, Mariental, Brunnental, Weizenfeld, Rosenfeld, Gnadenfeld, Blumenfeld, Schönfeld, Birkenheim. Dabei ist es für jeden Namen bezeichnend und hinweisend, daß er Auskunft nicht nur auf die Lage, sondern auch auf die Art der Beschäftigung und Wirtschaft seiner Bewohner gibt: Ährenfeld und Weizenfeld bezieht sich auf Getreideanbau; Birkenhain, Waldheim, Rosenheim und Blumenfeld beziehen sich auf die Beschaffenheit der Umgebung; in Traubenfeld müßten Winzer ansässig gewesen sein; Mariental und Brunnental bezeichnen die Lage des Dorfes.
An dieser Stelle ist es angebracht, auch auf die russische Namensgebung bzw. auf die Übersetzung der deutschen Namen ins Russische (die Neusiedler waren ja jetzt Staatsbürger des russischen Reiches) hinzuweisen, denn dieser Aspekt wurde bisher so gut wie unbeachtet gelassen. Oft sind diese Neubezeichnungen willkürlich, haben keinen Sinn, aber in den meisten Fällen sind auch die russischen Namen dieser Kolonistensiedlung aufschlußreich und geben uns Hinweise über Lage, Inhalt und Charakter von der Siedlung und deren Einwohner.
Nehmen wir Schilling an der Wolga = russisch Sossnowka (Sossna = Fichte), also Waldgegend; Moor, russisch Kljutschi (Kliutsch = Quelle), also an einer Quelle gelegen, kein Mangel an gutem Trinkwasser; Reinhard = Beerenfeld; Unterwalden – russisch Podlesskoje (less = Wald), also am Wald gelegen; Lauwe = Jabolonowka (Ort, wo Äpfel gedeihen); Seelmann – russisch Rownoje (Rawnina = Ebene) – das Dorf lag wie auf einer Tischplatte usw.
Aber die Übersetzungen und Bezeichnungen in der Sprache der einheimischen Krimtataren ist mannigfaltiger und inhaltsreicher, z.B.: »Sabantschie« = Pflüger; häufig werden die Namen aus einer Zusammensetzung mit dem »Vorwort« Deutsch gebildet, so: »Deutsch-Attai« = Vater; »Deutsch-Tjumen« (Geldeinheit); »Deutsch-Baschpek« = Kluger Kopf; »Deutsche-Djankoi« = Ort, wo die Seele ihre Ruhe findet; »Deutsch-Ackodja« = Besitz des Acko; »Deutsch-Ogus Oglu« = Sohn des Ogus, usw. Die Einschätzung der Deutschen durch die anderen Völker ist am Beispiel der Krimtataren besonders deutlich.
Weniger interessant sind in dieser Hinsicht die Namen von Siedlungen in Mittelasien. Oft enthalten sie Hinweise auf ihre Herkunft: »Saratow« (also kamen sie von der Wolga), »Nemezkoje« (einfach deutsche Siedlung), »Nowodworowka« (Neues Gehöft); es folgten Rosowka, Ljuimowka und andere mehr. Diese sind allesamt russische Ableitungen.

R. K.

3.83 Die Konfessionen der Deutschen in Rußland im 18. und 19. Jahrhundert

Tafel

Zumindest anfänglich ist die Rechtsstellung der Konfessionen der Deutschen im orthodoxen Rußland untrennbar verbunden mit der Genese ihres Eintritts in den russischen Staatsverband. Dabei

nehmen das Baltikum und seine Bewohner eine Sonderstellung gegenüber den katholischen, evangelischen und mennonitischen Einwandergruppen und deren Siedlungslandschaften ein. Während auch im religiösen Bereich die Sonderstellung der Ostseeprovinzen als geschlossenes protestantisches Territorium hervortritt, leben die durch Aufruf der Zaren ins Land gekommenen deutschen Stadtbürger, Kolonisten und durch Binnenwanderung Zerstreute in der Diaspora. Das deutsche Städtebürgertum organisierte sich anfänglich im Unterschied zu den deutschen Kolonistengemeinden multinational. Hier schlossen sich Reformierte, vor allem Engländer und Deutsche, und lutherisch Getaufte zusammen. Die Deutschen begannen sich erst später mit Anwachsen der finanziellen Eigenmittel in eigenständigen Gemeinden zu organisieren. Die Kolonistendörfer wurden von Anfang an getrennt konfessionell angelegt. Die deutsch-protestantischen Dörfer machten etwa zwei Drittel der gesamten Kolonien aus.
Für die christlichen Westkirchen bestand striktes Missionsverbot. Die Stadt- und Landgemeinden unterstanden zwar dem persönlichen Schutz des Zaren, hatten aber keinen Anspruch auf materielle Zuwendungen. Die Entwicklung der deutschen Gemeinden erfolgte eigenständig auf Privatinitiative hin. Vor allem für die Kolonistengemeinden bedeutete dies, daß bis Mitte des 19. Jahrhunderts erhebliche Versorgungsengpässe hinsichtlich des theologischen Nachwuchses bestanden. Da es nur einen Geistlichen pro Kirchspiel gab, übernahm der Lehrer hauptsächlich die seelsorgerischen Pflichten. Die Institution des Küsterlehrers machte ihn zur zentralen Figur im Dorfleben. Kulturgeschichtlich ist die Bedeutung des religiösen Bekenntnisses im bäuerlichen Milieu höher einzuschätzen als im städtischen, wo es keine konfessionell homogene Bevölkerung gab. Während in der Stadt weniger die Konfession als das Bekenntnis zur Ost- bzw. Westkirche im Heiratsverhalten eine Rolle spielte, blieb sie auf dem Land ausschlaggebend für Ehe und Lebensführung.
Ausdruck ihrer gemeinsamen Probleme sind die Bemühungen um die Organisation einer Einheitskirche und um die geregelte Ausbildung theologischen Nachwuchses. Eine deutsche Einheitskirche mit eindeutiger nationaler Prägung hat es allerdings nie gegeben.

3.84
Die katholische Kirche in Rußland und die Deutschen

Tafel

Nachdem Karl II. die polnischen Diözesen zugunsten einer Erzdiözese aufgehoben hatte, hemmten interethnische Spannungen, hier zwischen Polen und Deutschen, zunächst den Aufbau und die positive Entwicklung des deutsch-katholischen Gemeindewesens. Bis zur Präkonisation des ersten deutschen Bischofs 1850 unterstanden die Katholiken Rußlands – Polen, Litauer, Deutsche und Armenier – der Erzdiözese Mohilew. Leitung und tragende Funktion lagen überwiegend in den Händen der Polen. Die deutschen Gemeinden an der Wolga und in der Ukraine blieben sich selbst überlassen, gestalteten ihr religiöses Leben eigenständig und bauten auf Gemeindekosten ihre Kirchen. Die wenigen Jesuiten, die zum Teil die Kolonisten bei der Auswanderung betreut hatten, waren zahlenmäßig zu gering, um eine intensive Seelsorge zu gewährleisten. Der »Versorgungslücke« sollte mit der Gründung der deutschen Diözese Tiraspol Abhilfe geschaffen werden. Sie hatte ihren Sitz in Saratow bzw. Tiraspol. Als erster deutscher Bischof wurde Ferdinand Helanus Kahn präkonisiert, der sowohl vier deutsche Dorfgruppen an der Wolga und sechs im Schwarzmeergebiet als auch Armenier, Italiener und Franzosen zu betreuen hatte. Als erste bildungspolitische Maßnahme richtete er 1857 ein Priesterseminar in Saratow zur Ausbildung des seelsorgerischen Nachwuchses ein, das jedoch seine Erwartungen nicht erfüllte, da sowohl das Generalkapitel als auch die Lehrerschaft hauptsächlich aus Polen bestand. Sie war der deutschen Sprache nicht mächtig, so daß eine Ansprache zugunsten der deutschen Kolonisten ausblieb.
Erst 1872 gelang es Franz Zottmann, die Situation zu verbessern, indem er deutsche Fachkräfte in seiner Heimat zum Unterricht anwarb. Zottmann strukturierte das Seminar in der Hinsicht völlig neu, als er deutsche Schulbücher einführen bzw. neu konzipieren ließ und die polnischen und deutschen Lehrer anhielt, gegenseitig ihre Sprachen zu sprechen. Somit konnte zumindest die äußere Rivalität zwischen den Parteien geschlichtet werden. Die erfolgreiche Entwicklung der deutschen Priesterausbildung in Rußland wurde mit der Präkonisation des Bischof Antonius Johannes Zerr gekrönt, der als erster deutscher Kolonist die Bischofswürde erhielt.
Bis zum Ersten Weltkrieg und dem folgenden Bürgerkrieg in Rußland, in dem sämtliches Kirchengut konfisziert wurde, begannen sich die deutsch-katholischen Gemeinden zu etablieren. Anfang 1897 gründete die Diözese eine eigene Zeitschrift mit dem Namen »Klemens«, die von 1907 an als Beilage in der »Deutschen Rundschau« aufging. Diese wurde 1914 verboten, lebte aber 1917 mit den »Deutschen Stimmen« kurzfristig wieder auf.

Literatur:
J. A. Keßler, Geschichte der Diözese Tyraspol, Dickenson (USA), 1930; M. Häberl, Franz X. Zottmann und Michael Gloßner, Zwei Diözesanen im Dienst der Kirche bei den Rußlanddeutschen der Diözese Tiraspol, in: Heimatbuch der Deutschen aus Rußland, Stuttgart 1973–1981, S. 162–251.

U. R.-E.

3.85
Erinnerungskasten an die Hochzeit

50 × 100 cm
Heimatmuseum der Deutschen aus Bessarabien, Stuttgart

3.86
Rosenkranz

Rothammel/Wolga
Anfang 20. Jahrhundert
grün-gelbe Glasperlen
Herzamulett, Kupfer:
VS. Marienbild
Umschrift: Maria immaculata o.p.n.
RS. mit Pfeilen getroffene Herzen, latein. Kreuz von Monogramm M umschlungen
Kreuzanhänger, griech. Kreuz:
VS. Gravur eines orthodoxen Kreuzes
Inschrift: ic/uc/xc/x
60,5 cm Länge
Museum der Deutschen aus Rußland, Stuttgart

3.87
Franz Xaver Zottmann 1826–1901
Bischof von Tiraspol 1872–1899

Tafel

Franz Zottmann erhielt seine höhere Schulbildung in der Eichstätter Diözesanschule und im Gymnasium in Neuburg/D., nach deren Abschluß er von 1846 bis 1848 an der Universität Würzburg theologische, philosophische und philologische Vorlesungen hörte. Nach kurzer Tätigkeit in Eichstätt (bis 1850) an der Diözesanschule setzte er von 1850 bis 1853 in München das Studium der Philologie fort.

Hier vertiefte er seine Fremdsprachenkenntnisse, bei denen er es zur Perfektion in neun Sprachen brachte. Die Möglichkeit, in anderen Sprachen denken zu können, ließ ihn nie wieder los. Im Gegenteil, es wurde für ihn zum Zeichen des entspannenden Spiels und der Meditation, seine Gedanken in verschiedenen Versionen in der Abgeschiedenheit des fernen Rußland darzulegen. Sein Ausbildungsgang spiegelt den inneren Zwiespalt zwischen der Entscheidung zur Priester- oder zur Lehrerlaufbahn wider, der ihn zeitlebens beschäftigte. Das Angebot des griechischen Gesandten in St. Petersburg, seinen Sohn zu unterrichten, ermöglichte Zottmann zunächst, endgültige Entscheidungen zu vertagen, führte ihn aber konsequent auf seine spätere Lebensaufgabe hin, die Ausbildung von deutschem Priesternachwuchs in Rußland zu fördern. Die Entscheidung, Rußland nicht zu verlassen, fällt Zottmann 1855, als er mit der Rückkehr des griechischen Gesandten in seine Heimat als Erzieher im Hause eines deutschen Bankiers in Moskau bleibt. Nach Ablauf seiner dortigen Tätigkeit 1859 entschloß er sich endgültig zum Priestertum. Unter Bischof Kahn übernahm er 1860 als Vikar die kleine Pfarrei Saratows mit 500 Katholiken bei 35000 Einwohnern. Die grundlegenden Probleme, das Fehlen des deutschen Priesternachwuchses, wurden ihm bald bewußt, so daß er alsbald als Inspektor eine »Animationsreise« in seine alte Heimat nach Eichstätt unternahm. Zottmann trat nach seiner Rückkehr nach Rußland und dem Tod des Bischofs Kahn entschieden für einen Germanisierungsprozeß des Seminars ein, den er aber erst seit 1872, nach vierjähriger Vakanz des Bischofstuhls und der darauf folgenden Amtszeit des Polen Lipski, forcieren konnte. Bis 1896 im Amt, oblag es Zottmanns Persönlichkeit, zwischen Polen und Deutschen als auch zwischen dem Papst und dem Zaren, der sich bei aller Eigenständigkeit der Diözese doch die Zensur des Briefverkehrs vorbehielt, zu vermitteln. Nicht ohne Bedeutung dürften dafür seine guten russischen Sprachkenntnisse gewesen sein. Daß in der Zeit des beginnenden Panslawismus und der Deutschfeindlichkeit diese Aufgabe nicht leicht war, beweist der rege Briefwechsel, den Zottmann mit dem Eichstätter Stadtgeistlichen Brucklacher führte. Hier werden manche Sorgen zum Ausdruck gebracht, die sich Zottmann bei den Intrigen seiner Umwelt nicht leisten konnte, laut zu artikulieren.

Die zunehmende Belastung und körperliche Beschwerden veranlaßten ihn, 1875 zum ersten Mal die Entlassung aus dem Amt nach Deutschland bei der Kurie zu beantragen. Ihr wurde aber erst 1889 stattgegeben. Seinen Lebensabend verbrachte Zottmann in Castua/Italien, wo er sich vom milden Klima eine Verbesserung der Gesundheit erhoffte. Als sich sein Gesundheitszustand verschlechterte, brachte man ihn nach Ornbau in seine bayerische Heimat, wo er am 12. Dezember 1901 starb.

Literatur:
A. Zottmann, Franz X. Zottmann. Bischof der Diözese Tiraspol, München 1904; J. A. Keßler, Geschichte der Diözese Tiraspol, Dickinson/North Dacota 1930; M. Häberl, Franz X. Zottmann und Michael Gloßner. Zwei Diözesanen im Dienst der Diözese Tiraspol, in: Heimatbuch der Deutschen aus Rußland, Stuttgart 1973–1981, S. 162–251.

U. R.-E.

3.88

Das Bild zeigt Zottmann in vollem Ornat. Der Bischofsring, das Kreuz und die ihm verliehenen russischen Orden sind heute noch im Privatbesitz erhalten.

3.89
Bischofsring von Franz Xaver Zottmann

Amethyst- und Brillantenimitation
19. Jahrhundert, unbekannter Künstler
∅ 2 cm
Hans Zottmann, Ornbau

Der Amethyst ist der typische Halbedelstein des Bischofs. Seit dem Mittelalter versinnbildlicht er die Schönheit des Himmelreichs und kennzeichnet das Herz der Einfachen für Christus Sterbenden.

Literatur:
G. Friess, Edelsteine im Mittelalter, Hildesheim 1980.

3.89

3.88
Franz Xaver Zottmann

Porträt
Öl/Leinwand
19. Jahrhundert, unbekannter Künstler
99,5 × 146 cm
Hans Zottmann, Ornbau

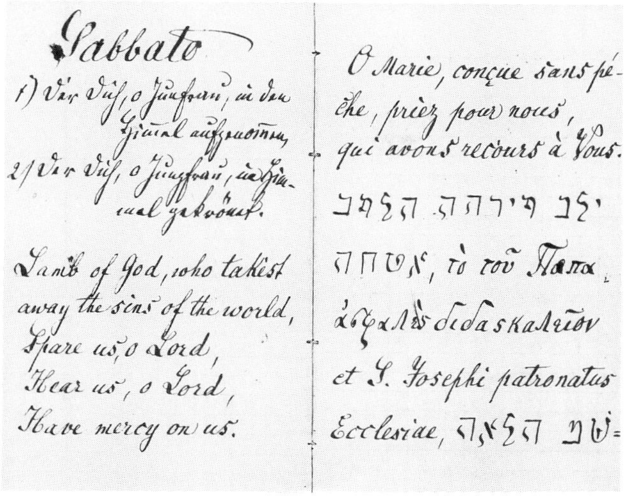
Sabbato
1) Der Dich, o Jungfrau, in den Himmel aufgenommen,
2) Der Dich, o Jungfrau, im Himmel gekrönt.

Lamb of God, who takest
away the sins of the world,
Spare us, o Lord,
Hear us, o Lord,
Have mercy on us.

O Marie, conçue sans pé-
che, priez pour nous,
qui avons recours à Vous.

et S. Josephi patronatus
Ecclesiae,

3.91

3.90
Pektorale von Franz Xaver Zottmann

19. Jahrhundert, unbekannter Künstler
Messing mit Brillantenimitation
12 × 7 cm
Hans Zottmann, Ornbau

Im Unterschied zum Ring wurde das Bischofskreuz, das außerhalb der Liturgie an einem Band oder einer Kette getragen wurde, erst relativ spät in die Insignienreihe des Bischofs aufgenommen. Die Anfänge lassen sich ins 12. Jahrhundert datieren.

Literatur:
Th. Kauser, Ursprung der bischöflichen Insignien und Ehrenrechte, Krefeld 1953.

3.91
Notizbuch von Franz Xaver Zottmann

Leder gebunden mit Goldstich
19. Jahrhundert
2 × 3 cm
Eintragung:
Abendgebet in deutscher, englischer, französischer, hebräischer, griechischer und lateinischer Sprache.
Hans Zottmann, Ornbau

3.91.a
Meerschaumpfeife Zottmanns

Elfenbein
Länge 10 cm
Hans Zottmann, Ornbau

3.92

3.92
Saratow, Katholische Kathedrale

Photographie
Landsmannschaft der Deutschen aus Rußland, Stuttgart

Der Bau wurde Ende des 19. Jahrhunderts unter Zottmann eingeleitet.

3.93
Schreiben Zottmanns an Brucklacher
in Code

Tinte auf Papier
20 × 30 cm
Diözesanarchiv Eichstätt

3.94
Schreiben Zottmanns an Brucklacher

Schreiben vertikal und horizontal
Tinte auf Papier
20 × 30 cm
Diözesanarchiv Eichstätt

3.95
Michael Gloßner * 1837
Unterrichtsexzerpte

Photographien
Seminar der Universität Eichstätt

Gloßner war in Eichstätt Kommilitone von Zottmann, der ihn 1864 als Professor ans Priesterseminar nach Saratow holte.

3.96
Bittschrift Ferdinand Kahns an den Zaren
Saratow, 7. Juni 1864

Papier
21 × 32 cm
Hans Zottmann, Ornbau
Kahn bittet den Zaren, Zottmann nach Deutschland zwecks Anwerbung von Priestern zeitweilig aus Rußland zu entlassen.

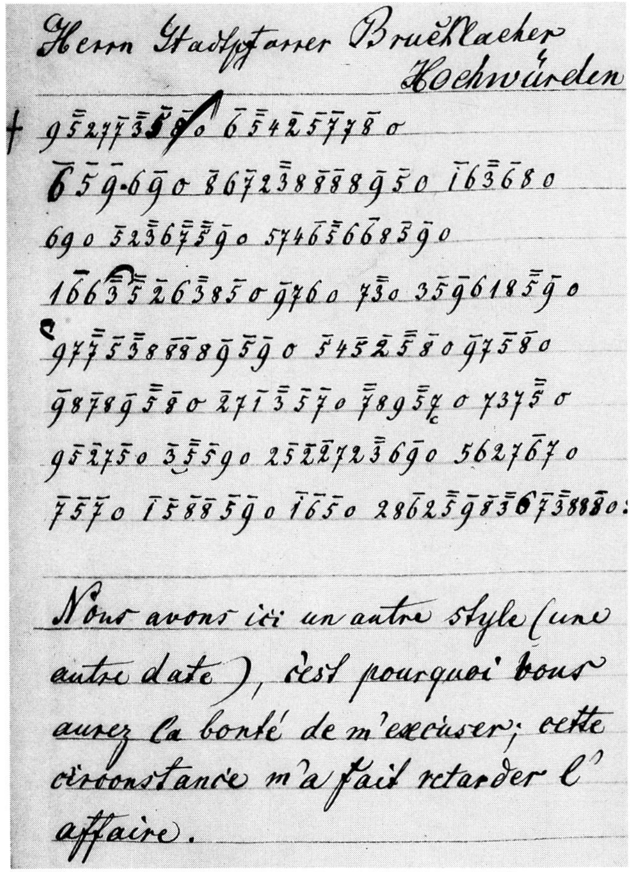
Herrn Stadtpfarrer Brucklacher
Hochwürden

Nous avons ici un autre style (une autre date), c'est pourquoi vous aurez la bonté de m'excuser; cette circonstance m'a fait retarder l'affaire.

3.93

3.96.a
Ferdinand Kahn 1799–1870

Photographie
Privatbesitz

3.97
Mgr. Antonius Zerr 1849–1932
Bischof von Tiraspol 1889–1901

Tafel

Geboren wurde er am 10. März 1849 in Franzfeld als letztes von neun Kindern in der Kolonistenfamilie Peter Zerr und dessen

Ehefrau Anna Maria Braun. Nach damaliger Sitte wurde er noch am gleichen Tag von P. Michael Stankiewicz in der Pfarrkirche Josefstal getauft, zu dessen Kirchenspiel Franzfeld vorerst noch gehörte. Den Vornamen erbte er von seinem eingewanderten Großvater Anton Zerr.
Seinen ersten Unterricht erhielt er in der Dorfschule und beim Ortspfarrer, der sich seines Ministranten warmherzig annahm. Im 13. Lebensjahr besorgte Prälat Georg Rakutzowicz seine Aufnahme ins Knabenseminar von Saratow. Am 2. November 1861, am Allerseelentag nach der Prozession auf dem Friedhof, brachte ihn sein Vater nach Odessa. Nachdem ihm Weihbischof Lipski dort den Reisesegen gespendet hatte, machte er sich mit sieben anderen Schülern auf den weiten Weg nach Saratow. Im dortigen kleinen Seminar entpuppte er sich bald als einer der begabtesten Zöglinge. Der rheinfränkisch sprechende Alumne lernte auch eifrig Latein, Russisch und Französisch. Da er 1871 nach Absolvierung seiner Studien das kanonische Alter noch nicht erreicht hatte, wurde ihm einstweilen die wirtschaftliche Verwaltung der Seminare übertragen. Dazu wurde er Lehrer der französischen Sprache.
Zum Priester geweiht wurde er am 11. März 1872 und als Pfarrverweser nach Preuss (Krasnopolje) an der Wolga geschickt. Nach etwa fünfjähriger segensreicher Tätigkeit wurde er als Dekan in Katharinenstadt ernannt. Kaum 2 Jahre danach berief ihn der damalige Bischof Franz von Zottmann als Professor der Dogmatik und Metaphysik sowie als Lektor der lateinischen Sprache und Literatur ans Priesterseminar nach Saratow zurück. Bald darauf wurde er Kanonikus und Generalvikar. Am 3. März 1883 ernannte ihn Papst Leo XIII. zum Bischof von Diocletianopolis in partibus infidelium und Weihbischof von Tiraspol. Einige Wochen später, am 22. Mai 1883, wurde er in der St. Katharinenkirche zu Petersburg (dem heutigen Leningrad) feierlich konsekriert. Am 18. Dezember 1890 übertrug ihm Papst Leo XIII. die Diözese Tiraspol mit dem Sitz in Saratow.

3.94

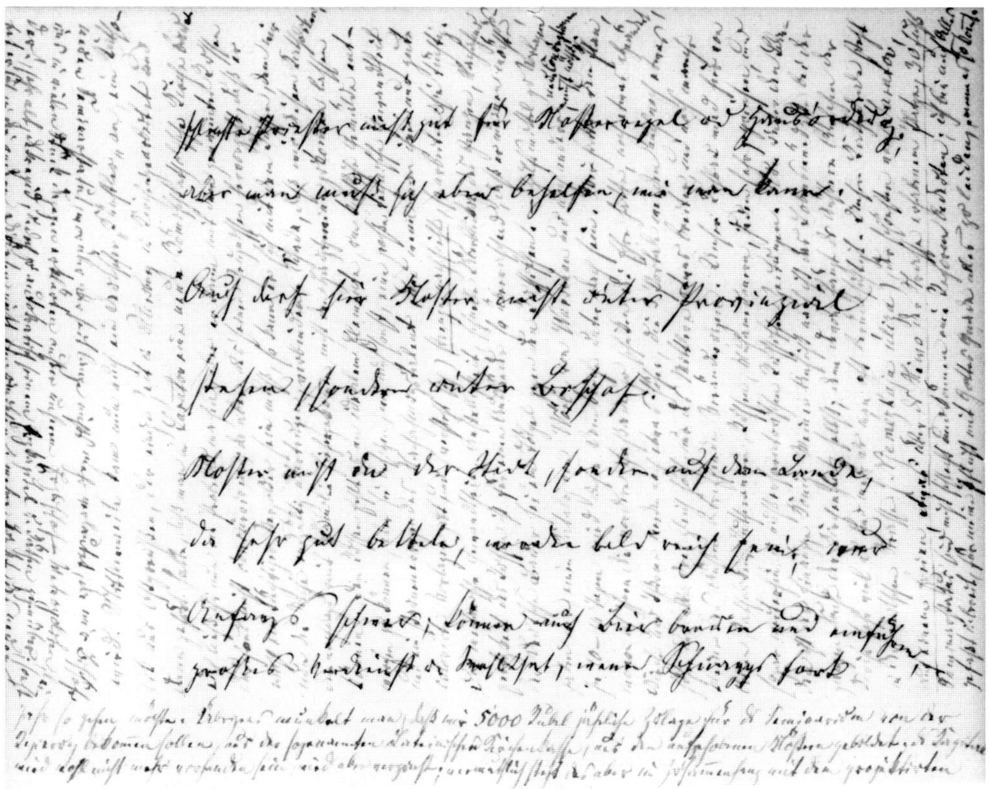

Nachdem er am 1. Mai 1891 in der schon erwähnten St. Katharinenkirche den Eid geleistet hatte und am 7. Mai von Kaiser Alexander III. in Audienz empfangen worden war, hielt er seinen feierlichen Einzug in seine Kathedrale. Sehr erfreut war man im Kreise der katholischen Kolonisten über die Ernennung dieses kirchlichen Würdenträgers, der zum ersten Mal aus ihrer Mitte stammte. Dazu war dieser Bauernsohn bestens vertraut mit den Verhältnissen und Sitten in den Kolonistendörfern. Vor allem versuchte er, das religiöse Niveau der Diözese zu heben. Wie er selbst darüber berichtet, traten seinem wohlgemeinten Streben leider so manche Hindernisse entgegen, die nicht nur lähmend, sondern oft geradezu vernichtend wirkten.

Im Jahre 1893 ging er nach Rom, wo er sieben Wochen verweilte. Wiederholt wurde er von Papst Leo XIII. empfangen, verkehrte auch beim Kardinalstaatssekretär, um das Ansehen des Diözesanklerus, das durch einen fremdländischen Geistlichen in gewissenloser Weise verlästert worden war, wieder zur Geltung zu bringen.

Während seiner Amtszeit konnte Bischof Zerr 20 Kirchen und Altäre konsekrieren und über 80000 Gläubigen das Sakrament der Firmung spenden. Er führte auch Priesterexerzitien ein, die sich beim Klerus großer Beliebtheit erfreuten. Desgleichen führte er das Messintentionenbuch ein und erwarb sich darüber hinaus durch die Ausgabe von Verordnungen einen großen Verdienst. Unter seinem Pontifikat wurde auch das zweimonatlich erscheinende Diözesanblatt »Klemens« gegründet sowie die katholische Buchdruckerei und Devotionalienhandlung »Schellborn & Co.« in Saratow.

Allerdings blieben dem kirchlichen Würdenträger auch manche Widerwärtigkeiten nicht erspart. Die vielen Enttäuschungen und Kränkungen, die die Verwaltung eines so ausgedehnten Bistums mit so eigenartigen Verhältnissen und schweren Sorgen mit sich brachte, machten den in einigen Kreisen umstrittenen Bischof müde. Unter der Last seiner Amtsgeschäfte stellte sich auch bald die Krankheit ein. Eine Karlsbader Kur brachte nur vorübergehend Linderung. Wegen zunehmender Verschlechterung seines Gesundheitszustandes folgte er dem Rat Berliner und Pariser Ärzte und bat den Heiligen Stuhl um seine Entlassung, die ihm auf wiederholtes Bitten nach vier Jahren endlich im Jahr 1902 gewährt wurde.

Am 15. August 1902 nahm er Abschied von seiner Diözese und ließ sich in Feodosia auf der Krim nieder. Das dortige Klima bekam ihm sehr gut. Mit dem Wiederaufleben der Kräfte entschloß er sich, im Oktober 1911 nach Odessa überzusiedeln. Da traf er mit Pater Keller zusammen, der gerade den zweiten Band seiner Geschichte »Die deutschen Kolonien in Südrußland« bearbeitete. Begeistert begann auch Altbischof Zerr zu forschen und unternahm sogar die lange Reise nach Neeweiler, woher ein Jahrhundert vorher seine Großeltern ausgewandert waren.

Vermutlich verweilte Bischof Zerr längere Zeit in Odessa. Wie er den Ersten Weltkrieg und die russische Revolution erlebte, entzieht sich unserer Kenntnis. Im Jahr 1921 kam er nach Selz, wo er in stiller Zurückhaltung Unterkunft fand. Seine ehemalige Diözese Tiraspol, wo er einst so eifrig gewirkt hatte, war nun aufgelöst und sein Nachfolger, der letzte Bischof Mgr. Kessler, nach Deutschland geflüchtet. Obgleich er kein kirchliches Amt mehr bekleiden konnte, spendete er heimlich weiterhin die Firmung und weihte sogar einige Priester.

Eine zweite Reise nach Rom unternahm er 1924 zwecks Besprechung der sich stets verschlimmernden Lage der Christengemeinden. Nach seiner Rückkehr ließ er sich wiederum in Odessa nieder, war beständig unter polizeilicher Aufsicht, wurde schließlich 1926 aufgefordert, die Stadt zu verlassen und strengste Zurückhaltung zu wahren. So fand er in Selz wiederum Unterkunft. Einige Monate später verzog er nach Kandel. Da er viel Post bekam, auch aus Amerika, wohin viele Landsleute, Verwandte und Freunde inzwischen ausgewandert waren, wurde er von der NKWD (der damaligen Geheimpolizei) immer mehr beschattet. Dazu wurde er verdächtigt, über nicht gerade kleine Summen zu verfügen, da er immer wieder versuchte, heimlich das Los seiner durch die Schreckensjahre notleidenden Mitmenschen zu lindern.

Als Bischof Zerr 1902 mit 53 Jahren wegen seiner sehr zerrütteten Gesundheit in den Ruhestand trat, meinte er damals, er sei dem Ende nahe. Noch lange Jahre hatte ihm Gott hienieden beschert. Am 15. Dezember 1932 entschlief er selig im Herrn. Zwei Tage darauf bildeten Hunderte von Personen den Leichenzug auf der breiten Straße nach Selz, wo er wunschgemäß seine letzte Ruhestätte fand. In der Basilika, die er 30 Jahre vorher geweiht hatte, standen zwei Bischöfe, umgeben von 15 Priestern, dem feierlichen Totenamt vor. Über 2000 Menschen der Umgebung erwiesen ihrem ehemaligen Bischof die letzte Ehre.

Literatur:
A. Zerr, Überblick über die topographische und politische Geschichte und kurzer Abriß der Kirchengeschichte Tauriens, Saratow 1908; A. Zerr, Einwanderungsgeschichte der Familie Zerr in Rußland. Kommissionsverlag des Klemensvereins. Odessa 1914; A. Kessler, Geschichte der Diözese Tyraspol. Dickinson, North-Dakota 1930; J. Height, Paradise on the steppe. Bismark, North-Dakota 1973; J. Schnurr, Die Kirchen und das religiöse Leben der Rußlanddeutschen, Katholischer Teil. Stuttgart 1980.

J. S.

3.98
Antonius Zerr, Bischof von Tiraspol 1889–1901

Photoportrait
Prof. Jean Schweitzer, Straßburg

3.98

3.99
Die evangelische Kirche und die Deutschen

Tafel

Die Vielfalt der evangelischen Gruppen in Rußland ist Ursache für das besondere Eigenleben und die kulturelle Autonomie der Gemeinden. Es ist zu unterscheiden zwischen den Gemeinden der Ostseeprovinzen, den von Polen nach Wolhynien in eigenständiger Migration entstehenden deutsch-evangelischen Gemeinden, den in zwei großen Zügen durch Katharina II. und Alexander I. ins Land gerufenen deutschen Kolonisten und den deutschen evangelischen Bürgern in den großen Städten, vor allem seit 1704 in St. Petersburg, die zum Teil bereits seit dem 17. Jahrhundert in Rußland ansässig waren.

Die theologischen Schattierungen dieser Gruppen beeinflußte das Gemeindeleben erheblich. Während die deutsch-baltischen Gemeinden in ihrer Verwachsenheit mit dem Sonderstatus der Ostseeprovinzen verblieben, hatten die Gemeinden der Kolonien in Südrußland und an der Wolga letztlich durch ihre Isolation voneinander erhebliche Anfangsschwierigkeiten beim Aufbau des Gemeindelebens. Allen gemeinsam war die relative Abgeschlossenheit gegenüber dem russisch-orthodoxen Kulturkreis. Hierzu gegensätzlich stellten sich die deutschen Stadtgemeinden den Anforderungen einer symbiotischen Lebensgemeinschaft. Allen voran die in St. Petersburg.

Die protestantischen Gemeinden Südrußlands und an der Wolga unterscheiden sich in ihrem Aufbau weniger durch die verschiedene zeitliche Ansiedlung als durch die von Dorf zu Dorf unterschiedliche Glaubenshaltung. Ausschlaggebend waren die Kräfte, die ursprünglich zur Auswanderung aus dem Mutterland geführt haben. Diese prägten sowohl Sozial- und Wirtschaftsstruktur als auch die Kulturentwicklung des deutschen Gemeindewesens in Rußland.

Die Schätzungen über die bis Mitte des 19. Jahrhunderts ins Russische Reich eingewanderten Deutschen belaufen sich für die Wolgaregion auf 25000 und für Südrußland auf 125000. In beiden Regionen befanden sich die Katholiken in der Minderheit. Die Gründung von Tochtersiedlungen seit Mitte des 19. Jahrhunderts führte zu neuen Siedlungsgebieten, die bis nach Sibirien und Mittelasien reichten. Dorthin zogen vor allem Wolgadeutsche.

Die deutschen evangelischen Gruppen gliederten sich in das lutherische, reformierte und mennonitische Bekenntnis, die an der Wolga und in Südrußland siedelten, als auch in sogenannte separatistische Gruppen, wie die Stundenbrüder in Bessarabien und im Kaukasus. Als Einzelfall gilt die Brüdergemeine in Sarepta an der Wolga. Machten die Reformierten am Anfang der Besiedlung zumindest ein Sechstel der deutschen Gemeinden aus, gingen sie in den folgenden Jahren stark zurück. Außer den Stadtgemeinden verblieben ihnen bis zum Ende der Religionsfreiheit, bis 1914, sechs Gemeinden in Südrußland und drei an der Wolga. Der Großteil der Reformierten ging im Luthertum auf. Die Zahl der separierten Gemeinden betrug in Bessarabien mit dem Zentrum Sarata vier, im Kaukasus waren es sieben grusinische Kirchspiele. An mennonitischen Dörfern existierten 81.

Die Diasporasituation hatte hauptsächlich zweierlei Folgen für das Gemeindewesen der Deutschen. Erstens wurden die Gemeinden auf sich selbst zurückgeworfen; ihre Kultur blieb auf Grund der Abgeschiedenheit religiös geprägt. Zweitens behinderte die religiöse Intensität zum Teil den nationalen Zusammenschluß und Austausch benachbarter deutscher Gemeinden, besonders solcher mit anderer religiöser Nuancierung. Der Absolutheitsanspruch, der

in ihrem Glaubensbekenntnis lag, regelte das moralische, gesellschaftliche und wirtschaftliche Leben der Gemeinde und des Einzelnen, er ermöglichte aber auch die relativ hohe Selbständigkeit und kulturelle Autonomie der Gemeinde sowie des Einzelnen.
An erster Stelle dürfte hierfür die Religionsgemeinschaft der Mennoniten repräsentativ sein. Ihre Bewegung ging im 16. Jahrhundert aus der Täuferbewegung hervor, die die Erwachsenentaufe übte. Entsprechend der Interpretation der Bergpredigt empfinden sie sich im »Gegensatz« zur Welt, lehnen staatlichen Zwang, Krieg und Eidesleistung ab. Dementsprechend gilt für sie der Grundsatz der bedingungslosen Wehrlosigkeit. Ihrer Lebenseinstellung gemäß kennen die Mennoniten keine verbindliche Kirchenverfassung, jede Gemeinde ist autonom.
Die sogenannten Stundenbrüder, die aus Württemberg auszogen, um der – wie sie annahmen – herannahenden Auferstehung des Herrn nahe dem Berg Ararat beizuwohnen, zählten zu den separierten Gemeinden. Die direkte Anlehnung an die Interpretation des Alten Testaments sonderte sie ab, die Erwartung der Wiederkunft des Herrn integrierte sie in die protestantische Glaubenswelt. Die Voraussetzung für die Erfüllung ihres Bekenntnisses war die totale Abkehr von der Welt. Diesem wurde in den sogenannten Stunden entsprochen, fixen Zusammenkünften zur Interpretation der Bibel. Ihre extremen Formen erreichten die Sitzungen in ekstatischen Sessionen der Teilnehmer, die dabei rhythmisch in die Luft sprangen.
Die besondere Situation der Stadtgemeinden war die Mehrsprachigkeit. Je nach nationaler Zusammensetzung der Bevölkerung entstanden deutsch-französische, deutsch-schwedische, deutsch-holländische etc. Gemeinden. Nach Erstarken der deutschen Gemeindemitglieder trennte sich die deutsche Sektion oftmals und wurde selbständig. Die größten deutschen Stadtgemeinden befanden sich in St. Petersburg, Moskau und Odessa. Es gab dort sowohl lutherische als auch reformierte Gemeinden.

Die Anfangs- und Aufbaujahre der deutschen Kolonien mit ihren wirtschaftlichen und ordnungspolitischen Schwierigkeiten zeichnen für das religiöse Leben der Kolonisten zum Teil ein erbärmliches Bild. Im negativsten Fall konnte man bei einem Großteil der Gemeinden davon ausgehen, daß sie gar keinen eigenen Pfarrer zur Verfügung hatten und von den größeren Nachbargemeinden mitversorgt wurden. Dies bedeutete, daß die Gottesdienste oftmals nur alle 7–8 Wochen stattfanden, die Pfarrer als Wanderprediger umherzogen, um in die entfernten Gemeinden der Kirchspiele zu kommen.
Hatte man einen eigenen Pfarrer vor Ort – sie wurden zum Teil von der Baseler Mission und der Herrnhuter Brüdergemeine Sarepta gestellt –, mußte er oft neben der religiösen noch eine kulturell-nationale Aufgabe übernehmen. Da die meisten Gemeinden es nicht für nötig erachteten, einen Schulmeister zu bezahlen, sah sich der Pfarrer genötigt, dessen Aufgaben zu übernehmen. Das Modell des Küsterlehrers wurde oftmals zur Norm. Bildung bedeutete im Dorf einerseits die Vermittlung der deutschen Schriftsprache, andererseits das Beherrschen des Lehrstoffs wie Lesen religiöser Schriften, Schreiben und Rechnen. Das reichte für den bäuerlichen Alltag aus.
In Anbetracht dieser diskriminierenden Lage, in der sich die meisten deutschen Kolonien im ersten Jahrhundert ihres Bestehens befanden, wuchs der Wunsch nach einheitlicher Pfarrerausbildung und einheitlicher Organisation der Kirche, die sich der konkreten Fragen ihrer Mitglieder stellten.
Das Kirchengesetz von 1832, das entgegen den Bestrebungen nur eine Organisationsform für die lutherische Kirche ergab, ist einerseits als Ergebnis langer Vorverhandlungen, andererseits als historischer Einschnitt zu sehen, bei dem sich die lutherische Linie der evangelischen Kirche durchsetzte, die deutsch-baltische Kirchenautonomie jedoch ihre Selbstverwaltung verlor.
Das permanente Ringen um eine sinnvolle Einteilung der Kirchenbezirke und um eine den Anforderungen der einzelnen Gemeinden entsprechende Organisation ließ den Gedanken an eine zentrale organisatorische Steuerung der protestantischen Kirche wünschenswert erscheinen. Ein erstes Wagnis und erster Schritt zum Ziel bedeutete die Inkraftsetzung der einheitlichen Leitung der wolgadeutschen Kolonie und der deutschen Kolonien Südrußlands, wo jeweils ein eigener Konsistorialbezirk geschaffen wurde. Die Inkraftsetzung der in den zwanziger Jahren berufenen Köpfe der Verwaltungsgremien verlief im Sande zugunsten der Kompetenzen der St. Petersburger und Moskauer Bezirke, die die europäische und die asiatische Landeshälfte zu verwalten hatten. Diesen beiden Bezirken standen sechs Konsistorialbezirke im Baltikum entgegen, was eine ungemeine Schwächung der russischen Staatsmacht wegen der Sonderstellung des Baltikums bedeutete. In den Verhandlungen zur Kirchenordnung, in deren Kommission Vertreter der oben genannten Bezirke waren, überwog also das deutsch-baltische Element und setzte sich dementsprechend durch. Nicht erfolgreich war die Kommission im Votum für die Beibehaltung der Sonderstellung in kirchenautonomen Angelegenheiten, die man ihnen bei dieser Gelegenheit absprach.
Die neugeschaffene Ordnung hatte ihren Aufbau in den drei Gremien Propstei-, Konsistorial- und General-Synode. Allerdings wurden die Leiter der Konsistorien nicht von den Gemeinden berufen, sondern von der Regierung eingesetzt, eine direkte Einflußnahme von seiten der Gemeindemitglieder also unmöglich gemacht.

Dementsprechend unflexibel erwies sich die neue Kirchenverfassung. Ihre Aufgaben, den Protestanten Rußlands ein Zusammengehörigkeitsgefühl zu geben, sollte man allerdings nicht unterschätzen.

Literatur:
Die evangelischen lutherischen Gemeinden in Rußland, hg. vom Zentral-Komitee der Unterstützungskasse für evangelisch-lutherische Gemeinden in Rußland, 2 Bde., St. Petersburg 1909–1911; B. H. Unruh, Die niederländisch-niederdeutschen Hintergründe der mennonitischen Ostwanderung im 16., 18. und 19. Jahrhundert, Karlsruhe 1955; Baltische Kirchengeschichte, hg. von R. Wittram, Göttingen 1956; W. Kahle, Die Begegnung des baltischen Protestantismus mit der russisch-orthodoxen Kirche, Leiden/Köln 1959 (ökumenische Studien 2); E. Amburger, Geschichte des Protestantismus in Rußland, Stuttgart 1961; W. Kahle, Aufsätze zur Entwicklung der evangelischen Gemeinden in Rußland, Leiden/Köln 1962 (ökumenische Studien 4); K. Götz, Die Kirchenschulen am Schwarzen Meer, in: Heimatbuch der Deutschen aus Rußland 1962; J. Schnurr, Die Kirche und das religiöse Leben der Rußlanddeutschen, Stuttgart 1972, (Heimatbuch der Deutschen aus Rußland 1969–1972).

U. R.-E.

3.100
Viktor Dobbert: Autobiographie eines deutschen Pfarrers in Rußland 1862–1927

Auszug aus:
Handschriftlicher Lebenslauf Victor Dobberts
Original
1919
Papier, vier Seiten
20 × 30 cm
Friedrich Dobbert, Karlsruhe

Der Lebenslauf wurde 1919 für eine Bewerbung um eine Stelle als Gemeindepfarrer in Pommern geschrieben und stellt retrospektiv das Leben in Rußland und die Arbeit als Pfarrer dar.

Tafel

Am 10. Mai 1862 an der Molotschna im Süden Rußlands als Sohn des ev.-luth. Predigers (Pastors) Alexander Dobbert und seiner Ehefrau Eugenie, geb. Baronesse v. Stempel, geboren, wuchs ich in Zarskoje-Selo, wo mein Vater nachher Pastor war, auf. Nach Besuch des deutschen Gymnasiums der Petrikirche in St. Petersburg mit Abiturabschluss bezog ich 1880 die Universität Dorpat, um Theologie zu studieren. Es war damals die letzte Zeit des Glanzes jener deutschen Universität im Baltenlande. Männer wie Moritz v. Engelhardt, Alexander v. Oettingen, Wilhelm Volk und der seinen Aufstieg beginnende Reinhold Seeberg übten einen nachhaltigen Einfluss auf die studierende theologische Jugend aus. 1885 verliess ich nach bestandener Prüfung die Universität und trat in der Petrikirche in St. Petersburg bei Pastor Fehrmann mein Probejahr an. 1886, den 26. Januar, wurde ich zum Pastor-Adjunkt für Kiew ordiniert. Nach 2 Jahren kehrte ich nach St. Petersburg zurück und wurde Vikar an der Katharinen-Kirche, den erkrankten Pastor R. Walther vertretend. 1889 hielt ich mich ein Jahr hindurch zur Ergänzung meiner Studien in Deutschland an den Universitäten Berlin, Leipzig und Erlangen auf, kehrte alsdann nach St. Petersburg zurück und wurde vom Konsistorium nach Zarizyn an der Wolga abgeordnet, um dort, wo sich in der Stadt und in dem weiten Umkreise viele evangelische Deutsche angesiedelt hatten, ein neues Kirchenspiel zu gründen. Das Neuland, welches hier zu bearbeiten war, die ausgedehnten Amtsfahrten, die Einrichtung des Kirch- und Schulwesens daselbst nahmen meine jungen Kräfte voll und ganz in Anspruch. Es waren schwere, aber auch köstliche, weil gottgesegnete Jahre, die ich hier verbracht habe. Nachdem es mit Gottes gnädiger Hilfe gelungen war in Zarizyn eine schöne gothische Kirche zu erbauen, wozu die Mittel auf dem Wege von Sammlungen in den Gemeinden aufgebracht worden waren, eine deutsche Schule eingerichtet, an verschiedenen Orten Küsterlehrer bestellt, und die einzelnen Ansiedlungen mit dem Pfarrort kirchlich verbunden waren, war meine Aufgabe im Wesentlichen gelöst, und ich konnte, von dem über all mein Verdienst warmen Danke der neugeschaffenen Gemeinden geleitet, wieder nach St. Petersburg zurückkehren, wo ich zum Leiter der evangelischen Stadtmission, einer Gründung Daltons, bestimmt war. Mein Vorgänger in diesem Amt, Hollmann, war als livländischer Generalsuperintendent nach Riga gezogen. Ich hatte nun reichlich Gelegenheit, mit den verschiedenen Zweigen der Inneren Mission und ihren Anstalten vertraut zu werden.

In dem Jahre 1893 heiratete ich die Jungfrau Ida Pflug, und Gott segnete unsere Ehe durch die Geburt von 7 Söhnen. Von diesen verlor ich im Januar des Jahres 1919 zwei im erwachsenen Alter – der eine starb im Krankenhaus an einer inneren Krankheit, der andere im Kampfe gegen die Bolschewiken als Glied der baltischen Landeswehr.

Obwohl die Arbeit in der Stadtmission des Interessanten viel bot und mir ein weites Feld der Tätigkeit auftat, befriedigte sie mich nicht völlig. Die Sehnsucht nach einer eigenen Gemeinde sass zu tief im Herzen. Darum nahm ich die ehrenvolle Berufung nach Kurland, die Ende des Jahres 1894 an mich herantrat, an. Ganz ohne mein Zutun kam ich an die deutsche Hauptkirche des kurischen Landes und wurde Pastor primarius zu St. Trinitatis in Mitau, in welcher Stellung ich nun fast 25 Jahre das Amt geführt habe. In Einheit des Glaubens mit meiner kirchlich gesinnten Gemeinde verbunden, haben wir Freud und Leid miteinander erfahren und geteilt.

In stetem Kampfe mit der griechisch-russischen Kirche hat diese erste Gemeinde Kurlands ihr Luthertum und im Gegensatz zu dem chauvinistisch-nationalen Lettentum ihr Deutschtum allzeit hochgehalten und gewahrt. Das Revolutionsjahr 1905 brachte den Deutschen der Ostseeprovinzen, die sich als das einzige legale Element erwiesen hatten, seitens der Regierung einige Freiheiten. So konnten wir deutschsprachige Schulen eröffnen und für Pflege und Festigung unserer nationalen geistigen Güter sorgen. In Kurland wurde sofort ein »Verein der Deutschen« gegründet, der in allen grösseren Orten des Landes seine Zweigvereine hatte; und ich hatte als Vicepräses des Gesamtvereins Gelegenheit, vier Jahre hindurch in besonderer Weise für unser Deutschtum in Kurland zu wirken. Die kirchlichen Vorgänge und Bewegungen in Deutschland liessen die Kirche unserer Heimat nicht unberührt. Längst schon hatte die liberale theologische Richtung unter den jüngeren Theologen einzelne Anhänger gefunden. 1913 kam es zum offenen Kampf, an welchem auch ich mich durch zwei Broschüren, die ich veröffentlichte (»Bekenntnis zu dem Bekenntnis« und »Unsere Kirche und die Lehrfreiheit der Modernen«) beteiligt habe. Der Weltkrieg mit der Drangsalierung, die er uns Balten in seinem ersten Jahre von russischer Seite brachte, liess die kirchlichen Gegensätze zum Schweigen kommen und nahm dann alle Sinne für das Grosse, das sich vor unseren Augen vollzog, gefangen. Was wir kaum zu hoffen gewagt und nur im verborgenen Herzen ersehnt hatten, wurde Wirklichkeit: die deutschen Heeresteile zogen in Kurland ein, und die beglückende Gewissheit tat sich uns auf, dass wir fortan zu Deutschland gehören werden. Allein es kam anders. Der durch die neuen Verhältnisse herbeigeführte gewaltige Zusammenbruch der militärischen Erfolge Deutschlands stürzte uns Balten nicht nur aus allen Himmeln zur Erde, sondern in die Hölle hinab. Die deutschen Truppen in Kurland wurden von den bolschewistischen Banden abgelöst. Der wohlhabende Teil meiner Gemeinde floh, Güter und Häuser verlassend. Auch mir wurde nahegelegt, Mitau aufzugeben, um mich und die Meinigen nicht der drohenden Gefahr auszusetzen. Ich rang im Gebet mit Gott – konnte aber die Freudigkeit zur Flucht nicht finden. Das Wort vom Mietling, der seine Herde verlässt, klang mir in den Ohren, und so blieb ich bei dem Rest meiner Gemeinde. Trotz all dem Schweren, das ich durchleben musste, bedauere ich nicht solches getan zu haben. Immer wieder wurde es mir aus der Gemeinde heraus durch Wort und Tat bezeugt, dass ich ihr in ihrer Not mit der Verkündigung des Evangeliums und der Verwaltung des Amtes Halt und Stütze, Helfer und Berater gewesen bin, und ich selbst habe in dieser Zeit Gottes wunderbare Hilfe und gütige Behütung so handgreiflich erlebt, dass ich in solcher Erfahrung auch von seiner Seite die Bestätigung empfangen habe, in Erfüllung der erkannten Pflicht nach seinem Willen gehandelt zu haben. Obgleich der Verhaftungsbefehl gegen mich ausgegangen war, und die Häscher das Haus durchsuchten, bin ich doch nicht in die Hände der Henker geraten, und obgleich mein minderjähriger Sohn 5 Wochen in der Gefangenschaft der Bolschewiken gewesen ist, ist er von ihnen doch nicht, wie die anderen Gefangenen, verschleppt, sondern mir wider ihren Willen wie durch ein Wunder beim Einzug der baltischen Landeswehr zurückgegeben worden.
Nach dem Einzug der Befreiungstruppen in Mitau begann sich der Rest meiner Gemeinde aufzulösen. Das Grausige, das wir alle durchlebt, das Niederdrückende des tiefen Leides, welches in den meisten Häusern eingekehrt war, trieb die Überlebenden aus der Heimat hinweg. Flüchtlingselend wird nun das Los so vieler Menschen sein!

3.101

Nun entschloss auch ich mich, freilich unter Zurücklassung meiner Habe und nach Verlust meines Vermögens, den Ort meiner Amtstätigkeit zu verlassen. Meine schöne grosse Kirche war durch die Zerstörungen, die sie erlitten unbrauchbar geworden, eine Gemeinde war nicht mehr vorhanden, eine Existenzmöglichkeit für mich nicht mehr da, so konnte ich mit gutem Gewissen gehen. Nun bin ich in buchstäblichem Sinne geworden, was wir doch alle in höherem Sinne sind: ein Flüchtling auf Erden.
Gott baut sein Reich auch in unserer wirren zerrissenen Zeit. Ihm will ich dienen, wie ich es bisher getan, und seinen Namen verkündigen in der Gemeinde.

gez. Victor Dobbert

3.101
Viktor Dobbert 1862–1927

Photographie anläßlich seines Examens 1885
Friedrich Dobbert, Karlsruhe
(zur Biographie s. 3.100)

3.102
Zarizyn/Wolga, ev. Kirche

Stich anläßlich des 25jährigen Dienstjubiläums von Dobbert
1926
20 × 30 cm
Museum der Deutschen aus Rußland, Stuttgart

3.103
Abendmahlsgerät

Weinkelch, Oblatenteller, -dose
ehemals Krankenhaus Sarata
Silber, feuervergoldet
Weinkelch: ∅ 9,5 cm × 20,5 cm
Oblatenteller: ∅ 13 cm
Oblatendose: ∅ 10,5 × 20,5 cm
Heimatmuseum der Deutschen aus Bessarabien, Stuttgart

Das Abendmahlsgerät wurde noch kurz vor der Umsiedlung in Sicherheit gebracht und in den Westen gerettet. Bis auf einen gehämmerten Zierrand an der Oblatendose ist das Abendmahlsgerät schmucklos.

3.103

3.104

3.104
St. Petersburg, Annenkirche, ev.-luth., heute Kinotheater Spartakus

Photographie 1920
Bundesarchiv Koblenz

3.105
Odessa, St. Pauli-Kirche, ev.-luth.; Innen- und Außenansicht

1897 eingeweiht
Photographie um 1900
Landsmannschaft der Deutschen aus Rußland, Stuttgart

3.106
Gesetz für die ev.-luth. Kirche in Rußland

Beilagen zur Kirchenordnung
Nachdruck
St. Petersburg 1832
Pappe, gebunden
21 × 28 cm
Museum der Deutschen aus Rußland, Stuttgart

3.106

Auf dem Original ist von SEINER KAISERLICHEN MAJESTÄT ALLERHÖCHST eigenhändig geschrieben:

Dem sey also.

NIKOLAI.

St. Petersburg,
den 28-sten December 1832.

GESETZ
FÜR DIE
EVANGELISCH-LUTHERISCHE KIRCHE
IN RUSSLAND.

ERSTES CAPITEL.

VON DER LEHRE.

§ 1.

Von der Lehre der Evangelisch-Lutherischen Kirche.

Die Evangelisch-Lutherische Kirche bekennt die Lehre, welche sich auf die prophetischen und apostolischen Schriften des alten und neuen Testaments gründet, und nimmt als symbolische Bücher an: das dieselben erklärende Apostolische, Nicäische und Athanasische Glaubensbekenntniss, die unveränderte Augsburgische Confession und die übrigen in die, unter der Benennung des Concordien-Buchs bekannte, Sammlung aufgenommenen Schriften.

§ 2.

Verbot der Verbreitung von Meinungen, welche der Lehre der Kirche zuwider sind.

Kein Glied der Evangelisch-Lutherischen Kirche in Russland darf sich erlauben, mündlich oder schriftlich Meinungen zu verbreiten, welche der Lehre dieser Kirche zuwider sind.

§ 3.

Vom Amts Eide der Prediger.

Die Evangelisch-Lutherischen Prediger werden beim Eintritt in ihr Amt mittelst Eides verpflichtet, dem Bekenntnisse ihrer Kirche gemäss zu predigen und zu lehren.

1*

Christliches

Gesangbuch

für

die evangelischen Gemeinden

im südlichen Rußland.

„Das Wort sie sollen
lassen stahn."
Luther.

Neue, mit ursprünglichem Liedertexte versehene Ausgabe.

Odessa,
Druck von P. Franzow.
1862.

3.107

3.107
Christliches Gesangbuch für die evangelischen Gemeinden im südlichen Rußland

Odessa 1862, Erstdruck in Rußland
Papier, ledergebunden, Verschlußschnalle
12 × 19 cm
Heimatmuseum der Deutschen aus Bessarabien, Stuttgart

3.108
Sammlung/Christlicher/Lieder für die/öffentliche und häusliche Andacht/, zum Gebrauch/der deutschen evangelischen Kolonien an der Wolga

Dorpat [12]1908
Ledereinband
66 Kapitel und Register, 688 Seiten
14 × 21,5 × 3 cm
Museum der Deutschen aus Rußland, Stuttgart

3.108

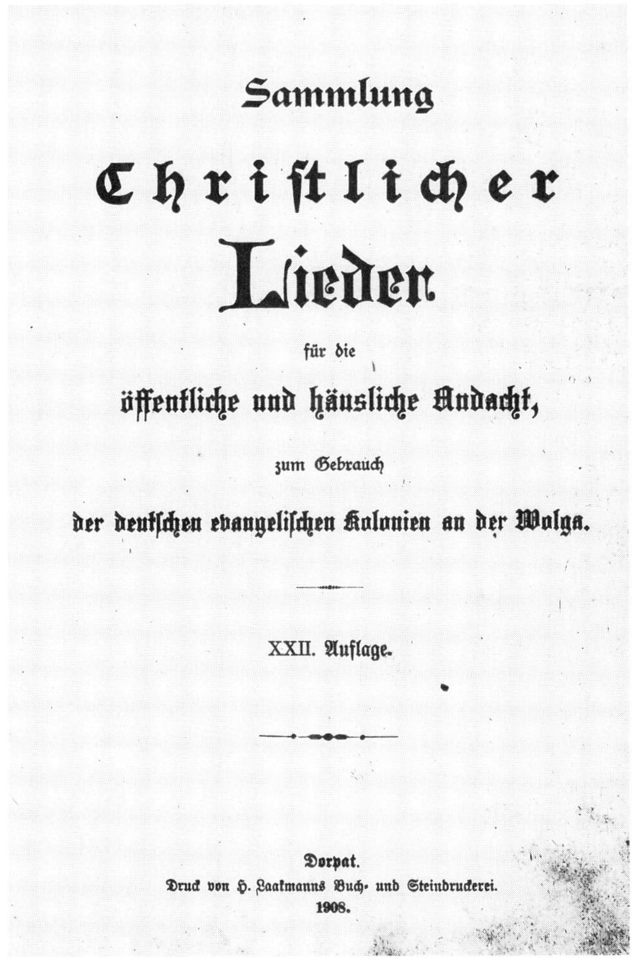
Sammlung

Christlicher

Lieder

für die

öffentliche und häusliche Andacht,

zum Gebrauch

der deutschen evangelischen Kolonien an der Wolga.

XXII. Auflage.

Dorpat.
Druck von H. Laakmanns Buch- und Steindruckerei.
1908.

3.109
Bibel

Zürich 1728
Papier
26 × 41,5 × 13 cm
Museum der Deutschen aus Rußland, Stuttgart

Die Bibel wurde 1781 von der Familie Tröster aus Grunbach von dem dortigen Pfarrer Schmid erworben und ging mit auf die Auswanderung der Familie nach Rußland, die zwischen 1804 und 1809 erfolgte. Ende des 19. Jahrhunderts gelangte die Bibel bei der großen Auswanderungswelle aus Rußland nach Amerika, von wo sie 1978 der Landsmannschaft von seiten der Vertreter der USA übergeben worden ist.

3.110
Kopftuch für Frauen

dreieckig, schwarz
Spitze, geklöppelt
140 × 57 cm
Baumwolle
Heimatmuseum der Deutschen aus Bessarabien, Stuttgart

Das schwarze Kopftuch – hier bereits eine feinere und vornehmere Ausführung – wurde von den Frauen zum Kirchgang getragen.

3.111
Taufkleid

Batist, weiß
Stickerei: Engel und Spruch: Friede mit dem Kinde
70 × 20 cm
Heimatmuseum der Deutschen aus Bessarabien, Stuttgart

3.112/113
Erinnerungsblätter an den Tag der Konfirmation

1900 bzw. 1912
21 × 30 cm
G. Walsh, Bad Homburg; E. Möllmann, Wuppertal

3.109

3.114
Die deutsche reformierte Kirchengemeinde in St. Petersburg und ihre Pastoren

Tafel

1724 verließen die französischen Reformierten (Hugenotten) und die Französisch verstehenden Deutschen die erste evangelische Gesamtgemeinde und gründeten eine eigene. Seit 1788 gab es einen französischen und einen deutschen Prediger nebeneinander, 1858 trennten sie die beiden Gemeindeteile. Die deutsche Gemeinde erbaute 1865 aus eigener Kraft eine Kirche an der Mojka (Große Morskaja; Architekt Alexander Brüllow), die nach einem

Großbrand 1872 wieder hergestellt werden mußte. Die Gemeinde hat in dreißig Jahren 800000 Rubel für den Kirchenbau aufgebracht! Die deutsche Gemeinde hatte das Glück, daß ab 1810 nur vier Pastoren einander folgten, alle vier hervorragende Organisatoren: Johannes von Muralt schuf 1818 die gemeinsame Schule der drei reformierten Gemeinden, Konrad Iken die Diakonie der Gemeinde und das St. Petersburger evangelische Sonntagsblatt, Hermann Dalton (1858–1889 im Amt) das evangelische Feldlazarett (1877/78, 1904–1906 und 1914 im Einsatz), die Evangelische Stadtmission und das Evangelische Gesellenhaus »Zur Palme«, Ernst Gelderblom (1889–1918) organisierte das Feldlazarett für den Einsatz im Fernen Osten 1904 und an der Front in Litauen 1914. Er und Dalton sind bedeutende Schriftsteller, Dalton der bedeutendste Historiker der Kirche; Gelderbloms Fortsetzung der Gemeindegeschichte 1861–1920 scheint im Manuskript verlorengegangen zu sein.

Literatur:
H. Dalton, Geschichte der reformierten Kirche in Rußland. Kirchenhistorische Studie, Gotha 1865; A. W. Fechner, Chronik der deutschen Gemeinden in Moskau, 2 Bde., Moskau 1876; E. Amburger, Geschichte des Protestantismus in Rußland, Stuttgart 1961.

E. A.

3.110

3.112

3.115
Deutsche reformierte Kirche St. Petersburg

Photographie
ca. 1914
Sammlung Amburger, Heuchelheim

3.116
Ernst Gelderblom 1889–1918

Photographie
Anfang 20. Jahrhundert
Sammlung Amburger, Heuchelheim
(Biographie, s. 3.114)

3.115

3.117

3.117
Hermann Dalton 1833–1913

Photographie
Ende 19. Jahrhundert
Sammlung Amburger, Heuchelheim
(Biographie, s. 3.114)

3.118/3.118.a
Bildung und Kirche

Die Schule und die kulturelle Autonomie der Deutschen in Rußland

Tafel

Das deutsche Schulwesen in Rußland, das im 19. Jahrhundert mit den Bestimmungen von 1871 und 1891, die die Russifizierung von

Zentralschulen und Elementarschulen verfügten, eine harte Zäsur erfahren mußte, hatte bis dahin mit Schwierigkeiten existenzieller Natur zu kämpfen. Abgesehen vom Baltikum, das auch kulturpolitisch Sonderrechte genoß, waren die deutschen Gemeinden in Stadt und Land auf sich selbst angewiesen. In den Manifesten der Zaren, die Deutsche ins Land riefen, war die Schulfrage nicht festgelegt, folglich war sie für den russischen Staat nicht existent. Die einzige Verfügung von staatlicher Seite lautete auf Oberaufsicht der St. Petri-Schule in St. Petersburg für alle deutschen Schulen im Russischen Reich. Sie ist allerdings nie wahrgenommen worden. Ansonsten fielen die Bemühungen um Bildung den deutschen Gemeinden allein zu.

Dementsprechend gibt es im 19. Jahrhundert kein einheitliches deutsches Schulsystem. Die Tatsache, daß es bis Anfang des 20. Jahrhunderts kaum russische Schulen gab, geschweige denn Elementarschulen, und die Deutschen ein Dasein in der Diaspora führten, ließ das Schulwesen zu einer Kirchenangelegenheit werden. Wegweisend waren die städtischen Schulen in St. Petersburg und Moskau und die mennonitischen Schulen Südrußlands.

Eine fast elitäre Schule wurde die 1710 gegründete St. Petri-Schule in St. Petersburg. Sie war eine von der Kirchengemeinde getragene Schule mit ausgedehntem Fächerkanon und differenzierter Leistungsstruktur. Unterrichtet wurden Religion, Deutsch, Rechnen, Schreiben, Gesang, Lesen, Latein, Französisch, Geschichte, Geographie und Russisch. Die Unterrichtssprache war deutsch. Die Schule integrierte Elementarschule für Mädchen und Knaben, Höhere Töchterschule, Realschule für Knaben und Gymnasium. 1905 wuchs die Zahl der Schüler bis auf ca. 1700 an, davon 750 Mädchen. Sie wurden in 42 Klassen mit 68 Lehrkräften unterrichtet. Als besonderes Phänomen kann gelten, daß sogar bis Ende des 19. Jahrhunderts in allen deutschen Stadtschulen ein erheblicher Anteil russischer Schüler zu verzeichnen ist. Dies dürfte sowohl am Fehlen russischer Schulen als auch am ausgesprochen hohen Niveau der deutschen Schulen liegen. Ihre Lehrer bezogen sie aus dem Deutschen Reich oder aus dem Baltikum.

Im Unterschied zu ihnen hatten die Schulen der ländlichen Gemeinden an der Wolga und in der Ukraine, später auch in den Tochterkolonien in Sibirien und Mittelasien, erhebliche Versorgungsschwierigkeiten. Überfüllte Klassen – auf einen Lehrer kamen bis zu 400 Schüler –, zu wenig Lehrer, noch dazu mit schlechten Fachkenntnissen, die in ihrer Funktion als Küsterlehrer völlig überlastet und von den Bauern abhängig waren, beließen den Bildungsstand der deutschen Kolonisten auf geringem Niveau. Zum Schüleralltag, der von Oktober bis März währte, zählte der deutsche Unterricht im Lesen der Bibel, in Unterweisung des Katechismus und im Rechnen. Dies genügte zur Bewältigung des bäuerlichen Lebens. Die Schüler gingen vom 7. bis zum 14. Lebensjahr zur Schule; daß dies unregelmäßig geschah, beweist die Einrichtung von Fürsorgekomitees 1840, die die Schulpflicht zu überwachen hatten.

Ein Schulsystem, das (wie es in der Stadt entwickelt wurde) in aufbauenden Stufen zur Hochschulreife führte, existierte auf dem Lande nicht. Hier versuchte man durch die Schaffung sogenannter Zentralschulen, die für mehrere Gemeinden zuständig waren, Abhilfe zu schaffen und für die Ausbildung der Dorflehrer zu sorgen. Als Beispiel galt die Orlower Vereinsschule in Tiege/Molotschna, die 1822 ins Leben gerufen wurde. Sie diente der Ausbildung zukünftiger Schulmeister und Schreiber. Johannes Cornies zählte zu einem der Initiatoren. Diese Institution fand im Laufe der nächsten 50 Jahre zahlreiche Nachahmung. Bis 1876 entstanden insgesamt 15 Zentralschulen mennonitischer, katholischer und evangelischer Prägung. Sie wurden entweder von Vereinen oder den Dörfern selbst getragen. Zwei zusätzliche Zentralschulen an der Wolga, die auf staatliche Initiative zurückzuführen sind, fanden wenig Resonanz.

Der – wenn auch insgesamt bescheidenen – Eigendynamik des deutschen Bildungssystems in Stadt und Land wurde endgültig 1891 Grenzen gesetzt, als das Russische nicht nur, wie ohnehin schon üblich, in den weiterführenden Schulen, sondern auch in den Elementarschulen zur Unterrichtssprache deklariert wurde. Abgesehen von der drohenden Identitätskrise, die den Deutschen dadurch widerfuhr, führte diese Maßnahme zur völligen Verständigungsunfähigkeit zwischen Lehrern und Schülern, und zwar dergestalt, daß die Lehrer kein Deutsch, die Schüler kein Russisch verstanden. Das Resultat war die totale Vernachlässigung der schulischen Bildung zumindest für den ländlichen Bereich, die erst nach der Revolution 1905 wieder revidiert werden konnte.

Literatur:
J. Stach, Die deutsche Kolonistenschule in Rußland, in: Ders.; Die deutschen Kolonien in Südrußland. Kulturgeschichtliche Studien und Bilder, Prischib/Taurien 1904; Chr. Böhm, Zur Geschichte der Petri-Schulen in Moskau, in: Luthers Erbe in Rußland, hg. von Th. Meyer, Moskau 1918; M. Woltner, Das wolgadeutsche Bildungswesen und die russische Schulpolitik, Leipzig 1937; A. Mauch, Geschichtliches von den deutschen Zentralschulen in Rußland, in: Heimatbuch der Ostumsiedler – Kalender 1954, Stuttgart 1954; G. Stricker, Das kirchliche Leben der Deutschen in Rußland und der Sowjetunion und deutschsprachige Bildungseinrichtungen im Russischen Reich und in der Sowjetunion, in: Tausend Jahre Nachbarschaft, Rußland und die Deutschen, hg. von M. Hellmann, München 1988, S. 144–175.

U. R.-E.

3.118/1
Vorbild Wien: Das russische Volksschulwesen
Die Reformen des Banaters Theodor Jankowitsch

Das Jahrhundert der Aufklärung war auch die große Zeit namhafter Pädagogen. Nicht nur ein Pestalozzi oder ein Basedow schufen vorbildliche Schulen: jeder aufgeklärte Monarch wollte zum Erzieher seines ganzen Volkes werden. Um das zu ermöglichen, war ein systematisch aufgebautes, reibungslos und weitflächig funktionierendes Schulwesen notwendig, das nicht nur einzelnen privilegierten Ständen zur Verfügung zu stehen hatte.

In Europa gab es im Fürstentum Siebenbürgen seit dem 16. Jahrhundert ein relativ demokratisches Volksschulwesen, das durch die Schulgesetze des Reformators Johannes Honterus gelenkt wurde. Im 18. Jahrhundert waren es zwei Monarchen in Wien, die sich besonders engagiert für ein allgemeines Schulsystem starkmachten: Maria Theresia und ihr Sohn Joseph II. Von entscheidender Bedeutung für den österreichischen Kaiserstaat war die »Allgemeine Schulordnung für die deutschen Normal-, Haupt- und Trivialschulen« vom 6. Dezember 1774. Johann Ignaz von Felbiger (1724–1788) war die oberste Instanz für alle Schulreformen. Er hatte schon im Jahre 1765 für Friedrich d. Gr. das General-Landschul-Reglement der katholischen Schulen Schlesiens verfaßt. Nachdem er 1773 von Maria Theresia nach Wien gerufen worden war, konnte er hier seine Erfahrungen aus Preußen einbringen. Das Schulwesen in Österreich war hierarchisch gegliedert: der zentralen Schulkommission und ihrem Leiter Felbiger unterstanden Provinzialschulkommissionen. Die drei Schultypen (Trivial-, Haupt-, Normalschule) sollten flächendeckend allen Untertanen eine Schulbildung ermöglichen. Die Kirche hatte einen recht großen Anteil an der Erziehung, und das oberste Prinzip Felbigers, die Gleichförmigkeit von Methode, Stoff, Büchern und Lernvorgang zu gewährleisten, wurde im gesamten Kaiserstaat beachtet.

An den Kursen, die Felbigers Prinzipien landesweit bekannt machen sollten, nahm 1786 auch Theodor Jankowitsch teil, der am 14. April 1741 in Sremska Kamenica bei Peterwardein geboren ist, dort die Volksschule besucht hatte, das Gymnasium aber in Neusatz (Novi Sad) und Karlowitz absolviert hatte. Jankowitsch hatte in Preßburg und Wien Philosophie und Jurisprudenz studiert und war am 6. Februar 1773 zum Direktor aller serbischen Schulen im kaiserlichen Banat ernannt worden. Bis 1782 gründete er von Temeswar aus 293 serbische Volksschulen im Banat, verfaßte nach Felbigers Vorbild ein *Nothwendiges Handbuch für Schulmeister der illyrischen nichtunierten Trivial-Schulen in den Kais. Königl. Erblanden* (Wien, 1776), dazu Vorschriften für Lehrende und Lernende. Jankowitsch galt als einer der besten Schulexperten der österreichischen Monarchie, und es war kein Zufall, daß man an ihn dachte, als die Zarin Katharina II. mit Joseph II. in Mogilew zusammentraf und von diesem dazu bewogen wurde, in Rußland das österreichische Volksschulmodell einzuführen.

Vorangegangen waren einige Versuche in Rußland, die fehlgeschlagen hatten: 1764 hatte die Zarin eine *Sammlung von Weisungen und Verordnungen betreffend die Erziehung der adeligen und bürgerlichen Jugend beiderlei Geschlechts in Rußland* bestätigt, danach hatte in Archangelsk Vasilij Krestinin einen Entwurf für Volksschulen vorgelegt, 1767 hatte eine gesetzgebende Kommission für Schulfragen getagt, 1775 war Diderot um Rat gefragt worden.

Nach dem Besuch Josephs II. war die Entscheidung gefallen: Katharina II. erhielt von Graf Brigido aus Temeswar 29 Exemplare von Schulbüchern für die serbischen Schulen im Kaiserstaat. Am 4. September war Jankowitsch (als »de Mirievo« war er seit 1774 geadelt) in Audienz bei Joseph II. Dieser verfügte, daß die Stelle Jankowitschs in Temeswar ein Jahr lang freigehalten werde, damit der Schulmann immer zurückkehren könne, wenn er in Rußland unzufrieden wäre. Felbiger hatte erklärt: »Alle Eigenschaften, welche die russische kaiserliche Majestät von dem Lehrer nach der Normalmethode fordern, weiß ich keinen anderen Mann beysammen zu finden, als in dem Direktor der Temeswarer Normalschule von Jankowicz.«

Am 29. September bricht Jankowitsch nach Rußland auf. Kurz darauf prüft die Studienhofkommission seinen *Entwurf des Vorschlags der Normalschulen in Rußland*. In dieser Kommission war Jankowitsch nur beratendes Mitglied. Der Senator Zawadowskij als Vorsitzender, der ehemalige Berliner Astronom Theodor Aepinus, jetzt russischer Staatsrat, und der Geheime Rat Pastuhow lenkten die Geschicke der Kommission. Allerdings war Aepinus ein Anhänger des Wiener Modells, und so konnte Jankowitsch, der erst 1797 Beisitzer der Kommission wurde, als »Hauptwerkzeug bey diesem Geschäfte« (cf. Aepinus) in Aktion treten und die Reformen einleiten, die zunächst zu einer Volksschule mit drei Schultypen führten (zwei Klassen für kleine Ortschaften, drei oder vier Klassen für größere Städte). Als Material wurden von Joseph Kurzböck aus Wien »478 Ries Papier, 5736 Schreib- und Rechentafeln, 2874 Scheren und Federmesser, 17.090 Bleistifte« bestellt. Die Übersetzung und Bearbeitung österreichischer Schulbücher begann. 1783 erließ Jankowitsch *Instruktionen für alle im Schuldienst stehenden Personen* und griff dabei auf seine eigenen Vorarbeiten in Temeswar zurück. Am 10. Februar 1786 wurde das Statut der Volksschulen vorgelegt. Der wohl gravierendste Unterschied zu Österreich war, daß es in Rußland nur eine zentrale Schulkommission gab, die der

Zarin untergeordnet war; Provinzialkommissionen gab es nicht, in jedem Gouvernement war der Gouverneur die höchste Schulinstanz, was die Einwirkung der Politiker verstärkte, die fachspezifischen Beiträge der Pädagogen herabminderte. Außerdem war in Rußland, bedingt durch den Entwicklungsstand des Reichs, an Dorfschulen nicht zu denken, so daß die Landbevölkerung von Unterricht und Bildung ausgeschlossen blieb. Der Klerus durfte sich in Schulfragen nicht zu Wort melden, was einen weiteren Unterschied zu Wien ausmachte. Zwar blieben die Vorgaben von Jankowitsch lange Zeit in Gebrauch (z. B. seine Schülergesetze, die nach Felbigers *Anleitungen zur Rechtschaffenheit* konzipiert waren; sie galten bis 1807), doch wurde im Jahre 1802 ein erneuter Reformvorschlag von Jankowitsch und Fuß zugunsten des französischen Modells von Condorcet abgelehnt.

Eine länger anhaltende Wirkung hatte die Tätigkeit von Jankowitsch in der ersten Lehrerbildungsanstalt Rußlands, in welcher von 1786 bis 1801 mehr als vierhundert Lehrer ausgebildet wurden. Der Direktor dieser Normalschule war Jankowitsch, und das Anschauungsmaterial ließ er selbst anfertigen oder brachte es aus Wien nach St. Petersburg. Als Katharina II. ihr Reformmodell auf weitere 25 Gouvernements ausdehnte und 1802 ein Ministerium für Volksbildung geschaffen wurde, dem Zawadskij vorstand, konnten die Ideen Jankowitschs weitergedeihen. Am einprägsamsten ist die Tätigkeit des Banater Pädagogen als Schulbuchautor. Zwar hatte es in Rußland schon 1701 ein *Bukwar* und 1720 eine ABC-Lehre gegeben, aber erst Jankowitsch schrieb und übersetzte eine Buchreihe, die den gesamten Volksschulunterricht beleben half: 1782 begann er mit ABC-Tafeln, die nach dem Entwurf seiner Banater serbischen Schulen gestaltet waren. Im gleichen Jahr schrieb er eine Fibel, die es auf 19 Auflagen brachte, ein Lehrbuch für Kalligraphie, das zehn Auflagen erlebte, und einen Katechismus. Ein Jahr später verfaßte Jankowitsch eine Staatsbürgerkunde, legte einen Katechismus vor, der auch für die deutschen Schulen in Rußland – sehr zum Leidwesen der Rußlanddeutschen – zur Pflichtlektüre wurde, ein Arithmetik-Buch. Zu nennen sind auch die Weltgeschichte des Jahres 1784, der Orbis pictus in deutscher, russischer und lateinischer Sprache nach dem Vorbild von Comenius und das Lehrbuch für russische Geschichte aus dem Jahr 1799.

Jankowitsch war seit 1783 Mitglied der Russischen Akademie, arbeitete an der Neuauflage des Pallas'schen Wörterbuchs mit (1790–1791), in welchem 279 Sprachen erfaßt waren, wofür ihm der berühmte Adelung dankte. Die philosophischen und pädagogischen Traktate der Zarin Katharina II. sind von Jankowitsch beeinflußt, das namhafte Smolny-Institut und die Schule für das Adelige Artillerie- und Kadettenkorps wurden von Jankowitsch umfunktioniert. 1782 gab es in Rußland 8 Schulen und 26 Lehrer; 1790 waren es schon 269 Schulen und 629 Lehrer, und im Jahre 1800 315 Schulen und 790 Lehrer. Zwar sind im Banat, der Geburtsheimat des Schulreformators Jankowitsch, für die Jahre 1801–1802 520 Schulen und 549 Lehrer bezeugt, aber der Fortschritt in Rußland ist auch anhand des Zahlenmaterials unverkennbar. Als Theodor Jankowitsch am 22. Mai 1814 in Moskau starb, war seine Bedeutung für das russische Schulwesen noch nicht vergessen. Auch heute wird der Banater Schulmann in den sowjetischen Enzyklopädien gewürdigt, wobei seine Herkunft aus der Schule Felbigers meist verschwiegen wird.

Literatur:
C. von Wurzbach, Biographisches Lexikon des Kaiserthums Österreich, Wien, 1863, Bd. 10, S. 78–79; Russkij biograficeskij slovar, New York, Kraus report reprint, 1962, Bd. 25, S. 135–139; J. H. Schwicker, Geschichte des Temescher Banats, Groß-Becskerek, 1861; Bolschaja sovetskaja enziklopedija, hg. von Vedenskij, Moskau, 1957, Bd. 49, S. 567–568; P. Polz, Theodor Janković und die Schulreform in Rußland, in: Die Aufklärung in Ost- und Südosteuropa. Aufsätze, Vorträge, Dokumentationen, Red. Heinz Ischreyt, Wien, 1972, S. 119–174; J. Krumbholz, Die Elementarbildung in Rußland bis zum Jahre 1864. Ein Beitrag zur Entstehung des Volksschulstatus vom 14. Juli 1864, Wiesbaden, 1982 (Quellen und Studien zur Geschichte des östlichen Europa Bd. XV).

H. F.

3.118/1.a
Theodor Janković
Nothwendiges Handbuch für Schulmeister der illyrischen nichtunierten Trivial-Schulen in den Kais. Königl. Erblanden

Wien: Kurzböck, 1776 (Titelblatt)
Photographie
Österreichische Nationalbibliothek, Wien

Das von Jankowitsch erarbeitete Handbuch entstand nach seinem Aufenthalt in Wien, wo er einen Kurs über die »Normalmethode« Felbigers besuchte. Als Jankowitsch, der nach seinen Studien in Preßburg und Wien Sekretär des griechisch-orthodoxen serbischen Bischofs Joanovitsch Vidak war, nach Temeswar zurückkehrte, konnte er – trotz zahlreicher Widerstände – die Felbigersche Methode so gut an den serbischen Volksschulen des Banats durchsetzen, daß diese Schulen zum Vorbild für die römisch-katholischen konfessionellen Volksschulen wurden. Als der Ruf

Josephs II. an Jankowitsch erging, nach Rußland zu gehen, war man in Wien und im Banat zunächst dagegen, da man befürchtete, daß in Österreich (vor allem in der südwestlichen Reichshälfte) die Qualität des Volksschulunterrichts durch diesen Verlust in Mitleidenschaft gezogen würde. Das Handbuch von Jankowitsch wurde in Rußland die Grundlage für seine Lehrbuch- und Schulreform.

H. F.

3.118.b
Die ev.-theol. Fakultät der Universität Dorpat

Die ev.-theologische Fakultät der Universität Dorpat war neben der juristischen und philosophischen fester Bestandteil der deutschen akademischen Ausbildung im Russischen Reich. Sie wurde 1802 gegründet und besaß das Monopol der theologischen Ausbildung

3.118/1.a

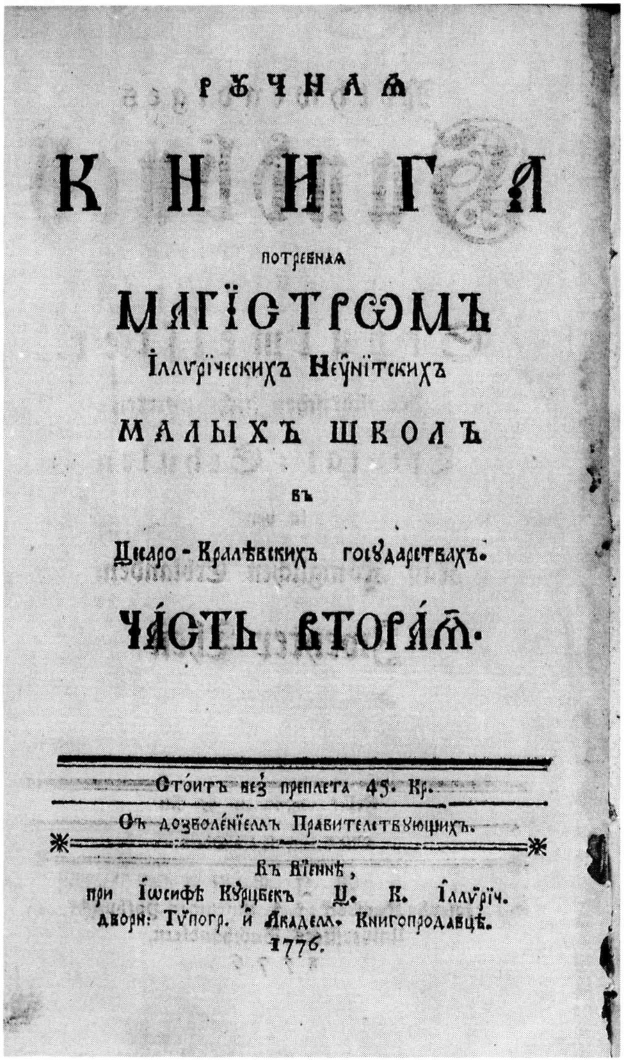

РꙊЧНАѦ

КНИГА

потребнаѧ

МАГЇСТРѠМЪ

Іллѵрїческихъ Неѵнїтскихъ

МАЛЫХЪ ШКОЛЪ

въ

Цесаро-Кралѣвскихъ государствахъ.

ЧАСТЬ ВТОРАѦ.

Стоитъ безъ преплета 45. Кр.

Съ дозволенїемъ Правителствꙋющихъ.

Въ Вїеннѣ,
при Іѡсифѣ Кꙋрцбекѣ Ц. К. Іллѵрїч.
двор: Тѵпогр. и Академ. Книгопродавцѣ.
1776.

3.118/1.a

Nothwendiges

Handbuch

für

Schulmeister

der illyrischen nicht unirten

Trivial-Schulen

in den

Kais. Königlichen Erblanden.

Zweyter Theil.

Kostet ungebunden 45. Kr.

Mit Erlaubniß der Obern.

WIEN,
bey Joseph Kurzböck, k. k. illyrischen Hofbuchdr. und
Universitäts Buchhändlern,
1776.

für die gesamte evangelische Diaspora des Russischen Reichs einschließlich Kongreßpolens. Im Deutschen Reich konkurrierte sie mit Göttingen und Wien, zu deren Fakultäten enge Beziehungen gepflegt wurden.
Der seit langem überständige und organisationsbedürftige Ausbildungsmodus für evangelische Pastoren war deutsch geprägt wie die Universität als solches. Die theologische Fakultät führte am längsten, bis 1916, die deutsche Unterrichtssprache.
Als Landesuniversität hatte Dorpat die Aufgabe, Oberaufsicht über die Lehrbezirke und Schulen der Ostseeprovinzen zu führen als auch den akademischen Nachwuchs, vor allem der Deutschen im Russischen Reich, zu fördern.
Allgemein bildungspolitische Tendenzen wirkten immer auch in die Fakultät hinein. Hier sind vor allem die Restriktionsmaßnahmen Nikolaus' I. und die Russifizierungsbestrebungen Alexanders III. zu nennen. Obgleich der Austausch liberaler Ideen unter der internationalen Professorenschaft 1889 durch die Revidierung der kulturellen Autonomie der Universität unterbunden werden sollte, gab man die deutsche Unterrichtssprache nicht auf.
Am 1. Juni 1918, nach dem Einmarsch der deutschen Truppen, wurde die Universität aufgelöst und am 27. November der estnischen Regierung übergeben.
Bis 1916 hatte die Fakultät unmittelbaren Einfluß auf die deutschen Gemeinden in der Diaspora. Die Frequenz von deutschen Kolonisten aus der Provinz blieb allerdings relativ bescheiden. Nur wenig Kolonistensöhne wurden zur Ausbildung nach Dorpat geschickt. Die Besetzung der Provinzpfarreien mit Deutschbalten führte oftmals zu kolonieinternen Spannungen und entsprechend zu Vakanzen der Pfarreien. Der Lehrstoff gliederte sich in die Teilfächer Dogmatik, Kirchengeschichte, Exegese und praktische Theologie. Der Praktischen Übung wurde mit dem Bau der Universitätskirche (1860 abgeschlossen) und der darauf folgenden Gründung einer Universitätsgemeinde Rechnung getragen. Sie bot das Forum für eine gründliche pädagogische Ausbildung in Predigt und Gestaltung des Gottesdienstes.

Literatur:
R. Wittram, Die Universität Dorpat im 19. Jahrhundert, in: Zeitschrift für Ostforschung, Bd. 1, S. 195–219; H. Seewann, Teutonia Dorpat/Tübingen – eine Verbindung deutscher studierender Kolonistensöhne aus Rußland (1908–1933), in: Jahrbuch 1989 des Vereins für corpsstudentische Geschichtsforschung, S. 197–206; Die Beziehungen der Universität Göttingen zu Est-, Liv- und Kurland im 18. und frühen 19. Jahrhundert, hg. von der Universitätsbibliothek Tartu, bearbeitet von A. Tering, Tartu 1989.

U. R.-E.

3.119
Sarata/Bessarabien
Acessoires zur Schüleruniform für Mädchen: Kragen, Pellerine, Schürze

Batist, weiß mit Hohlsaumstickerei
80 × 10 cm; 80 × 20 cm; 80 × 40 cm
Heimatmuseum der Deutschen aus Bessarabien, Stuttgart

3.120
Sofiówka/Wolhynien
deutsche private Volksschule

Photographie aus: Das Deutschtum in Polen, Bildband 5, hg. von V. Kauder, Leipzig 1939, S. 95

3.121
Orlow/Ukraine, Zentralschule

Photographie
Landsmannschaft der Deutschen aus Rußland, Stuttgart

3.122
Universität Dorpat, Eingangsportal

Photographie
Landsmannschaft der Deutschen aus Rußland, Stuttgart

3.123
Religion und Brauchtum am Beispiel von Sinnsprüchen

Tafel

Das Privileg, ihren Glauben weiter pflegen zu dürfen, und die pietistische Grundhaltung der meisten evangelischen Gläubigen führten zur Identifikation von kulturellem und religiösem Leben. In der Diasporasituation, in der sich die evangelischen Deutschen in Rußland befanden, war das Freizeitleben religiös geprägt und wirkte bis in den häuslichen Bereich. Es findet seinen Ausdruck in den durch das Deportationsschicksal nur zufällig auf uns gekommenen handwerklichen Produkten und Stickereien der Frauen und Mäd-

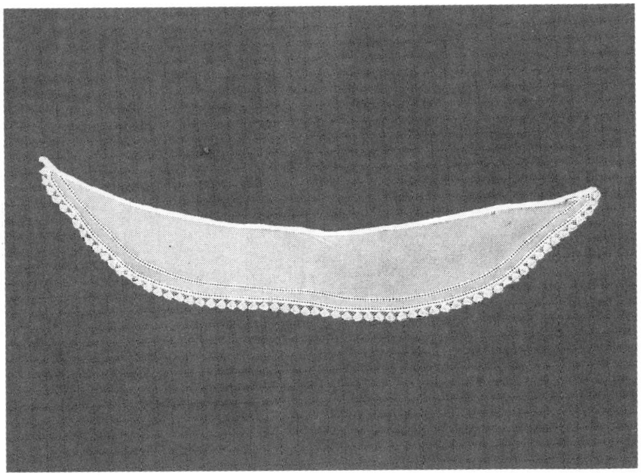

3.119

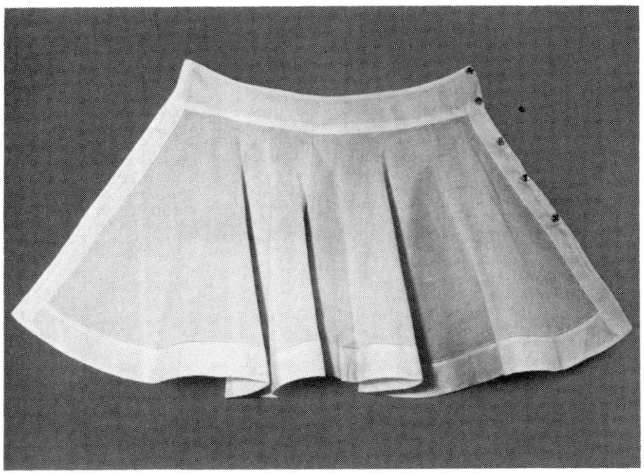

3.119

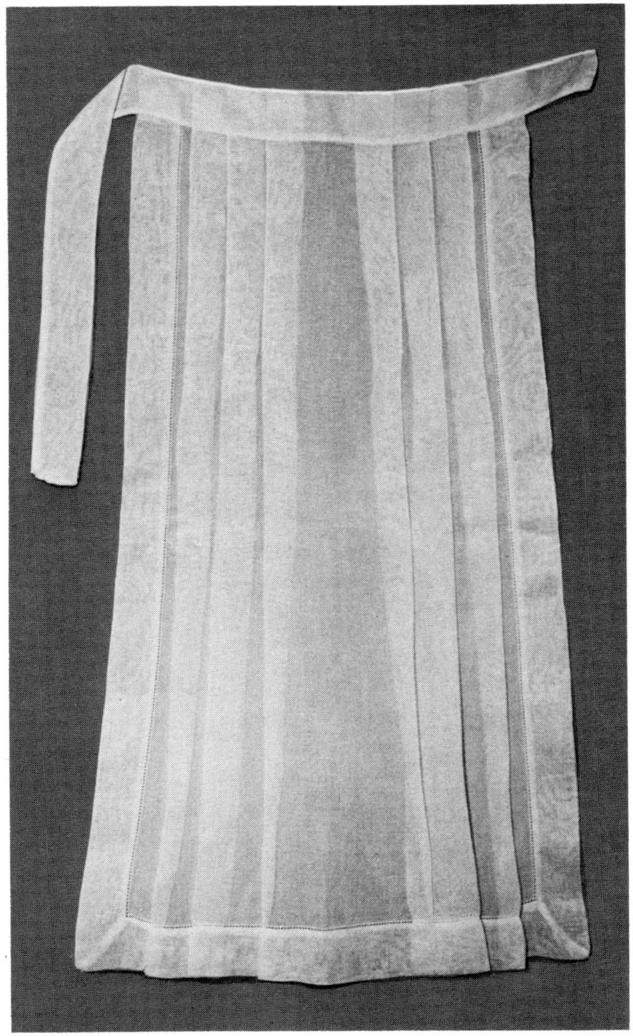

3.119

chen während ihrer Freizeit. Es handelt sich vornehmlich um gestickte und gewirkte Ziergegenstände wie Decken, Hand- oder Abdecktücher, auf die Sinnsprüche christlichen Charakters gestickt wurden. Es ist anzunehmen, daß hier in der Praxis angewandt wurde, was man in der religiösen Unterrichtung in der Dorfschule lernte.

Moralvorstellungen, die ihren Ausdruck in Demuts- und Tugendmotiven finden, sind am häufigsten auf Stickereien festzustellen. Sie treten meistens in der Kombination von Symbol und sinnbildlichem Spruch auf. Unterstrichen ist das Motiv durch die in der Farbensymbolik entsprechend zu interpretierenden Farbe. Prägnant ist die Bedeutung des Wortes, die der Stickerei zugrunde liegt. Es handelt sich entweder um Bibelzitate oder Entlehnungen des Volksmunds. Die Verzierungen stehen dabei optisch im Hintergrund.

3.120

3.122

Das Motiv der Demut taucht gern in Form des Symbols der Schwalbe und dem Bild der Weinrebe auf, die manchmal stilisiert wird. Die Zitate sind meistens in brauner Farbe gestickt, der Farbe, die für die Jahreszeit des Herbstes, dem Bild der Traurigkeit, der Demut und freiwilligen Armut steht. Die Schwalbe, in der christlichen Kunst, Christus- und Auferstehungssymbol, stellt in Kombination mit Weinstock und -rebe das Gleichnissymbol für Jesus Christus, potenziert auf den ihn bezogenen Glauben der protestantischen Kirche, dar.
Eine andere, häufiger vorkommende Variante des gleichen Inhalts besteht in den sich auf die Farben Rot und Grau konzentrierenden Darstellungen. Hier ist allein die Farbe wirksam und aussagekräftig. Das Grau symbolisiert die Auferstehung der Toten. In der darstellenden Kunst des Mittelalters wird Christus als Totenrichter immer mit einem grauen Mantel dargestellt. Das Rot symbolisiert das Blut Christi und ist als solches Farbe der Liebe, der Demut, aber auch der Buße. Das Motiv der Dornenkrone findet sich häufig in stilisierter Form als Blumenranke wieder, die meistens in Zusammenhang mit Zitaten tugendlichen Inhalts in grauer Farbstickerei dargestellt ist. Sie kann von den Formen roter Rosen ausgehen und bis zu mehrfarbigen rosenartigen Stilisierungen reichen. Der Übergang zum Motiv der Tugenden ist hiermit fließend. Farbgebung und Darstellungsweise schließen sich an den religiösen Modus an und werden durch reale Elemente erweitert. Der sakrale Charakter bleibt oftmals erhalten.
Die Beschreibung der Tugenden konzentriert sich meistens auf den häuslichen Bereich. Redlichkeit im Sinne der Pflege der häuslichen Atmosphäre und in erweitertem Maße der Pflege des Heimatbewußtseins und nationalen Kultur sind Inhalt des bäuerlichen Wertesystems.

Literatur:
G. Heinz-Mohr, Lexikon der Symbole. Bilder und Zeichen der christlichen Kunst, Köln 1984.

U. R.-E.

3.124
Ukraine
Inneres einer deutschen Bauernstube
als Beispiel für die Anbringung handgearbeiteter Wandbehänge

Photographie
1930
Privatbesitz

3.125.a
Wandbehang

Handarbeit; Gewebe, Stilstich
Anfang 20. Jahrhundert
Spruch: goldgelb, schwarz abgesetzt:
Gottes hellster Sonnenschein /
leucht in unser Haus hinein!
(Volksmund: nach Ps. 84,12)
Haus und Gartenmotiv: braun, grün, blau
Schwalbe: blau
142 × 80 cm
Heimatmuseum der Deutschen aus Bessarabien, Stuttgart

Die Schwalbe gilt in der christlichen Kunst als Symbol der Demut und der Auferstehung Jesu Christi. Blau signalisiert die Transparenz der komprimierten Leere, hier in der Luft. Blau signalisiert Treue, im Sinne der als verpflichtend anerkannten (religiösen) Wahrheit. Das Gelb des Spruches darf in positivem Sinne als Farbe der Ewigkeit gelten. Gleichzeitig verbunden mit der realen Vorstellung goldgelber Sonnenstrahlen, die angesprochen werden.

3.125.b
Überhandtuch

Handarbeit; Gewebe, Stilstich
Anfang 20. Jahrhundert
Leinen, weiß
Spruch: braun:
Ein Schwalbenpaar / fliegt / hinaus /
um Glück zu bringen / dir ins Haus.
(Volksmund: nach Ps. 34,4)
Haus mit Weinrebenmotiv: braun, gelb, blau
Schwalben: schwarz, blau, weiß
Rand: gehäkelte Spitze, Baumwolle, weiß
40 × 230 cm
Heimatmuseum der Deutschen aus Bessarabien, Stuttgart

Schwalben- und Hausmotiv sind hier naturalistisch dargestellt. Die Farben fügen sich allerdings harmonisch hinsichtlich der Farbensymbolik in die Thematik der christlichen Demuts- und Auferstehungssymbolik ein.

3.125.c

3.125.c
Überhandtuch

Handarbeit; Gewebe, Stilstich
Anfang 20. Jahrhundert
Spruch: rot, grau:
Seid fröhlich in Hoffnung /
geduldig in Trübsal / haltet an am Gebet (Röm. 12,12)
stilisierte Rosen: rot, grau
41 × 134 cm
Museum der Deutschen aus Rußland, Stuttgart

Farbensymbolik, Motiv und Inhalt der Mahnung aus der Bibel stimmen überein. Sie dokumentieren religiöse Demutshaltung und Gottvertrauen hinsichtlich der unvorhersehbaren Zukunft.

3.125.d
Wandbehang

Handarbeit; Gewebe, Stilstich
Anfang 20. Jahrhundert
Leinen, weiß
Spruch: braun, schwarz:
Herr bleibe bei uns /
denn es will Abend werden. (Luc. 24,29)
Florales Ornament: rot, grün, blau
Rand: ungesäumt
60 × 48 cm
Heimatmuseum der Deutschen aus Bessarabien, Stuttgart

Die braune Farbe des Spruches drückt von der Farbensymbolik her Demut und Fürbitte aus.

3.125.e
Wandbehang

Handarbeit; Gewebe, Stilstich
Anfang 20. Jahrhundert
Leinen, weiß
Spruch: braun:
An Gottes Segen ist alles gelegen
(Volksmund: nach Ps. 67,1)
Symmetrisch angelegtes Blumenornament: grün, rot, braun, gelb
gefranster Rand
122 × 60 cm
Heimatmuseum der Deutschen aus Bessarabien, Stuttgart
(zur Symbolik s. 3.125a–d)

3.126
Sonderfall Sarepta

Tafel

Die Brüdergemeine Sarepta spielte in der Geschichte der deutschen Kolonien Rußlands aus zwei Gründen eine besondere Rolle: erstens war sie die einzige Gemeinde, die einen Missionsauftrag bekam, zweitens ermöglichte die innere organisatorische Geschlossenheit der Gruppe den systematischen Aufbau der Gemeinde und beschleunigte die wirtschaftliche Entwicklung im Unterschied zu den anderen deutschen Kolonien an der Wolga. Sarepta unterstand bis 1892 der Herrnhuter Brüdergemeine und war wie sie eine aus dem Pietismus hervorgegangene Religionsgemeinschaft, die in ihrer Gemeindeordnung die christliche Brüderlichkeit verwirklichen wollte.

Missionstätigkeit

Die Verhandlungen zwischen den Brüdern und der russischen Regierung stimmten beide Seiten hinsichtlich der vorliegenden Verhältnisse ein. Sie bot den Brüdern den Vorteil, bereits bei der Ansiedlung mit den Konditionen für die Ansiedlung vertraut zu sein. Dies war bei den anderen wolgadeutschen Kolonisten nicht der Fall. Als Institution einer Herrnhuter Filiale sahen sich die Brüder in die religiös strukturierte Ordnung der Gemeinde eingebunden – dies bedeutete auch Missionstätigkeit. Allerdings schloß die Missionsinstruktion die Bekehrung orthodoxer Christen aus. Gedacht wurde eher an die Christianisierung von Kalmücken und die christliche Unterstützung anderer deutscher Kolonien an der Wolga.
Die Mission stand unter keinem glücklichen Stern. Bis zum Jahr 1822, als Alexander I. eine Verlängerung der Missionsinstruktion verweigerte, die aufgrund der Schwierigkeiten im Umgang mit den Kalmücken von den Herrnhuter Brüdern erneut bestätigt gesehen werden wollte, wurden mehrere Versuche unternommen, sich unter die Kalmücken zu mischen und ihnen anhand von schriftlichem Material und Bibeln den christlichen Glauben näherzubringen. Die Bekehrung scheiterte einerseits an den schwierigen Lebensbedingungen, denen die Missionare ausgesetzt waren – vor allem waren sie physisch der anderen Ernährungsweise der Kalmücken nicht gewachsen –, andererseits an der Mentalität des Nomadenvolkes, dessen Führer die Basis daran hinderte, Kontakt mit den Herrnhutern aufzunehmen.
Die aufstrebende wirtschaftliche Entwicklung der Gemeinde lenkte zudem von der strukturell bedingten schwierigen Mission ab – bis sie 1822 endgültig eingestellt werden mußte. Erfolgreicher hingegen war die organisatorische Unterstützung der anderen deutschen evangelischen Gemeinden in Rußland. Nach sporadischen Anfängen in den Stadtgemeinden von Moskau und St. Petersburg wurde die Betreuung der deutschen Wolgagemeinden links und rechts des Flußufers systematisch ausgebaut.
Die Diasporaarbeiter hatten ausschließlich zu evangelischen Gemeinden an der Wolga Kontakt. Hier allerdings blieb der intensive Kontakt auf 20 von 72 Orten beschränkt. In 30 Kolonien fand die Beziehung zur Brüdergemeinde nur selten oder sporadisch statt. Bezeichnend für die Organisation der Betreuung war, daß die Wolgakolonien von sich aus den Kontakt zu den Brüdern suchen mußten. Dies war für den Erfolg der christlichen Betreuung maßgebend, da sich die Gemeinden nicht gezwungen sahen, in Beziehung zu den Herrnhutern zu treten.
Die Verbindung zu den Gemeinden wurde durch den Ortspfarrer geknüpft, der um Unterstützung seiner Arbeit bat. Im Laufe der Zeit bildete sich ein Organisationsnetz von Diasporaarbeitern, die der Gemeine angehörten, und deren Gehilfen, meist Ehepaare, heraus. Diasporaarbeiter und Gehilfen waren mit ständiger Reisetätigkeit belastet, um Randbezirke im Kirchspiel des jeweiligen Pfarrers, der um ihre Hilfe bat, betreuen zu können. Gemäß der strengen Trennung zwischen Männern und Frauen, Buben und Mädchen, hatten die Gehilfenehepaare ihr getrenntes Agitationsfeld.
Die Pflege religiösen Brauchtums schuf sich bald die zur Institution werdenden allgemeinen Versammlungen. Sie standen jedem offen und wurden dreimal öffentlich abgehalten. Derjenige Kreis von ihren Teilnehmern, der sich intensiver in diesem Rahmen engagieren wollte, fand sich in der Sozietät ein, die eine Art Elite von religiös Zuverlässigen darstellte. Sie waren den Mitgliedern der Brüdergemeine weitgehend gleichgestellt und führten auch den Brudernamen. Hierzu gehörten vorerst die Gehilfen, bis sich der Kreis langsam auch auf ortskonstante Gläubige erweiterte. Diese Maßnahmen erreichten nie die Stärke, daß sie direkten Einfluß auf die Pfarreien hätten ausüben können. Sie waren eher als Hilfe zur Selbsthilfe zu verstehen.

Wirtschaftliche Entwicklung

Die feststehende Gemeindeordnung (s. 3.127) orientierte sich am Herrnhuter Schema und ermöglichte es der Gemeinde, im Rahmen eines feststehenden Gefüges, das nicht erst wie in den anderen deutschen Wolgakolonien entwickelt werden mußte, unverzüglich mit dem wirtschaftlichen Aufbau der Kolonie zu beginnen. Auf der Grundlage einer religiösen Überzeugung, die Luthertum mit Pietismus verband, Mission mit Kolonisation gleichsetzte, waren auch hinsichtlich der Arbeitsmoral und des Einsatzes die besten Voraussetzungen gegeben.

Durch die besonderen Umstände, d. h. der schweren Missionsarbeit unter den Kalmücken, stand die Mission hinter der wirtschaftlichen Entwicklung zurück, und die ersten acht Jahre ihres Bestehens hatte die Gemeinde bereits den Schritt von einer Missions- zur Industriesiedlung getan, was allerdings keine Konsequenzen für die moralische Pflicht des Verbundes der Brüdergemeine nach sich gezogen hatte. Dies zeigte sich an der Zerstörung der Sareptaer Gemeinde durch den von Pugatschow 1774 angezettelten Aufstand. Durch eine Finanzspritze der Herrnhuter Mutterkolonie in Form einer Spendenaktion wurde es der Kolonie anfänglich erleichtert, sich selbst zu sanieren und die an die Krone fälligen Gebühren entrichten zu können.

Nach der Zerstörung der Kolonie lag auch die Wirtschaftslandschaft total darnieder. Sie bestand aus dem gut florierenden Handelshaus, in dem hauptsächlich Kalmücken kauften, und der Tabakfabrik, deren Produkte ebenfalls besonders die Kalmücken zu schätzen wußten, der Lichtgießerei, der Säge- und Mahlmühle sowie diversen Handwerksbetrieben, wovon der berühmteste die Weberei wurde, die die Produktion der sogenannten sareptischen Baumwolltücher vertrieb.

Die Wirtschaftsordnung basierte auf der Einteilung der Gemeine in drei Diakonien. Die der ledigen Brüder und die der Ehepaare waren im Unterschied zu der der ledigen Schwestern hauptsächlich an der gewerblichen Produktion beteiligt.

Der Wiederaufbau der Gemeine stand bis zum großen Brand 1823 und dem nochmaligen Aufbau unter denselben Vorzeichen wie die Entwicklung der Anfangssiedlung. Sarepta entwickelte sich zu einem blühenden Industrieort, der durch Zuwachs der Bevölkerung von außen gekennzeichnet war und Binnen- sowie Außenhandel hauptsächlich mit Tuchwaren betrieb. Ein Wirtschaftsfaktor besonderer Note war der Gesundbrunnen, der bis zur Entdeckung der Heilquellen im Kaukasus den Ort zu einem internationalen Kurort machte.

Einer Änderung der Wirtschaftsform wurde auf Grund des Tatbestandes, daß sich Gemeine und freie Ortsansässige nebeneinander etablierten, nicht Rechnung getragen; vielmehr hielt man konsequent an der Einteilung in Diakonien fest. Volkswirtschaftlich wird dies für den sich anbahnenden Niedergang der Siedlung bei gleichzeitiger Inflation des Rubels im 19. Jahrhundert verantwortlich gemacht. Erst die Entscheidung Herrnhuts, die die Vernachlässigung des missionarischen Auftrags der Filiale endgültig für sicher ansah, entließ Sarepta 1892 in die Eigenständigkeit. Ortschaft und Gemeine wurden ein und dasselbe. 1894 erhielt Sarepta die Erlaubnis, sich der evangelischen Kirche Rußlands anzuschließen.

Literatur:
Geschichte der Brüdergemeine Sarepta im östlichen Rußland während ihres hundertjährigen Bestehens, bearbeitet von A. Glitsch, Sarepta 1865; H. Hafa, Die Brüdergemeine Sarepta, Breslau, 1936; W. A. Kohls, Der Donationsbrief der russischen Kaiserin Katharina II. vom 27. März/7. April 1767 für Sarepta, in: Unitas Fratrum. Zeitschrift für Geschichte und Gegenwartsfragen der Brüdergemeine, Heft 19/20 (1987), S. 7–66.

U. R.-E.

3.127
Gemeindeordnung von Sarepta

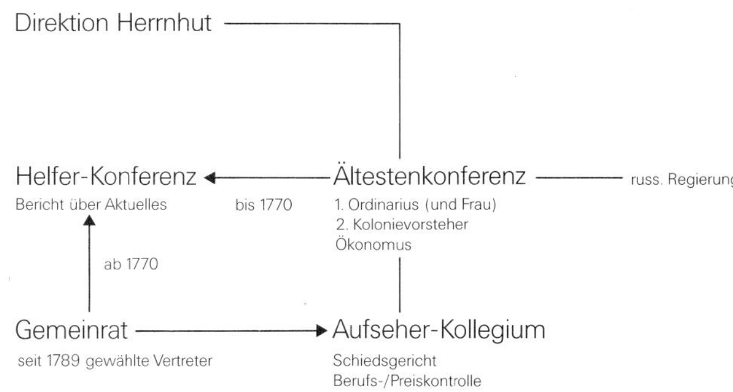

Die innere Verwaltung des 1766 gegründeten Ortes orientierte sich an der Mutterkolonie Herrnhut. Sie verstand sich als Teil der lutherischen Kirche und war autoritär strukturiert. Sarepta war als Teil der Herrnhuter Brüdergemeine bis 1892 von ihr abhängig. Die Ältestenkonferenz unterstand direkt der Mutterkolonie. Ihre Mitglieder waren Beamte der Gemeinde. Erster Vorsitzender und Leiter des Organs war der Gemeindehelfer oder Ordinarius, der zugleich auch Ortspfarrer war. Seine Frau zählte in ihrer Eigenschaft als Gattin ebenfalls dazu und stand dem Pfarrer hinsichtlich der seelsorgerischen Betreuung der Frauen in der Gemeinde zur Seite. Neben den Leitern der Chöre der ledigen Schwestern und der der ledigen Brüder waren zwei Vorsteher, der Ökonomus, der als Schatzmeister fungierte und die innere Verwaltung betreute, und derjenige, der die Kolonie gegenüber dem russischen Staat vertrat, Mitglieder der Ältestenkonferenz. Ihr unterstand das Aufseherkollegium, dessen Vertreter vom Gemeinderat gewählt wurden. Er übernahm die Funktion des Schiedsgerichts sowie Berufs- und Preiskontrollen. Die Helferkonferenz war als zweites großes Gremium der Ältestenkonferenz als Beratungsorgan beigeordnet. Ihre Vertreter wurden nach 1770 anstatt von der Ältestenkonferenz vom Gemeinderat bestimmt. Der Gemeinderat bestand seit 1789 aus gewählten Vertretern und tagte im Unterschied zu den anderen Gremien, die sich ein- bis zweimal wöchentlich trafen, nur nach Bedarf.

3.128
Sarepta
Gemeinordnung

Titelblatt, 1784
45 × 34,5 cm
Photographie
Unitäts-Archiv Herrnhut, DDR
NBV. R 1.29a

3.128

Der
evangelischen Brüdergemeine
zu Sarepta
brüderliches
Einverständniß
über
derselben Ordnungen
und ihrer
Mitglieder und Einwohner
Verhalten nach Christi Sinn.

Barby,
zu finden in den Brüdergemeinen,
1784.

3.129
Sarepta, Ansicht

Zeichnung
1774/76
Photographie
Unitäts-Archiv Herrnhut, DDR
Negativkartei 12075

3.130
Aspekte des deutschen Wirtschaftslebens

Tafel

Auf Grund der maßgeblich von Peter I. und Katharina II. zur Belebung der vornehmlich agrarisch geprägten russischen Wirtschaft ins Land gerufenen ausländischen Fachkräfte kristallisierten sich sozial und wirtschaftlich unterschiedliche Gruppen zwischen den die Mehrheit bildenden Deutschen heraus. Es ist zu unterscheiden zwischen den Handel und Gewerbe treibenden Stadtbürgern und den Bauern, Handwerkern und Kleinindustriellen in Nord- und Südrußland, an der Wolga und in Sibirien. Die deutschen Unternehmer konzentrierten sich hauptsächlich auf die beiden großen Städte St. Petersburg und Moskau – allein in St. Petersburg lebten Anfang des 20. Jahrhunderts insgesamt über 70 % aller deutschen Stadtbürger –, aber auch in den Städten Saratow, Odessa und anderen. Den wirtschaftlichen Tendenzen der Zeit entsprechend, kristallisierten sich verschiedene Typen von Wirtschaftsträgern heraus: während im 17. Jahrhundert, abgesehen von einigen Spezialisten wie Ärzten, Apothekern usw., Kaufleute das Wirtschaftsleben beherrschten, zeigte das 18. Jahrhundert vor allem unter Peter I. den Typ des Staatslieferanten, des Manufakturbesitzers und des Industriellen. Letzterer wurde im 19. Jahrhundert von den entstehenden Aktiengesellschaften abgelöst.
Zu den deutschen Staatslieferanten ist der Rheinländer Lüps zu zählen, der sich das Monopol und Privileg auf die Lieferung von Schafwolle sicherte. Von den schnell entstehenden Manufakturbetrieben, die oftmals wieder bankrott gingen, setzten sich in der Produktion von Stoffdrucken Christian Liemann und Johann Joachim Scheidemann durch. Das Monopol von Tuchlieferungen für die Armee sicherte sich Peter Boethlingk, gegründet um 1720, und Jakob Wolff für die Flotte.
Der Begründer der russischen Zuckerindustrie war der Deutsche Paul Westhoff. Katharina II. setzte Mitte des 18. Jahrhunderts dem

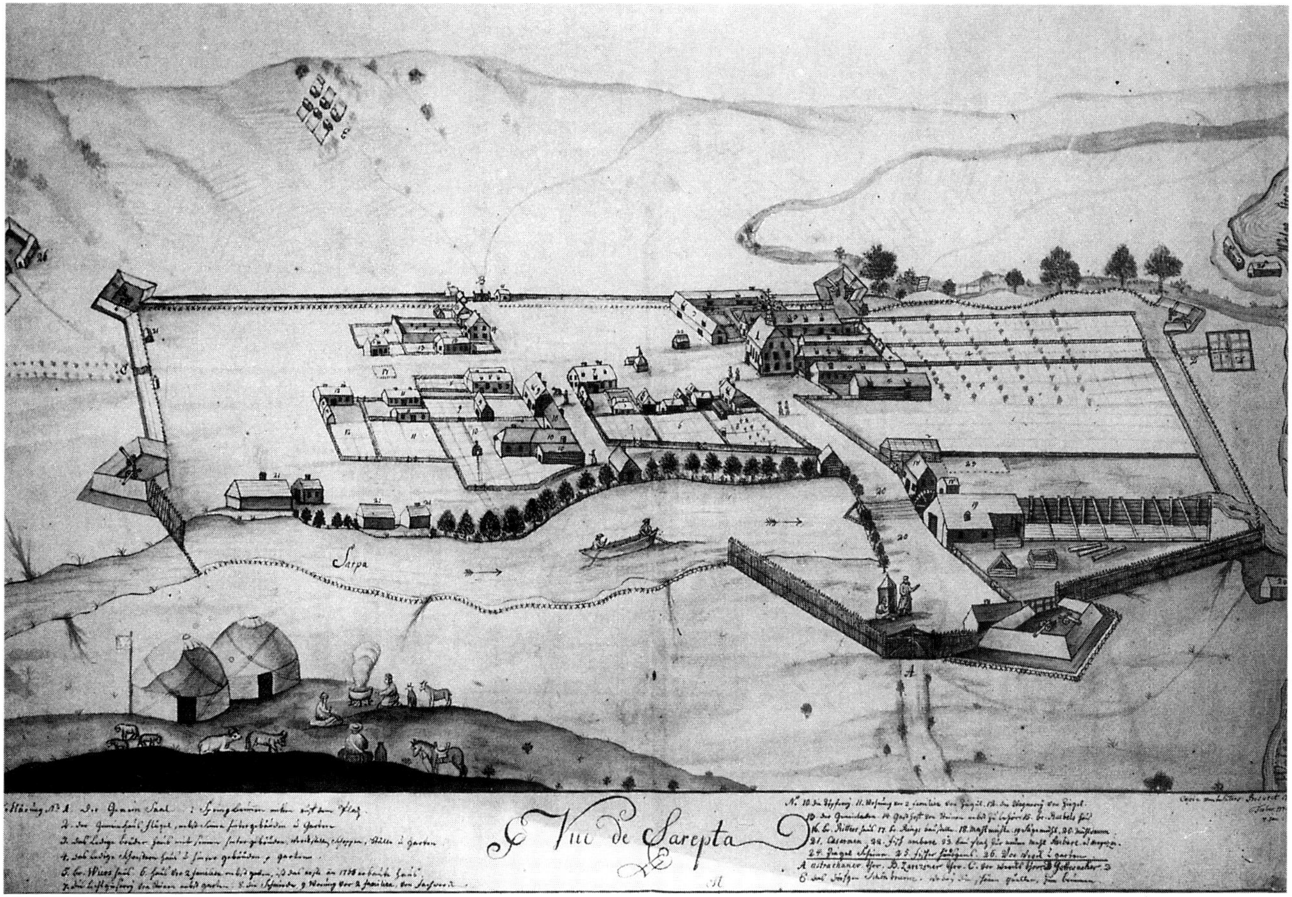

3.129

Monopolwesen ein Ende. Den deutschen Unternehmen wurden dadurch entscheidende Grenzen gesetzt. Die Wirtschaftskraft verlagerte sich zugunsten der Großgrundbesitzer und der ins Land gerufenen freien deutschen Bauern auf die Agrarwirtschaft. Die städtischen Deutschen konzentrierten sich auf Bankgeschäfte, bzw. schlossen sich den neu zu erschließenden Industriezweigen im Bergbau und der Metallverarbeitung an.
Anfang des 19. Jahrhunderts beherrschten drei deutsche Familienunternehmen, die der Familie Brandt, der Familie Stieglitz und der des »Zuckerkönigs« Leopold König, das Wirtschaftsleben.
Ludwig Stieglitz, dessen Haus 1803 gegründet, 1860 liquidiert wurde, arbeitete sich zu einem der größten Wirtschaftsführer Rußlands empor. Neben einem der größten Bankhäuser betrieb er noch eine Zucker- und Stearinfabrik, eine Baumwollweberei, Tuchfabrik und Flachsspinnerei. Die zu verarbeitenden Rohstoffe erzeugte er in Südrußland durch eine Merinoschafzucht. 1827 war er am Entstehen der ersten Feuerversicherungsgesellschaft beteiligt, 1830 initiierte er die Petersburger-Lübecker Dampfgesellschaft.
Die Tendenz zum Zusammenschluß großer Gesellschaften ließ Ende des 19. Jahrhunderts und Anfang des 20. Jahrhunderts den Typ des Einzel- und Großunternehmers zurücktreten. Durch die Ausdehnung ausländischer Großfirmen auf russischem Boden und die Gründung von Filialen verlor die deutsch-russische Unternehmerschaft ihren Einfluß.

Von den reichsdeutschen Unternehmen, die in Rußland Fuß faßten, war Siemens eines der bedeutendsten mit insgesamt 32 Filialen.
Die Haupterwerbsquelle der deutschen Kolonisten Südrußlands lag im Getreideanbau und der Viehzucht; in zweiter Linie folgte Wein-, Obst- und Gemüseanbau. Amtlichen Statistiken zufolge produzierten die Bauern der Ukraine im 19. Jahrhundert jährlich 3,6 Millionen Tonnen Getreide. Die Deutschen hatten daran wesentlichen Anteil. Im Jahr 1848 lag in Taurien das Verhältnis von Ernteertrag und Aussaat bei den Molotschnaer Mennoniten doppelt so hoch wie im Durchschnitt des gesamten Gouvernements. Für den Viehbestand deutscher Bauern in der Ukraine gibt die Statistik des Jahres 1863 103238 Pferde, 157795 Stück Hornvieh und 863002 Schafe an.
Weinanbau wurde vorzugsweise in Bessarabien, auf der Krim und im Kaukasus betrieben. Teilweise lebten ganze Kolonien, wie Schabo/Bessarabien und Sudak/Krim, nur vom Weinanbau. Die Industrie war in Südrußland verhältnismäßig schwach entwickelt. Sie bestand aus einer sogenannten landwirtschaftlichen Bedarfsindustrie, die schwer erhältliche landwirtschaftliche Geräte wie Rechen, Pflüge, Mäh- und Dreschmaschinen produzierte.
Ebenso wie in Südrußland lag im Wolgagebiet der Schwerpunkt der landwirtschaftlichen Produktion der Deutschen in der Getreideerzeugung und Viehzucht. Überregionale Bedeutung erlangte die deutsche Landwirtschaft durch den Export überschüssigen Getreides. 45,5 % des Überschusses ging allein nach Zentralrußland und nach Moskau.
Die wichtigsten Industriezweige entstanden in der Mühlen- und Sarpinkaindustrie. Die Mühlenindustrie verwertete das überschüssige Getreide zu Mehl und verkaufte dies an Handelsunternehmen und -kontore in den Kolonien. Vor 1914 gab es im Wolgagebiet 429 Windmühlen, 80 Wassermühlen und 122 Mühlen mit mechanischem Antrieb. Als Spezialität des deutschen Handels an der Wolga gilt die sogenannte Sarpinkaweberei, ein Baumwollartikel, der ursprünglich aus der Kolonie Sarepta kam. Industriezentrum wurde Balzer. Es bestand hauptsächlich aus Heimwerkern, landlos gewordenen Bauern bzw. deren Frauen, die die Webstühle betätigten. 1918 gab es in 48 deutschen Dörfern 30000 Webstühle und zwei Webereien, eine mit mechanischem und eine mit elektrischem Antrieb.
Gute Ansätze machte bis zum Ersten Weltkrieg auch der Tabakanbau. Es gab insgesamt drei Tabakfabriken, eine in Sarepta, in Wittmann und in Katharinenstadt. Von Sarepta aus breitete sich auch der Senfanbau aus. Die vier bestehenden Senffabriken (zwei Stück in Sarepta, je eine in Dubowka und Zarizyn) genossen Monopolstellung im Russischen Reich und deckten den ganzen Bedarf Rußlands, Polens und der Baltischen Provinzen.

Die Prosperität der deutschen Bauern in Südrußland, an der Wolga und später in Sibirien war einerseits bedingt durch fortschrittlichere Arbeits- und Anbaumethoden, die sie gegenüber ihren ukrainischen, russischen, tatarischen und anderen Nachbarn kannten, andererseits durch den verhältnismäßig hohen Anteil an Landbesitz, den sie sich im Laufe der Jahre erwarben. Dies trifft besonders für Bessarabien und Südrußland zu, wo unter den Kolonisten das Erbhofprinzip herrschte. Es stand im Gegensatz zum Mir-System, an der Wolga, das von den Russen übernommen wurde. Es teilte Grund und Boden in der Weise auf, daß das Eigentum von ursprünglich einer Familie auf die Dorfgemeinschaft überging. Diese verteilte nach unterschiedlich definierten Maßgaben die Landfläche nach Leistung, sei es nach der Anzahl der männlichen Arbeitskräfte, nach der Verteilung der gesamten Arbeitskräfte oder nach der gesamten wirtschaftlichen Leistungskraft des Hofes. Das Minoritätsprinzip, das die ganze Familie im Bauernstand hielt, da der Bauer seine älteren Kinder als Arbeitskräfte benötigte, verhinderte eine Erweiterung der Bodenverhältnisse in der Weise, wie sie im Süden Rußlands hat vonstatten gehen können. Hier hatten vor dem Ersten Weltkrieg im Bezirk Cherson die Deutschen an der Gesamtbevölkerung einen prozentualen Anteil von 6,6 % mit einem Besitz bebauten Bodens von 19,1 %. Für den Bezirk Jekaterinoslaw war das Verhältnis 5,4 zu 25,0 %; in Taurien 8,8 zu 38,3 %. Auf der Krim erhielten die Werte den extrem hohen Anteil von 77,8 % an dem gesamten Boden zu 9,2 % Deutschen an der Gesamtbevölkerung. Das Nichtaufnehmen der von den deutschen Kolonisten ins Land gebrachten fortschrittlicheren Anbaumethoden in Form der Vierfelderwirtschaft und der Fruchtwechselfolge, der Anlage von Bewässerungssystemen und der Düngung der Felder und Plantagen von seiten der Nachbarvölker mag sowohl am erhöhten Aufwand von Personal und den damit verbundenen Kosten, an der Leibeigenschaft, aber auch am Analphabetismus und dem System der Umteilungsgemeinden gelegen haben.
Innerhalb von wenigen Jahrzehnten waren die deutschen Kolonisten in Feldbestellung und Viehzucht ihren Nachbarn überlegen. Innerhalb des deutschen Kolonistenstandes nahmen die Mennoniten einen Sonderstatus ein. Sie waren bekannt für rationale Wirtschaftsweise. Cornies gelang es sogar, die den Deutschen zugedachte Funktion von Musterwirten gegenüber den Tataren wahrzunehmen, indem er sie seßhaft machte und sie den Feldanbau lehrte. Nach anfänglichen Schwierigkeiten, bedingt durch den unkultivierten Steppenboden einerseits, andererseits durch politisch ungünstige Umstände wie den Pugatschow-Aufstand 1774, gelang es den Deutschen, die Kartoffel nach Rußland einzuführen, Getreidefelder, Obstplantagen, Gemüsegärten, Weinberge anzulegen und die Zucht westeuropäischer Rinderrassen in Rußland fortzuführen.

3.131

3.132

Literatur:
A. Klaus, Nasi kolonii. Vyp usk I.S prilozeniem, St. Petersburg 1869; H. Schlegel, Die Wirtschaft des Gebietes der Wolgadeutschen, in: Unsere Wirtschaft (1922), S. 302–304; S. Kappes, Die Getreideproduktion im Gebiet der Wolgadeutschen, in: Unsere Wirtschaft (1924), S. 246; Th. Hummel, Hundert Jahre Erbhofrecht der deutschen Kolonisten in Rußland, Berlin 1936; E. Stahff, Anfang und Ende der wolgadeutschen Tabakerzeugung, in: Deutsche Post aus dem Osten 11 (1939), Heft 1, S. 16–18; E. Amburger, Der fremde Unternehmer in Rußland bis zur Oktoberrevolution im Jahre 1917, in: E. Amburger, Fremde und Einheimische im Wirtschafts- und Kulturleben des neuzeitlichen Rußlands, hg. von K. Zernack, Wiesbaden 1982, S. 97–116 (dort weiterführende Literatur); L. Mailinovskij, Sozialökonomische Aspekte der deutschen Bauernkolonisation im Süden des Russischen Reiches (18. und 19. Jahrhundert), in: Jahrbuch für Geschichte der sozialistischen Länder Europas 30 (1986), S. 187–200; D. Brandes, Die Ansiedlung von Ausländern im Zarenreich unter Katharina II., Paul I. und Alexander I., in: Jahrbücher für Geschichte Osteuropas NF 34 (1986), S. 161–187; H.-D. Löwe, Die Lage der Bauern in Rußland 1880–1905, St. Katherinen 1987.

U. R.-E.

3.131
Balzer/Wolga, Markttag

Photographie
ca. 1920
Bundesarchiv Koblenz

3.132
Katharinenfeld/Kaukasus, Traubenlese

Photographie
ca. 1920
Bundesarchiv Koblenz

3.133
Krim, Mühle eines deutschen Bauernhofes

Photographie
ca. 1920
Bundesarchiv Koblenz

Als besonders reiche Bauern konnten sich die Deutschen auf der Krim eigene Mühlenbetriebe leisten.

3.134
Sarepta/Wolga, deutscher Bauer beim Sarpinkaweben

Photographie
ca. 1920
Bundesarchiv Koblenz
näheres s. 3.130

3.135
Wolgagebiet, deutsches Fuhrwerk

Photographie
ca. 1920
Bundesarchiv Koblenz
s. auch 3.162

Das Kamel wurde von den deutschen Bauern nicht nur als Tragtier sondern auch als Zugtier eingesetzt.
(s. auch 3.162)

3.136
Wolhynien, Lagergebäude eines deutschen Großkaufmanns

aus: V. Kauder, Das Deutschtum in Polen, Leipzig 1939, S. 12

3.137
Stammbaum der Familie Dyck

April/Mai 1826
Sign. D. Dyck, Orlow
Papier
71 × 50 cm
Ernst Dyck, Neuwied

Der Stammbaum führt auf sein berühmtestes Mitglied Johann Cornies zu (1789–1848).
Mit 16 Jahren wanderte er von Westpreußen nach Rußland aus und siedelte sich mit seinen Eltern in Orlow an der Molotschna an. Berühmt wurde er durch seine Musterwirtschaft Juschanlee, die durch die Kultivierung von 3500 ha öden Steppenlandes entstand. Schaf- und Viehzucht machten ihn zu einem der reichsten Großgrundbesitzer Südrußlands.
In politischer Funktion übernahm er die Ämter des Bevollmächtigten der Mennonitengemeinden (1817) zur Ansiedlungshilfe für nachkommende Mennoniten – später auch Schwaben und anderen Südwestdeutschen – und des Vorsitzenden des Vereins zur Erhöhung der Landwirtschaft und Gewerbebetreibung (1830) zur Verbesserung der Landwirtschaft.

Literatur:
Christian Neff, Johann Cornies, in: Mennonitisches Lexikon, hg. von Ch. Hege, Ch. Neff, Bd. 1, Frankfurt/M. 1913, S. 374f.

3.134

3.135

3.137

3.138
Neudorf/Ukraine, Brotzeit bei der Ernte

Photographie
ca. 1930
Landsmannschaft der Deutschen aus Rußland, Stuttgart

3.139
Hoffnungsfeld/bei Odessa, Kürbisfeld

Photographie
ca. 1930
Landsmannschaft der Deutschen aus Rußland, Stuttgart

3.140
Wilhelm Brandt und seine Söhne Archangelsk, St. Petersburg, Riga und London

Tafel

Die Firma Wilhelm Brandt hat (unter wechselnden Namensformen) durch Jahrzehnte im Handel des nordrussischen Hafens Archangelsk die maßgebende Rolle gespielt und von dort aus ihre Geschäfte über Rußland ausgedehnt. Die zweite Säule des Unternehmens war das Geschäft in London, aus dem sich eine bis in die 1970er Jahre bestehende Privatbank entwickelt hat. 1802 eröffnete der erst 24jährige Wilhelm Brandt (1778–1832) aus Hamburg in Archangelsk eine Handelsfirma, die hauptsächlich Kolonialwaren einführte und russische Landesprodukte, vor allem Holz, Hanf, Flachs und Produkte des Fisch-, Robben- und Walfang exportierte.

3.138

1810 wurde eine Zuckerraffinerie erbaut, und fortan führte man nur noch den Rohzucker ein. Nach den Napoleonischen Kriegen begann man, eine eigene Handelsflotte zu schaffen, man erwarb oder erbaute Sägewerke, eine Werft und Seilereien. Jährlich wurden in der dort nur kurzen Schiffahrtssaison etwa 200 Schiffe befrachtet. 1828 entstand ein Zweiggeschäft in St. Petersburg. Wilhelm Brandt wurde zum Kommerzienrat ernannt, zum Stadthaupt (Bürgermeister) gewählt und war großer Förderer von Kirche und Schule der Protestanten in Archangelsk. Im letzten Lebensjahr ging er daran, seinen Lieblingsplan zu verwirklichen und eine Expedition zur Erforschung eines Seeweges an der Nordküste Asiens entlang, der sogenannten Nordöstlichen Durchfahrt, auszurüsten.
Seine Söhne führten die Geschäfte in Archangelsk und St. Petersburg weiter, gründeten ein drittes Filialgeschäft in Riga und übernahmen die Londoner Firma ihres Onkels. 1849 löste sich der »Brüdernkonzern« auf, weil vor allem der Bruder Karl (1814–1872) eigene Wege zu gehen gedachte. Er schaffte einen steilen Aufstieg seines Archangelsker Hauses, übernahm sich aber durch die Gründung der »Weißmeer-Kompanie« für Fisch-, Robben- und Walfang und Verwertung der Produkte; 1861 endete dieses Abenteuer mit einem Riesenbankrott.
Das Petersburger Haus und das Unternehmen in London arbeiteten noch bis 1865 zusammen. 1878 liquidierte ein Sohn des Gründers die seit 50 Jahren in St. Petersburg bestehende Firma Wm. Brandt & Söhne, während das Londoner Geschäft von der dritten Generation hochgebracht wurde. In Archangelsk aber gab es seit 1861 eine Firma des jüngsten Sohnes Emanuel Henry (1831–1908), eines Stiefbruders der vorher Genannten, der bald nach St. Petersburg übersiedelte und dort durch Bau und Erwerb von Sägewerken in ganz Nordrußland ein bedeutendes Holz- und Getreideexport-Unternehmen schuf, das bis zur Oktoberrevolution geblüht hat. Wie sein Vater förderte er bis zu seinem Tode die evangelische Gemeinde Archangelsk und ermöglichte nach dem Kirchenbrand von 1907 den sofortigen Wiederaufbau.

E. A.

3.141
Erinnerungen aus dem Leben und Wirken von Wilhelm Brandt Nachruf von Nicolaus Untiedt

Hamburg 1832
Broschüre, Papier
22 × 28 cm
Sammlung Amburger, Heuchelheim

3.142

3.142
B. Altschwager
Firmenanzeige aus: St. Petersburger Kalender 1877, Anhang

Bernhard Altschwager aus Neu-Buckow in Mecklenburg wanderte nach St. Petersburg aus, wo er Uhrmachermeister wurde und 1859 heiratete. Sein Sohn Bernhard (1862–1931), ebenfalls Uhrmachermeister, führte neben dem Werkstattbetrieb ein Uhrengeschäft und brachte es zu bedeutendem Reichtum. Sein Sohn Bernhard (russisch: Boris, 1897–1958) absolvierte die Uhrmacherlehre in Neuchâtel und kehrte kurz vor dem Ersten Weltkrieg heim. Als Reichsdeutscher in den Ural »verschickt«, konnte er erst 1918 zurückkehren und nach Deutschland ausreisen. Aus seinen Erlebnissen erwuchs sein Roman »Das vergessene Dorf« (1934), den er unter dem Pseudonym »Theodor Kröger« veröffentlichte und der ihn mit einem Schlage bekannt machte. Weitere häufig in Rußland spielende Werke folgten, so »Heimat am Don« und »Natascha«. Wegen seiner antibolschewistischen Grundhaltung genoß »Theodor Kröger« im Dritten Reich hohes Ansehen.

E. A.

3.143

3.143
M. O. Wolff
Katalog sämtlicher Schulbücher, welche in den St. Petersburger und Moskauer Kirchenschulen vorrätig sind

1890
Titelseite
Papier
14 × 21 cm
Sammlung Amburger, Heuchelheim

Moritz Boleslaw Wolff, russisch Mawrikij Osipowitsch (1825–1883), geboren in Warschau als Sohn eines Arztes, kam 1848 nach St. Petersburg und gründete dort 1853 eine Buchhandlung; 1865 eröffnete er ein Filialgeschäft in Moskau. Sein Geschäft entwickelte sich zum bedeutendsten Verlag und Druckereibetrieb für Schulbücher in russischer und deutscher Sprache in ganz Rußland. 1875 beteiligte sich Wolff an der Gründung der Druck-Gesellschaft »Gutenberg«, 1882 wandelte er seine eigene Firma M. O. Wolff in eine Aktiengesellschaft um. Nach dem Tode von Moritz Wolff führten seine Söhne Ludwig (* 1865) und Eugen (1863–1909) die Gesellschaft bis zur Oktoberrevolution weiter, während ein dritter Sohn General, ein vierter Diplomat wurde. Die Familie gehört in St. Petersburg zur deutsch-reformierten Gemeinde.

Literatur:
Buch- und Verlagswesen im 18. und 19. Jahrhundert. Beiträge zur Geschichte der Kommunikation in Mittel- und Osteuropa, hg. von H. G. Göpfert/G. Kozielek/R. Wittram, Berlin 1977.

E. A.

3.144
H. Schmitzdorff
Firmenanzeige aus: St. Petersburger Kalender, 1892, Anhang

Heinrich Schmitzdorff, über dessen Herkunft und Leben wenig bekannt ist, gründete 1836 in St. Petersburg eine Buchhandlung, die nach seinem frühen Tod (1845) mehrmals den Besitzer gewechselt hat, den Firmennamen jedoch bis zum Ende des Jahrhunderts beibehielt, kaiserliche Hofbuchhandlung wurde und eine erfolgreiche Verlagstätigkeit entwickelte. Die Erben Schmitzdorff verkauften 1854 an Julius Gillis, dieser 1858 an Eduard Minlos aus Lübeck, von dem 1863 der bisherige Prokurist Karl Röttger (1831–1884) aus Neustadt das Unternehmen erwarb. Nach einer Übergangszeit in der Hand von R. Hammerschmidt kaufte der Sohn Otto Röttger zusammen mit Otto Kranz das väterliche Geschäft zurück und vereinigte es mit der Druckerei Kranz. Man unterhielt schon 1892 in Petersburg zwei Ladengeschäfte, doch konnten die Besitzer sich nicht halten, so daß 1897 ein letzter Besitzer, Konrad Reinhardt aus Elberfeld, erscheint, wonach die altehrwürdige Hofbuchhandlung H. Schmitzdorff nicht mehr genannt wird, so in dem Wirtschaftshandbuch »Ganz Rußland« von 1902, wo acht andere deutsche Buchhandlungen und Verlage in St. Petersburg aufgeführt werden. Die Firma Schmitzdorff ist nur ein Beispiel unter den zahlreichen, zum Teil bedeutenden und bekannten deutschen Geschäften der Buchbranche in St. Petersburg, Moskau und einigen anderen Städten Rußlands, von den Baltischen Provinzen natürlich ganz abgesehen. In den beiden Hauptstädten hat es sie schon in der zweiten Hälfte des 18. Jahrhunderts gegeben.

Literatur:
Buch- und Verlagswesen im 18. und 19. Jahrhundert. Beiträge zur Geschichte der Kommunikation in Mittel- und Osteuropa, hg. von H. G. Göpfert/G. Kozielek/R. Wittram, Berlin 1977.

E. A.

3.145
Deutsche Klavierbaufirmen in St. Petersburg
Firmenanzeigen aus: St. Petersburger Kalender 1877, Anhang

Die Herstellung von Musikinstrumenten lag schon im 18. Jahrhundert weitgehend in den Händen von Ausländern. Im 19. Jahrhundert erlangten die deutschen Klavierbauer fast schon eine Monopolstellung in der russischen Hauptstadt. Die offenbar langlebigste Werkstatt war eine 1810 gegründete, die sich seit etwa 1870 im Besitz der Brüder Diederichs befand, gelernte Instrumentenmacher, deren Vater Johann Friedrich Diederichs (1776–1846) aus Göttingen eingewandert war. Weit bekannter war die Klavierfabrik C. Schröder. Carl Michael Schröder (1828–1889) erwarb eine 1818 gegründete Werkstatt und baute sie zum Großbetrieb aus, der zahlreiche Auszeichnungen erhielt und von bedeutenden Musikinterpreten empfohlen wurde. Der Sohn Johann Schröder (1867–1927) führte das Haus weiter bis zur Oktoberrevolution, wobei er es 1900 zu einer Aktiengesellschaft umwandelte. Er ist deportiert worden und in Samarkand gestorben. Die schärfste Konkurrentin der Firma Schröder wurde die 1841 gegründete Fabrik von J. Becker, über deren Gründer nichts zu ermitteln war. Auch diese Firma hat bis 1918 bestanden, in den letzten 50 Jahren im Besitz von Michael Bietepage. Die 1866 in Dorpat entstandene Klavierfabrik von Robert Rathke richtete in Petersburg einen Zweigbetrieb ein und trat mit den dortigen Fabrikanten in Konkurrenz. Weniger bekannte Namen aus verschiedenen Jahren des 19. und 20. Jahrhunderts sind (in alphabetischer Folge) Gentsch, Götze, Heckel, Kammerrath, Leppenberg, Mühlbach (aus Reval, gegr. 1856), Offenbach, Petsch, Reinberg, Reinhard (aus Rostock), Renisch, Schiller (aus Rostock), Schuster.

E. A.

3.146
Gummiwarenproduktion und Handel mit Gummiwaren in deutscher Hand
Firmenanzeigen aus: St. Petersburger Kalender 1877, Anhang

Das bekannteste Verkaufsgeschäft für Gummiwaren im alten St. Petersburg ist von Konstantin Malm (1841–1906) aus Reval, dem Sohn eines dortigen Pelzschneidermeisters, gegründet. Nach seinem Tod wurde es unter Beibehaltung des Firmennamens bis zur Oktoberrevolution weitergeführt.
Malms wichtigster Lieferant war die »Russisch-Amerikanische Gummimanufaktur« in St. Petersburg, die trotz ihres Namens ein von Deutschen gegründeter und geleiteter Betrieb war. Gegründet als Gesellschaftsunternehmen von den Kaufleuten Ludwig Heyse aus Oldenburg, Christian Dyrsen aus Büsum, Ferdinand Krauskopf aus Hamburg und dem Amerikaner R. Story, der Patente einbrachte, machte die Firma ein Dreieck zum Markenzeichen, das mit dem russischen Namen »Treugolnik« zum Inbegriff und Gütezeichen vor allem der von der Fabrik produzierten Gummigaloschen wurde und 1908 sogar in dem Firmennamen Aufnahme fand. Technischer Direktor war lange Zeit Bernhard Kempe (1850–1912), der seine eigene Fabrik aufgab, während der Aktionär Heinrich Kirschten (1838–1912) die vom Vater J. H. Kirschten (aus Offenbach) geschaffene Gummifabrik 1862 mit der »Russisch-Amerikanischen« vereinigte. Ein anderer wichtiger Aktionär war Franz Uthemann (1836–1913) aus Sandau an der Elbe ebenso wie sein gleichnamiger Sohn (1868–1925). Präsident der Gesellschaft war viele Jahre lang Ferdinand Krauskopf junior (1848–1923) und Geschäftsführer Gustav Heyse (1840–1909). Kirschten jun. wurde für seine Verdienste um die Wirtschaft Rußlands 1909 geadelt und kaufte ein Gut in Estland. Krauskopf jun. erwarb 1893 den Freiherrntitel des Fürstentums Waldeck und die Besitzung Hohenbuchen im Taunus, die zum Hauptsitz der Familie wurde.
Aus demselben Personenkreis heraus (H. Kirschten und G. Heyse) erfolgte 1882 die Gründung der Gesellschaft für mechanische Produktion von Schuhwerk in St. Petersburg.

E. A.

3.147
Georg Leopold König
1821–1903

Photographie aus: Georg Leopold König. 1821–1903. Für die Familie gedruckt, Hellerau o. J.

König wurde in St. Petersburg geboren. Sein Vater wanderte 1811/12 aus Gebesee bei Erfurt nach Rußland ein. Seine Mutter war Petersburger Deutsche, deren Vater aus Kassel stammte. Aus einem Bäckerhaushalt stammend, entschloß König sich, eine Lehre der Zuckersiederei zu absolvieren. Nach der Heirat mit der Tochter seines Meisters Karoline Papmehl 1846 gründete er zwei Jahre später eine eigene Fabrik. Bis zum Krimkrieg erweiterte er sein Unternehmen auf zwei Fabriken und stellte als einer der ersten in Rußland die Produktion vom Feuersiede- auf das Dampfsiedeverfahren um. Geschickte Kalkulation und die Eröffnung des Rohstoffmarktes innerhalb Rußlands durch den Bau der Eisenbahnlinie ließen König bis 1867 zum größten Zuckerfabrikanten St. Petersburgs werden.
Seinen Ruhestand verbrachte er in Bonn, wo er sich eine Villa bauen ließ. Sie steht heute als sogenannte Villa Hammerschmidt dem Bundespräsidenten zur Verfügung.

Literatur:
Georg Leopold König 1821–1903. Für die Familie gedruckt, Hellerau o. J.; E. Amburger, Die Zuckerindustrie in St. Petersburg bis zur Mitte des 19. Jahrhunderts. Raffinerien, Fabriken und Zuckersieder, in: Forschungen zur Osteuropäischen Geschichte 38, 1986, S. 353–391.

3.148
Die Familie Amburger (1770–1920)
Beispiel eines besonders langlebigen Stadtgeschlechts

Tafel

Eingewandert sind 1769/80 die Brüder Karl Ludwig (1743–1818) und Friedrich Wilhelm (1745–1820), geboren in Wiesbaden als Söhne eines fürstlichen Beamten. F. W. Amburger brachte Kapital mit und eröffnete sogleich eine Großhandelsfirma, die schnell in die vorderste Reihe der Petersburger Kaufmannschaft vordrang, die größtenteils nicht aus Russen bestand. Der Bruder K. L. Amburger war Kaufmann der ersten Gilde in Moskau, wo er den Untertaneneid leistete. F. W. Amburger tat dies erst 1794. 1784 übernahm K. L.

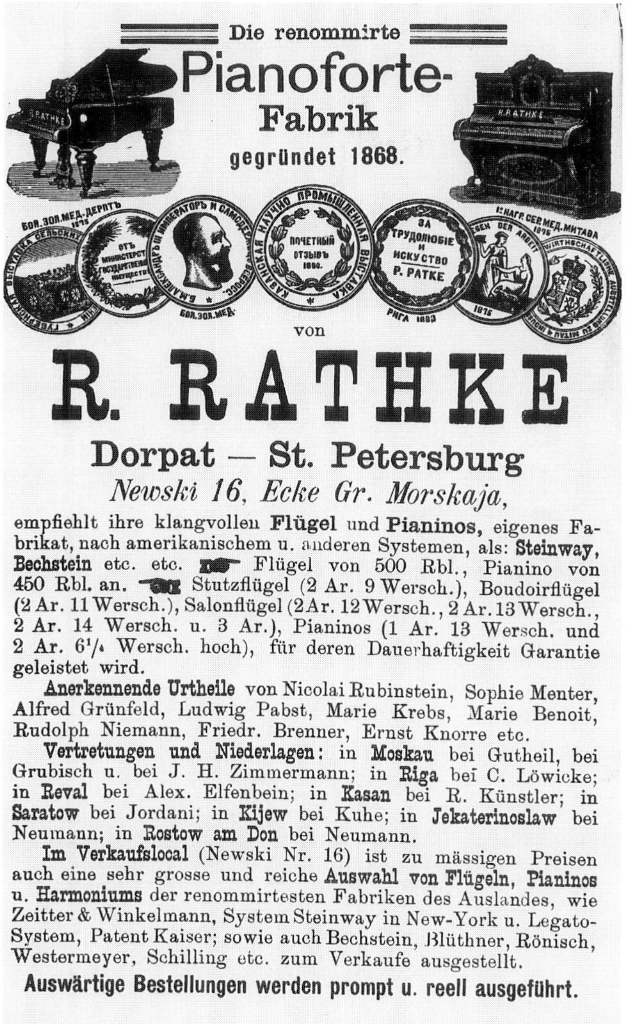

3.145

Amburger die Geschäftsführung in St. Petersburg, nach zwei Jahren stand die Firma an der Spitze, und zwar im Import. Eingeführt wurden Gebrauchsgüter aller Art (sogar Klaviere), meist in Kommission. Seit 1794 machten sich die Brüder mit zwei Firmen (Amburger & Sohn und F.W. Amburger & Co.) Konkurrenz. Beide Häuser überstanden alle Handelskrisen und Kriegszeiten einschließlich der Kontinentalsperre 1808–1812, doch mußten die Söhne bald nach dem Tode der Väter liquidieren.

Die Familie zeigt zunächst eine starke Ausbreitung, in der zweiten Hälfte des 19. Jahrhunderts dann ein rasches Schrumpfen. Ein Zweig lebt in Archangelsk. Von dort erfolgte eine Abwanderung nach England. Die meisten Männer sind im Handel tätig. 1856–1908 wurde die 1. Russische Feuerversicherungs-Gesellschaft (gegründet 1827) von Alexander Amburger – Vater und Sohn – geleitet. Im Staatsdienst ist die Familie im 19. Jahrhundert durch zwei Diplomaten vertreten, einem Generalmajor und dem Arzt Gustav Amburger (1840–1895), Chefarzt des Ingenieurressorts der Armee und der Hauptgefängnisverwaltung, Wirkl. Staatsrat und geadelt. Amburger-Frauen hatten die Generäle von Baer und von Dehn, der Hofmaler Adolf Jebens, Amburger-Mütter Professor Alexander Brückner in Dorpat und der Augenarzt Dr. Ernst Blessig, Direktor der Augenheilanstalt St. Petersburg und Professor an der estnischen Universität Dorpat-Tartu (1940).
Die Frauen der Amburger-Männer kamen aus deutschen und holländischen Familien in St. Petersburg und Archangelsk, in den beiden letzten Generationen in drei Fällen aus Deutschland – ganz untypisch für eine so lange ansässige Familie. Auf die Ehe eines Offiziers mit einer orthodoxen Russin (1900) führt sich der heute in Kiew stark vertretene Zweig zurück, wo aber seit 1982 niemand mehr den Namen Amburger trägt, auch nicht der einzige Vertreter des Mannesstammes. Es gibt nur noch je einen Namensträger in der Bundesrepublik und in Australien.

Literatur:
E. Amburger, Deutsche in Staat, Wirtschaft und Gesellschaft Rußlands. Die Familie Amburger in St. Petersburg 1770–1920, Wiesbaden 1986 (dort weiterführende Angaben).

E. A.

3.149
Friedrich Wilhelm Amburger
1745–1820

Ölportrait, unbekannter Künstler
Original verloren
Photographie
Sammlung Amburger, Heuchelheim

3.150
Eidesleistung Friedrich Wilhelm Amburgers
1794

Papier
Photographie
Sammlung Amburger, Heuchelheim

3.149

3.151
Geschäftszirkular Friedrich Wilhelm Amburgers
1803

Photographie
Stadtarchiv Reval/Tallinn
Sammlung Amburger, Heuchelheim

3.152
Alexander Amburger
1809–1865

Ölbild
Adolf Jebens (1819–1888)
50 × 40 cm
Sammlung Amburger, Heuchelheim

3.153
Geburtsurkunde Emilie Amburger

1855 April 16, Archangelsk
20 × 40 cm
Papier, Amtssiegel, Staatswappen
Sammlung Amburger, Heuchelheim

3.154
Dr. Gustav Amburger
1840–1895

Photographie
Ende des 19. Jahrhunderts
Sammlung Amburger, Heuchelheim

3.155
Alexander Amburger
1841–1908

Photographie
Anfang 20. Jahrhundert
Sammlung Amburger, Heuchelheim

3.156
Heiratsanzeige von Alexander und Therese Amburger
für ihre Tochter Henriette mit Dr. Robert Blessig
St. Petersburg
1861 Nov. 11

Papier
20 × 30 cm
Sammlung Amburger, Heuchelheim
(näheres s. 4.1)

3.157
Alexander Amburger 1841–1908

Autograph aus dem Familienbuch
20 × 10 cm
Sammlung Amburger, Heuchelheim

3.158
Naturpflege und -erforschung: Askania Nova

Tafel

Mit der Übernahme der Gutsbesitzungen von Askania Nova durch den bis zur Revolution letzten Erben der Familie, Friedrich von Falz-Fein im Jahre 1890, erhielt die Naturschutzbewegung in Rußland eine gewichtige Stütze. Falz-Fein entstammte einer deutschen Familie, die zu den reichsten Großgrundbesitzern Südrußlands zählte. Ihren wirtschaftlichen Wohlstand hatte sie der Schafzucht zu verdanken.
An der Universität Dorpat erhielt Falz-Fein eine Ausbildung zum Naturwissenschaftler. Hier wurde ihm sicherlich die Notwendigkeit

3.150

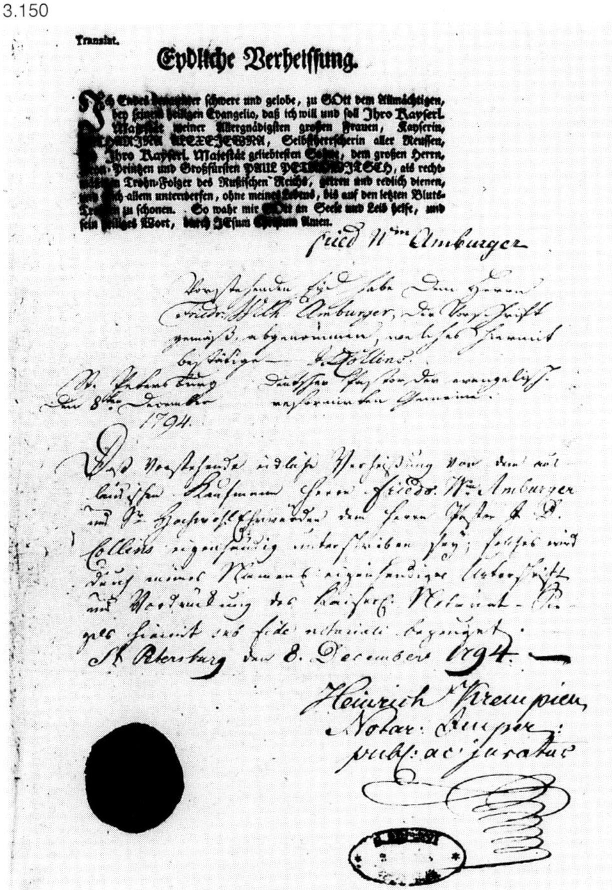
Translat.

Eydliche Verheissung.

Ich Endes benannter schwere und gelobe, zu GOtt dem Allmächtigen, bey seinem heiligen Evangelio, daß ich will und soll Ihro Kayserl. Majestät meiner Allergnädigsten grossen Frauen, Kayserin, CATHARINA ALEXIEWNA, Selbstherrscherin aller Reussen, Ihro Kayserl. Majestät geliebtesten Sohne, dem großen Herrn, Cron-Printzen und Großfürsten PAUL PETROWITSCH, als rechtmäßigen Trohn-Folger des Rußischen Reichs, getreu und redlich dienen, und mich allem unterwerfen, ohne meines Lebens, bis auf den letzten Bluts-Tropfen zu schonen. So wahr mir GOtt an Seele und Leib helfe, und sein heiliges Wort, durch JEsum Christum Amen.

Fried. Wm Amburger

1794.

St. Petersburg den 8. December 1794.

Notar: publ: ac juratus

der Erhaltung vom Aussterben bedrohter Tierarten einerseits bewußt, andererseits das Desiderat der Erforschung des Artverhaltens verschiedener Rassen bei der Vererbung.
Bis zum Ende des 19. Jahrhunderts war der Naturschutz in Rußland nur punktuell geregelt. Erst 1835 wurden bestimmte Gewässer und Flußteile als Fisch-Laichstellen unter Schutz genommen, 1892 endlich trat erstmalig eine umfassendere Jagdgesetzgebung in Kraft. Die Initiative zum Schutz bedrohter Tierarten lag größtenteils nach wie vor in Privathänden. Besonders gefährdete Tierarten waren vor allem der Auerochse, das Wisent, der Steinbock, Biber, Nubischesel, Wildesel und das Urwildpferd. Sie existierten teilweise nur noch als Einzelexemplare in zoologischen Gärten. Für die Vogelwelt galt der Seltenheitswert vor allem für die Eiderente und den Silberreiher.
Bereits während des Studiums begann Friedrich von Falz-Fein Steppentiere zu züchten, um die Harmonie der natürlichen Steppenlandschaft – soweit das nach der Kultivierung noch möglich war – zu bewahren. Der Naturpark, der sich im Laufe der Jahre einerseits als Steppenreservat, andererseits als zoologische Versuchsstation weiterentwickelte, war von seiner Größe und Anlage her einer der drei bedeutendsten Reservate Europas, die in Privathand lagen. Neben ihm gab es noch in England und in Holland vergleichbare Projekte. Bis 1914, als anläßlich des Zarenbesuchs eine Inventarliste angelegt wurde, umfaßte der Naturpark 58 verschiedene Arten von Säugetieren und 402 Arten von Vögeln.
Besondere wissenschaftliche Anerkennung erwarb sich Friedrich von Falz-Fein, als es ihm gelang, erstmals eine positive künstliche Befruchtung bei Pferden durchzuführen. Dies hatte vor allem marktwirtschaftliche Konsequenzen, die es erlaubten, in kurzer Zeit hochwertige Pferde zu züchten. Die Erwerbsquellen zum Unterhalt der aufwendigen Anlage von Tier- und Vogelpark sowie dem Steppennaturschutzgebiet ergaben sich aus der Pferde-, Schaf-, Schweine- und Geflügelzucht. Besonders das podolische Rind, auch »Feinsche« Rind genannt, war als Sonderprodukt der Züchtung und Arbeitstier begehrt.
Die Revolution von 1917 setzte der südrussischen Erwerbswirtschaft auf privater Ebene ein jähes Ende. Bis heute allerdings lebt der Naturschutzpark weiter, der im Laufe der sowjetischen Periode Russlands Vorläufer für insgesamt 26 weitere Steppen- und Gebirgsreservate wurde.

Literatur:
L. Heck, Steppe und Steppenwirtschaft. Velhagen und Klasings Monatshefte, 1903, Heft 8; A. Dücke, Askania Nova. Die Geschichte einer Kolonie Anhalts in Süd-Rußland, Halle/S. 1906; W. von Falz-Fein, Askania Nova. Das Tierparadies, Berlin 1930. Naturparadies UdSSR. Tiere, Pflanzen, Landschaften, hg. von A. Knystautas, München 1987.

U. R.-E.

3.159

3.159
Weißes Schloß
Herrenhaus der Falz-Feins

Photographie
ca. 1900
Privatbesitz

Seit dem Tod ihres Mannes bewohnte die Mutter von Friedrich von Falz-Fein das Schloß, das in neugotischem Stil erbaut wurde. Zu ihm gehörten 150000 Morgen Besitzungen. Das Gebäude selbst hatte 60 Zimmer.

3.160
Ascania Nova
Plan von Naturpark und Gutshof, ca. 1920

Photographie
aus: W. v. Falz-Fein, Askania Nova, Berlin 1930, Anhang

3.161
Podolische Rinder
Arbeitsochsen

Photographie
ca. 1900
Privatbesitz

3.162
Kamelwagen zur Eilgutbeförderung auf Askania Nova

Photographie
ca. 1900
Privatbesitz
(s. dazu 3.135)

3.163
Steppeniltis (Mustela eversmanni)

Kopfrumpflänge 30–55 cm, Schwanzlänge 8–18 cm, Gewicht ca. 1,5 kg
Museum für Naturkunde, Stuttgart

Diese vom Balkan bis weit nach Asien hinein vorkommende Marderart ist kleiner und heller gefärbt als der in Europa verbreitete Waldiltis (Mustela putorius). Sie bewohnt, wie der Name sagt, Steppen und Halbwüsten und bezieht dort oft die Baue von Hamstern und Zieseln. Ernährt sich von Nagetieren, Reptilien, Lurchen und Fischen. Seine nützliche Rolle als Freßfeind von Zieseln und Feldhamstern wird von den Landwirten geschätzt.

Literatur:
M. Görner, H. Hackethal, Säugetiere Europas, Stuttgart 1988.

F. D.

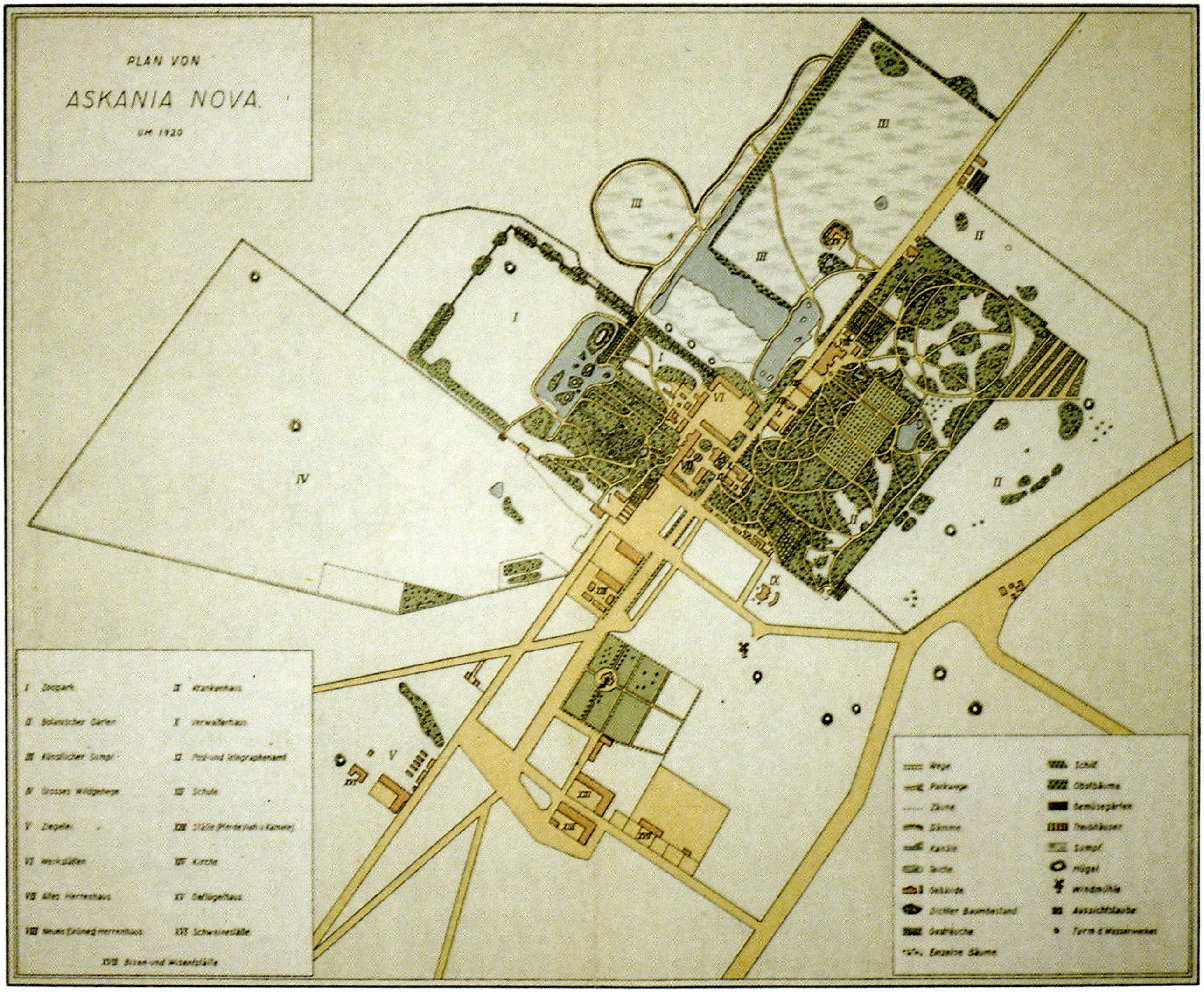
PLAN VON
ASKANIA NOVA.
UM 1920
I Zoopark
II Botanischer Garten
III Künstlicher Sumpf
IV Grosses Wildgehege
V Ziegelei
VI Werkstätten
VII Altes Herrenhaus
VIII Neues (Grünes) Herrenhaus
IX Krankenhaus
X Verwalterhaus
XI Post- und Telegraphenamt
XII Schule
XIII Ställe (Pferde, Vieh u. Kamele)
XIV Kirche
XV Geflügelhaus
XVI Schweineställe
XVII Bison- und Wisentställe
Wege
Parkwege
Zäune
Dämme
Kanäle
Teiche
Gebäude
Dichter Baumbestand
Gesträuche
Einzelne Bäume
Schilf
Obstbäume
Gemüsegärten
Treibhäuser
Sumpf
Hügel
Windmühle
Aussichtslaube
Turm d. Wasserwerkes

3.160

3.164
Feldhamster, Europäischer Hamster (Cricetus cricetus)

Kopfrumpflänge 18–28 cm, Schwanzlänge 3–7 cm,
Gewicht 150–400 g
Museum für Naturkunde, Stuttgart

Der Feldhamster besitzt eine durchgehende Verbreitung von Mitteleuropa nach Osten bis zum Jenissej und zum Altai-Gebirge. In den Agrarregionen bewohnt er tiefgründige Böden, die sich zur Anlage seines unterirdischen Baues besonders eignen. Feldhamster sind Einsiedler, Männchen und Weibchen leben nur zur Paarungszeit zusammen. Jährlich werden zwei bis drei Würfe mit jeweils 5–12 Jungen geboren, die sich schon mit fünf Wochen selbständig machen. Weibliche Tiere sind bereits mit zweieinhalb Monaten fortpflanzungsfähig. Feldhamster ernähren sich vorwiegend von Körnern, Grünzeug und Wurzeln, nehmen aber auch tierische Nahrung wie Regenwürmer, Schnecken und Käfer zu sich. In der kalten Jahreszeit wird ein Winterschlaf gehalten, der jedoch spätestens alle sechs Tage für eine Mahlzeit aus den im Herbst eingehamsterten Vorräten unterbrochen wird.

Literatur:
M. Görner, H. Hackethal, Säugetiere Europas, Stuttgart 1988.

F. D.

3.165
Grauziesel, Zwergziesel (Citellus pygmaeus)

Kopfrumpflänge 18–23 cm, Schwanzlänge 3–6 cm,
Gewicht 180–300 g
Museum für Naturkunde, Stuttgart

Dieser Nager bewohnt Steppengebiete vom Dnjepr ostwärts bis Ost-Kasachstan. Stellenweise lebt er in sehr hoher Siedlungsdichte, bis 600 Baue pro Hektar. Die Tiere leben meist einzeln, in der Paarungszeit jedoch mit andern zusammen. Weibchen werfen zwischen vier bis acht Junge. Die Nahrung besteht nur aus pflanzlicher Kost, zu der auch Getreide, Sonnenblumen und Gemüsepflanzen gehören.

Literatur:
M. Görner, H. Hackethal, Säugetiere Europas, Stuttgart 1988.

F. D.

3.166
Fohlen des Przewalski-Pferdes (Equus prezewalskii)

Kopfrumpflänge 210 cm, Schulterhöhe 140 cm, Gewicht 350 kg
Museum für Naturkunde, Stuttgart

Dieses asiatische Wildpferd wurde erst 1879 von dem russischen Forscher Przewalski im mongolisch-chinesischen Grenzgebiet entdeckt. Es ist der Stammvater aller vom Menschen gezüchteten Rassen des Hauspferdes. Zu den ersten in Menschenobhut gelangten Przewalski-Pferden gehörten die zwischen 1897 und 1899 nach Askania Nova gebrachten Tiere, die dort auch züchteten. Die meisten der insgesamt 53 Wildfänge gelangten 1901/02 zu Hagenbeck nach Hamburg. Seither wurde – 1947 – nur noch ein Tier gefangen. Zuletzt wurden Przewalski-Pferde 1968 in freier Wildbahn gesichtet. Zwischenzeitlich sind sie dort vermutlich bereits ausgestorben.

Literatur:
Säugetiere der Sowjetunion, Bd. 1 (Paarhufer und Unpaarhufer), hg. von V. G. Heptner/A. A. Nasimovitč/A. G. Bannikov, Jena 1966.

F. D.

3.167
Natur und Alltag

Tafel

Die deutschen Bauern und ihre Familien waren durch ihren Beruf eng mit der Natur verbunden. Die wichtigste Rolle spielte das Wasser, das lebenswichtig für das Leben in der Steppe war. Dies findet seine Entsprechung in den Motiven der Stickereien, die die Frauen meist während ihrer Freizeit an Körper- und Gebrauchswäsche anbrachten. Die Naturprodukte wie Wolle und Maisstroh wurden in den Haushalten weiterverarbeitet. Zur Zierde bediente man sich naturverbundener Elemente wie Blumen in allen möglichen Stilisierungen. Inwieweit die bevorzugten Farben Rot und Grau, die sich auch hier wie in den Bibelsprüchen konzentrieren, Symbolgehalt haben, bleibt dahingestellt. Es ist wohl anzunehmen, daß auf Grund der religiösen Lebensgrundhaltung die Farben Rot und Grau neben anderen lediglich einen Beliebtheitsgrad erlangten.

U. R.-E.

3.164

3.168
Wandbehang

Handarbeit; Gewebe, Stilstich
Leinen, weiß
Anfang 20. Jahrhundert
Motiv: Sichel und Ähren
64 × 122 cm
Heimatmuseum der Deutschen aus Bessarabien, Stuttgart

3.169
Korb

Handarbeit, Maisstroh, geflochten
Berdjansk/Ukraine
rundgearbeiteter Korb mit Inschrift: Berdjansk · Weihnachten 1942
∅ 42 cm
Museum der Deutschen aus Rußland, Stuttgart

3.170
Schnupftabaksdose

Handarbeit
Maisstroh, gepreßt
19. Jahrhundert
6 × 5 cm
Hans Zottmann, Ornbau

4. Kunst, Kultur und Brauchtum

4.1
Die Familie Blessig. Blindenfürsorge in Rußland

Der Augenarzt Robert Blessig (1830–1878), Dr. med. der Universität Dorpat, war 1863–1878 Direktor der Petersburger Augenheilanstalt, auch Geschäftsführer der beiden deutschen Ärzte-Vereine. Seine Frau Henriette, geb. Amburger (1837–1921), stiftete in St. Petersburg das Heim für erwachsene unheilbar Blinde »zum Gedenken von Dr. Blessig«, wo erstmals in der Stadt Blinde im Handwerken unterwiesen wurden; die Waren wurden jährlich auf einem »Basar« verkauft. Gemeinsam mit dem Staatssekretär Konstantin Grot, dem Schöpfer der Blindenfürsorge für Rußland (Blinden-Kuratorium), war Henriette Blessig bis ins hohe Alter zum Wohl der Blinden tätig, wovon u.a. ihr Briefwechsel mit Grot zeugt (auf russisch gedruckt).

Literatur:
E. Amburger, Deutsche in Staat, Wirtschaft und Gesellschaft Rußlands. Die Familie Amburger in St. Petersburg 1770–1920, Wiesbaden 1986.

E. A.

4.2
Dr. Robert Blessig

1830–1878
Photographie
Mitte 19. Jahrhundert
Sammlung Amburger, Heuchelheim

4.3
Henriette Blessig

1837–1921
Photographie
Anfang 20. Jahrhundert
Sammlung Amburger, Heuchelheim

4.2

4.4

4.4
Blindenheim Dr. Blessig/St. Petersburg

Photographie
ca. 1912
Sammlung Amburger, Heuchelheim

4.5
Georg von Albrecht: Komponist zwischen Ost und West

1891–1976

Georg von Albrechts Musik hat eine Brückenfunktion zwischen Ost und West: In Rußland (Kasan) 1891 als Sohn eines deutschen Mathematikers und einer russischen Pianistin geboren, studierte der Komponist vor 1914 in Deutschland und kehrte 1922 endgültig dorthin zurück. Er lehrte an Musikhochschulen in Jalta, Moskau, Stuttgart, Trossingen und Heidelberg, wo er 1976 starb. Als Professor für Komposition, Leiter der Abteilung für Musikerziehung und stellvertretender Direktor der Staatlichen Hochschule für Musik in Stuttgart hat er sich besonders der Studierenden angenommen, die nach dem Krieg aus dem Osten bzw. aus der Gefangenschaft kamen, und es ihnen ermöglicht, Musikerzieher zu werden. Eine große Zahl guter Musiklehrer heranzubilden, die in Stadt und Land eine breite Wirkung ausüben, sah er als wichtige kulturelle Aufgabe der Stuttgarter Musikhochschule an, deren Geschichte er an der Seite von Hermann Erpf und Hermann Keller wesentlich mitgestaltete.

Sein Œuvre umfaßt Klavierwerke, Lieder, Chor- und Orgelwerke, Kammermusik, Orchester- und Bühnenwerke. Sie werden in aller Welt von bekannten Künstlern aufgeführt. Der Komponist wurde mit

4.6

dem Stamnitz-Preis der Künstlergilde Esslingen, dem Glinka-Preis der Belaieff-Stiftung Bonn und durch eine Festschrift (Stuttgart 1962) geehrt.

Sein Hauptwerk, die Oper »Das Vaterunser«, deren Textbuch Georg von Albrecht selbst verfaßt hat, bewältigt bitterste Erfahrungen der Zeitgeschichte aus dem Geiste der Musik und Dichtung. Texte großer deutscher Dichter wie z. B. von F. Hebbel treten an Kernstellen hervor.

Das Musizieren im Hause von Albrecht ist stark von deutschen Kultureinflüssen geprägt, obwohl der Vater kein Instrument spielt. Die Mutter, eine Pianistin, die aus russischem Adel stammt, bringt dem Sohn frühzeitig die Musik Beethovens, Chopins und Schumanns nahe. Ihr Lehrer Epstein ist ein Schüler von Mendelssohn und Moscheles. Der feine und strenge musikalische Geschmack der Mutter schließt auch J. S. Bach nicht aus, der sonst im Rußland des 19. Jahrhunderts eher als »trocken« gilt. Die Mutter wird später auch auf die Rückwanderung nach Deutschland bestehen und den Sohn als Notenabschreiberin begleiten.

Die älteren Brüder besorgen Opernkarten und vermitteln so dem heranwachsenden Komponisten bleibende musikalische Eindrücke, vor allem von den Petersburger Aufführungen der Musikdramen Richard Wagners. Besonders dem elf Jahre älteren Bruder Michael D. v. Albrecht (1880–1920), dem Schriftsteller, verdankt der Komponist vielfältige Anregungen aus deutscher Literatur, Philosophie und Musik.

Georg von Albrecht verdankt Helmholtz (1821–1894) und Riemann (1849–1919) die für sein Schaffen entscheidende Einsicht, daß ein Fortschritt in der Musik nicht durch Negieren ihrer natürlichen Grundlagen, sondern nur durch ständige Verfeinerung des Hörens erzielt werden kann. So gibt ihm die deutsche Musikwissenschaft entscheidende Impulse zur Bewältigung der Probleme der zeitgenössischen deutschen und russischen Musik (Skrjabin) und ermöglicht eine Synthese im eigenen Schaffen.

Literatur:
G. Rimann, Muzykal ›nyj slovar‹, Moskau 1901–1904; Georg von Albrecht. Festschrift (Vom Volkslied zur Zwölftontechnik. Schriften und Erinnerungen eines Musikers zwischen Ost und West), Stuttgart 1962; Georg von Albrecht. Gesamtausgabe Bd. 1–9, Frankfurt/M. 1984–89.

M. A.

4.6
Georg von Albrecht 1891–1976

Rötelzeichnung des Sohnes
ca. 1960
sign. Georg von Albrecht
Papier
22,2 × 31 cm
Prof. Dr. Michael von Albrecht, Heidelberg

4.7
Georg von Albrecht, Schriftprobe

Erste Komposition »Lob des Lebens« (unpubliziert)

März 1909
Tinte auf Papier
34,5 × 26,7 cm
Prof. Dr. Michael von Albrecht, Heidelberg

4.8
Konzertplakat

Jalta, 12. 8. 1919
Papier
35 × 44 cm
Prof. Dr. Michael von Albrecht, Heidelberg

Plakat des ersten größeren Kompositionsabends Georg von Albrechts in der Tschechow-Gesellschaft Jalta, 12. 8. 1919. Die Aufführung ist mit einem Vortrag über die Kunst der Deutschen verbunden. M. A.

4.7

4.8

4.9
Familie von Albrecht

Photographie
Stuttgart 1912/13
2. Reihe Mitte: Georg von Albrecht, jun.
Prof. Dr. Michael von Albrecht, Heidelberg

4.10
Kasan

Ansicht
Stich, undatiert (ca. 19. Jahrhundert)
10 × 20 cm
Photographie
Prof. Dr. Michael von Albrecht, Heidelberg

4.9

4.11
Schreibzeug des Komponisten

Länge der Federhalter (ohne Federn) 17,6 und 16,6 cm
2 Federhalter (Holz) mit Stahlfedern
1 Bleistift, 1 Radiergummi, 1 Lineal (Metall)
Bleistift 6,6 cm, Lineal 40 cm
Prof. Dr. Michael von Albrecht, Heidelberg

4.12
Der Vater des Komponisten: Johann Gottlieb David von Albrecht 1846–1918
Beamtenkarriere eines Deutschen in Rußland

Tafel

Die Karriere dieses im Kaukasus geborenen Schwaben beginnt in einfachsten Verhältnissen – zum Studium wandert er von Tiflis nach Moskau zu Fuß und auf Bauernwagen. Nach dem Staatsexamen ist er zunächst an Schulen als Mathematiklehrer tätig, wird dann als Studenteninspektor an die Universität Kasan und von dort in gleicher Funktion nach St. Petersburg berufen. Als Staatsrat wird er geadelt. 1912 tritt er als Geheimrat und Inspektor aller Schulen der Handelsmarine in den Ruhestand.
Georg von Albrecht verdankt seinem Vater die Begegnung mit dem deutschen Volkslied aus erster Hand, aber auch die Fähigkeit, komplizierteste Strukturen zu überblicken und gleichsam spielend zu ordnen. M. A.

4.13
Dienstregister Johann Gottlieb David von Albrecht mit dem Doppeladler-Siegel

1897
22 × 33 cm
Handschrift. Russisches Original
Heft 16 Seiten
Prof. Dr. Michael v. Albrecht, Heidelberg
Das Dienstregister entspricht der deutschen Personalakte

4.14
Silberner Manschettenknopf

Kaukasus
Erinnerung an die Anfänge in Tiflis
19. Jahrhundert
∅ 2,2 cm
Prof. Dr. Michael v. Albrecht, Heidelberg

4.13

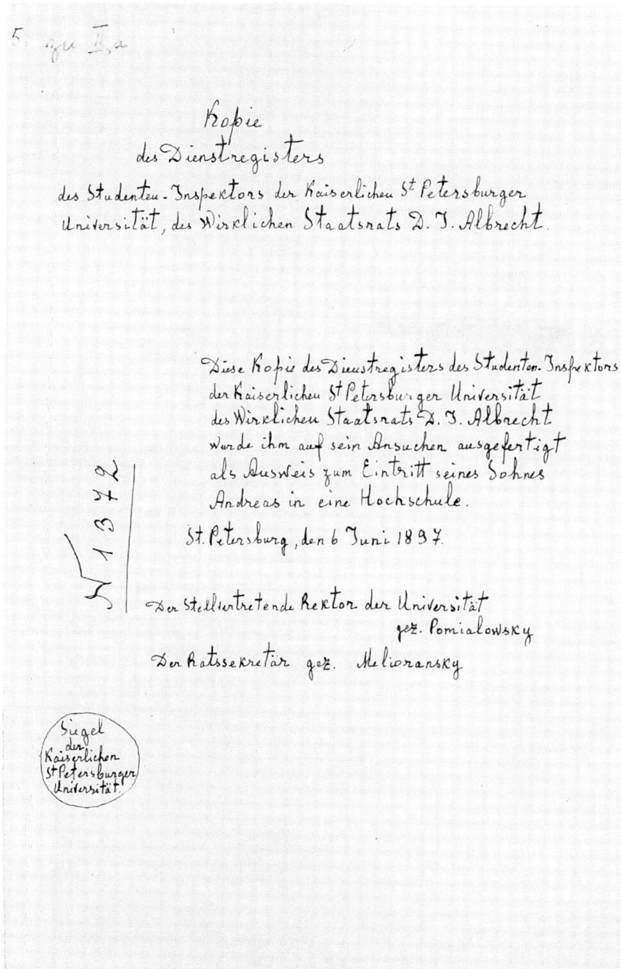

5. zu II a

Kopie
des Dienstregisters
des Studenten-Inspektors der Kaiserlichen St Petersburger Universität, des Wirklichen Staatsrats D. J. Albrecht.

1372

Diese Kopie des Dienstregisters des Studenten-Inspektors der Kaiserlichen St Petersburger Universität des Wirklichen Staatsrats D. J. Albrecht wurde ihm auf sein Ansuchen ausgefertigt als Ausweis zum Eintritt seines Sohnes Andreas in eine Hochschule.

St. Petersburg, den 6 Juni 1897.

Der stellvertretende Rektor der Universität
gez. Pomialowsky
Der Ratssekretär gez. Melioransky

Siegel der Kaiserlichen St Petersburger Universität

4.15
Goldene Taschenuhr

Geschenk des Zaren
Marke Monard, 13 Steine
Mitte 19. Jahrhundert
Accessoire: Kette 27 cm
Gold
∅ 4,9 cm, Höhe 1,6 cm + 1–2 mm Relief
Auf dem Deckel MM (s.o.). Innenseite des Deckels: Ot duschi blagodarju (Ich danke von ganzer Seele) 56
Auf dem Zifferblatt: Ote Monard
Innenseite des hinteren Deckels: H. Moser & CE 56. 37901
Hinterer innerer Deckel: Echappement à Ancre, 13 pierres. Qualité Monard, No. 3 7901
Prof. Dr. Michael v. Albrecht, Heidelberg

4.16 (Katalog)
Die Anfänge einer deutschen Stilistik: Johann Georg Schwarz in Moskau 1780

Es fällt schwer, die Anfänge einer wissenschaftlichen Stilistik zu bestimmen, da die Zusammenhänge zwischen Rhetorik und Stilistik bei der Beschreibung des genormten Sprachgebrauchs sehr eng sind. Im 18. Jahrhundert, als so viele Einzelwissenschaften sich abzuzeichnen begannen, entstand auch die Stilistik als eigenständige wissenschaftliche Disziplin innerhalb der übrigen Formen der Beschäftigung mit der gesprochenen und geschriebenen Sprache. Als Großmeister der deutschen Stilistik gilt und galt Johann Christoph Adelung (1732–1806) mit seinem als Lehrbuch konzipierten Versuch: *Ueber den Deutschen Styl* (1785). Adelung hat philosophische Anregungen von Herder übernommen, hat vor allem die Literatursprache untersucht und war bemüht, durch zahlreiche Beispiele seine Schüler zu einem zweckmäßigen und schönen deutschen Ausdruck zu erziehen.
Die sowjetische Stilistik hat sich nach dem Zweiten Weltkrieg ebenfalls der Literatursprache zugewendet und vorwiegend den sogenannten Funktionalstil untersucht. Von germanistischer Seite geschah dies in Arbeiten von W. G. Admoni (z. B. Der deutsche Satzbau, Moskau/Leningrad, ^{2}1965) und Elise Riesel. Riesel hat die Ansätze einer Stilistik in der DDR entscheidend mitbestimmt und ist im gesamten deutschen Sprachraum zur Kenntnis genommen worden. Von ihren zahlreichen Arbeiten seien hier nur genannt: Stilistik der deutschen Sprache (Moskau, ^{2}1963), Der Stil der deutschen Alltagsrede (Leipzig, 1970), Deutsche Stilistik (Moskau, 1975, in Zusammenarbeit mit E. Schendels). Weder bei Riesel, noch

bei Admoni oder anderen sowjetischen Germanisten erscheint ein Hinweis auf einen Vorläufer in Moskau, der die erste Stilistik im Zarenreich verfaßt hatte und der auch fünf Jahre vor dem großen Adelung seine deutsche Stilistik vorgelegt hatte. Kein Geringerer als Kaiser Joseph II. erhielt das erste Exemplar dieser Stilistik anläßlich seines Besuchs in Mogilew. Der Verfasser der Stilistik war damals ordentlicher Professor in Moskau.

Über Johann Georg Schwarz weiß man heute recht wenig. Er ist im Jahre 1741 in Siebenbürgen geboren, wahrscheinlich in Kronstadt oder in Hermannstadt. Bis zum Jahre 1776 ist über seinen Lebenslauf nichts bekannt. Damals kam er als Privatlehrer nach Mogilew und war bald als Bruder in verschiedenen Freimaurerlogen tätig. Durch seinen Logenbruder Cheraskow, der Kurator der Universität in Moskau war, gelangt Schwarz zu einem Lektorat für deutsche Sprache an der Universität (1779). Ein Jahr später (am 5. Februar) wird er zum ordentlichen Professor ernannt, unterrichtet aber auch am Philosophisch-Pädagogischen Seminar und am Gymnasium.

Schwarz erteilte Unterricht in deutscher Grammatik. Als Leitfaden zum korrekten und anmutigen Gebrauch der deutschen Schriftsprache schrieb er seinen »Entwurf der Grundsätze des deutschen Stils zum Gebrauch der öffentlichen Vorlesungen bey der kaiserlichen Universität zu Moskau«, der drei Teile umfassen sollte: einen theoretischen, einen praktischen und eine Beispielsammlung. Erschienen ist 1780 im Novikov'schen Verlag einzig und allein Teil 1, der Joseph II. überreicht wurde.

Die Stilistik von Schwarz ist zweisprachig abgefaßt: deutsch und russisch (auf dem Titelblatt erscheint demzufolge der Doppeltitel: Entwurf der Grundsätze des deutschen Stils/Nacertanie pervih osnavnij nemezkavo sloga). Dadurch kann der theoretische Entwurf einerseits als sehr frühe deutsche Stilistik gelten, andererseits die sprachwissenschaftlichen und allgemein-stilistischen Überlegungen in Rußland selbst befruchten. Für die Universität Moskau, an der neben Schwarz zahlreiche andere deutsche Wissenschaftler tätig waren und als Lehrbuchautoren in Erscheinung traten, hat das Lehrwerk des auch politisch wirksamen Schwarz besonderes Aufsehen erregt.

Nach 1780 ist uns vor allem die diplomatische Tätigkeit von Schwarz bekannt, der im Jahre 1781 nach Petersburg geht, dann eine Mission nach Mitau übernimmt, auch an den Hof in Braunschweig abgesandt wird und dafür zuständig ist, daß sich das schwedische Freimaurermodell in Rußland durchsetzt. 1789 wird dem Unermüdlichen ein poetisches Denkmal gesetzt: in Moskau erscheint eine *Ode dem Gedenken des weiland H. W. P. Schwartsens gewidmet von EFS*, dessen Identität bis heute nicht ermittelt werden konnte. Seine Biographie wurde im Jahre 1863 von Tichonravov publiziert. Sehr viel war über ihn nicht zu ermitteln, nur seine Protektoren aus der Freimaurerumgebung von Rahmanow bis Trubetzkoy werden immer wieder zitiert. Als Leistungsnachweis kommt für uns heute nur noch die deutsche Stilistik in Frage. Dem Entwurf liegt die Überlegung zugrunde, daß die Sprache eine innere Logik besitze, daß sie erlernt und beherrscht werden kann, wenn man schrittweise die einfachen und die zunehmend komplexeren Elemente analysiert und begreift. Durch den Einblick in die in ihrem Wesen vernünftigen Strukturen des Deutschen will Schwarz die Fähigkeit zum Nachvollzug von vorgegebenen idealen Sprachmustern hervorbringen. Das pädagogische Prinzip des Fortschreitens vom Einfachen zum Komplizierten wirkt dabei mit. Die Leibnizsche Philosophie, die Elementarteilchen in allen Bereichen herauszukristallisieren bestrebt ist, spielt für den Stilisten Schwarz eine entscheidende Rolle. Wie er dann seine Erkenntnisse, die in Teil 1 auf die Ebene der Laute und Wortformen beschränkt ist, auf die Syntax und auf ein Textganzes anwenden wollte, entzieht sich unserem Wissen. Auf jeden Fall ist diese philosophisch und didaktisch interessante Sprachanalyse es wert, ihr die Aufmerksamkeit zu schenken, die jeder wegbereitenden wissenschaftlichen Initiative gebührt. Da sich Schwarz als Deutscher im Ausland befand, wurde ihm das gleiche Schicksal zuteil wie vielen Schicksalsgefährten: man vergaß ihn in seiner Geburtsheimat und im deutschen Sprachraum, wo kein biographisches Nachschlagewerk ihn vermerkt. In Rußland ist er, ebenso wie die vielen anderen Wegbereiter, recht schnell totgeschwiegen worden, sieht man davon ab, daß er in den Annalen der Freimaurerei als »eques ab aquila crescente« verzeichnet ist.

Literatur:
N. S. Tichonravov, Letopisez russkoj literaturi, 1863, S. 96–110; Russkij biograficeskij slovar, hg. von A. A. Polovzow, St. Petersburg 1905, Bd. 22 (Kraus Reprint Corporation, New York 1962), S. 621–629.

H. F.

4.17
Johann Georg Schwarz: Entwurf der Grundsätze des deutschen Stils/Nacertanie pervih osnavnij njemezkavo sloga (Moskau, 1780)

Titelblatt der einzigen Ausgabe
Photographie
Universitätsbibliothek M. Eminescu in Jassy/Rumänien

Es konnte nicht festgestellt werden, wie das sehr seltene Exemplar nach Jassy kam. Die dortige Universitätsbibliothek ist seit dem Direktorat des Siebenbürgers Karl Kurt Klein (1897–1971) eine der vier großen rumänischen Archivbibliotheken (Gesamtbestand: 2,4 Mio. Bücher). Von 1932 bis 1937 bereicherte Klein die Universitätsbibliothek mit vielen Rara siebenbürgischer Autoren; so könnte er auch die deutsche Stilistik von Schwarz erworben haben. Allerdings gibt es in Jassy auch andere seltene Drucke aus Rußland (z. B. die Wörterbücher von Pallas), obwohl die mittelalterlichen byzantinischen Notenmanuskripte und altrumänischen Handschriften zu den bekanntesten Sammlungen der Bibliothek gehören. H. F.

4.18
Deutsche im Adelsstand

Tafel

Den erblichen Adel erwarb man in Rußland seit Peter I. in der Regel im Staatsdienst, und zwar mit Erreichung bestimmter Dienstränge (seit 1856 erst beim wirklichen Staatsrat) und durch Verleihung von Orden. Unter den Angehörigen des Adelsstandes gab es zahllose Deutsche. In Einzelfällen verlieh der Kaiser den Adel für besondere Verdienste; Deutsche traf diese Ehrung zuletzt im April 1914: es waren die Brüder Falz-Fein, Besitzer von Askania Nova. Der Kaiser konnte außerdem noch Adelstitel vergeben wie z. B. Baron, Graf und Fürst (knjas). Der Fürstentitel ist dreimal an Deutsche vergeben worden, die alle zuvor schon den Grafentitel erhalten hatten: an den Feldmarschall Barclay de Tolly, den General von der Osten-Sacken und 1826 an die Erzieherin der Töchter Kaiser Pauls I. und Oberhofmeisterin von Lieven. Den Grafentitel haben 35 Träger deutscher Namen erhalten, von denen vier orthodoxe Russen waren, darunter der Ministerpräsident Witte. Unter den Ausgezeichneten überwiegen Generäle, darunter Feldmarschall Münnich, Barclay de Tolly, Diebitsch, Bennigsen und Totleben. Ferner sind der Forschungsreisende und Admiral Lütke zu nennen sowie eine Reihe von Ministern: im 18. Jahrhundert im auswärtigen Amt Ostermann und der vielseitige Staatsmann J. J. von Sievers; im 19. Jahrhundert die Finanzminister von Cancrin und von Reutern, die Hofminister von Adlerberg und Baron Freedericksz und, wie gesagt, Sergej Witte. Außer Frau von Lieven wurde auch die Erzieherin am Hofe, Frau von Baranow, Gräfin. Außerdem konnte der Kaiser als Großfürst von Finnland und (seit 1831) als Zar bzw. König von Polen Titel verleihen. In dieser Funktion vergab er je einmal den Grafentitel an Deutsche: in Polen an den Kriegsminister Moritz Hauke, einen Ahnherrn der Familie Battenberg-Mountbatten. Der Titel »Baron« wurde nur 15mal an Deutsche verliehen, darunter neunmal an Bankiers und Fabrikanten, einmal an Witwe und Kinder eines verdienten Generals und Hofbeamten. Auch den dem Baron entsprechenden finnländischen Freiherrntitel erhielt ein Deutscher. Als einziger in diesem Personenkreis hat Graf Diebitsch als Zusatz zum Namen einen Ehrennamen erhalten, wie er nach altrömischem Brauch zuerst von Katharina II. verliehen worden ist: nach dem siegreichen Balkankrieg 1828–1829 den Zunamen Sabalkanskij, der »Balkanüberschreiter«. Der Eroberer Zentralasiens, General von Kauffmann, der sonst keinen Titel erhielt, durfte sich Kauffmann-Turkestanskij nennen. Die allermeisten der mit Adelstiteln ausgezeichneten Deutschen waren Deutschbalten, nur sechs waren Einwanderer aus Deutschland und Nachkommen von Einwanderern nach St. Petersburg (Lütke und der Bankier Fehleisen).

Literatur:
E. Amburger, Geschichte der Behördenorganisation Rußlands von Peter I. bis 1917, Leiden 1966.

E. A.

4.17

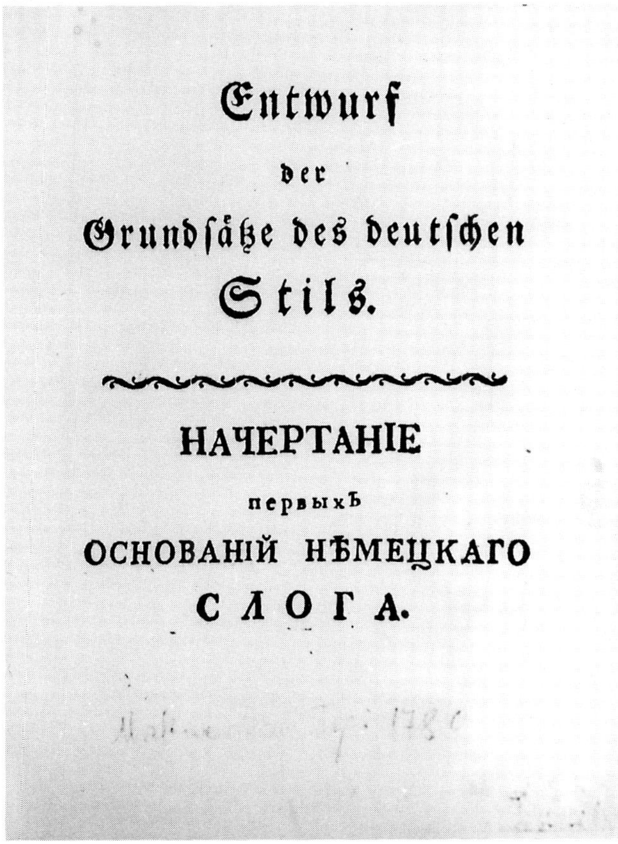
Entwurf
der
Grundsätze des deutschen
Stils.

НАЧЕРТАНІЕ
первыхъ
ОСНОВАНІЙ НѢМЕЦКАГО
СЛОГА.

4.19
Burchard Christoph Graf von Münnich
1683–1767

Bildarchiv Foto Marburg

4.19

Sohn eines Deichgrafen in Oldenburg, geboren in Neuenhuntorf, wurde Münnich Soldat und diente während des Spanischen Erbfolgekrieges in den Kontingenten verschiedener deutscher Landesherren. Während seines Aufenthaltes in Hessen-Kassel konnte er erstmals seine Kenntnisse im Wasserbau anwenden bei der Anlage von Stadt, Hafen und Kanal in Karlshafen an der Weser (1713). Nach weiteren fünf Jahren in kursächsischen Diensten übernahm ihn Peter I. 1721 als Generalmajor in seine Armee. Innerhalb weniger Jahre stieg Münnich bis zum Range eines General-en-chef auf, begann den Bau des Umgehungskanals um das Südufer des Ladogasees und ließ als Generalgouverneur von Petersburg dort weite Gebiete trockenlegen und Kanäle anlegen. Peter II. verlieh ihm 1728 den Grafentitel. 1729–1735 war Münnich Generalfeldzeugmeister (Chef aller Artillerie), daneben im Kriegskollegium 1730 Vizepräsident und 1732 Präsident. Die nun regierende Kaiserin Anna ernannte ihn bei der Schaffung eines Kabinettsministeriums zum Kabinettsminister für das Militärressort und beförderte ihn 1732 zum Feldmarschall. Als Rußland im Polnischen Erbfolgekrieg zugunsten der Wahl und Durchsetzung des Kurfürsten August des Starken von Sachsen als König von Polen eingriff, belagerte Münnich den Gegenkandidaten Stanislaus in Danzig und zwang die polnisch-französische Garnison 1734 zur Kapitulation. Bei Ausbruch eines neuen Krieges gegen die Türken übernahm Münnich 1735 den Oberbefehl und führte Feldzüge in Südrußland mit Erfolgen und Rückschlägen, bis ihm 1739 der große Sieg bei Stawuschane gelang. Doch der Erfolg wurde durch den Sonderfrieden des österreichischen Verbündeten zunichte gemacht: auch Rußland mußte zu schlechten Bedingungen Frieden schließen. Den Höhepunkt der Macht erreichte Münnich, als es ihm gelang, am 28. Oktober 1740 den allgemein verhaßten Regenten Herzog Biron von Kurland zu verhaften und für dessen Verbannung nach Sibirien zu sorgen. Aber schon wenige Monate später gelang es seinen Neidern, bei der Regentin Anna von Braunschweig seine Entlassung aus allen Ämtern zu erreichen, und beim Staatsstreich Elisabeths am 14. November 1741 teilte er das Schicksal Ostermanns und anderer und mußte den Weg nach Sibirien antreten, wo er die Hütte in Pelym bezog, die er für Biron ausgesucht hatte.

Münnichs eiserne Konstitution hielt den Mühen und Leiden der Haft und Isolation stand, und als ihm die Thronbesteigung Peters III. Ende 1761 die Freiheit brachte und auch die Gunst des neuen Herrschers, kehrte er voll Tatendrang nach St. Petersburg zurück. Auch die nach einigen Monaten an die Herrschaft gelangte Katharina II. schenkte ihm ihr Vertrauen und ernannte ihn zum Generaldirektor aller Ostseehäfen. Wesentlich mehr leistete der greise Staatsmann für die lutherische St. Petri-Gemeinde in St. Petersburg, als deren Patron er schon 1727–1741 zum Besten aller Protestanten der Hauptstadt gewirkt hatte. Er übernahm diese Aufgabe erneut, und als Pastor Büsching die St. Petrischule der Sprachen, Künste und Wissenschaften als erste deutsche höhere Schule Rußlands 1762 eröffnete, erreichte Münnich bei der Kaiserin ein Privileg für diese Lehranstalt, in dessen Schutz diese sogar die Zeit der Russifizierung am Ende des 19. Jahrhunderts unter Bewahrung der deutschen Unterrichtssprache überstanden hat – bis 1914.

Literatur:
M. Vischer, Münnich. Ingenieur, Feldherr, Hochverräter, Frankfurt/M. 1938.

E. A.

4.20
Tabatiere

Silber gefaßtes Schildpatt
∅ 7,5 cm
Geschenk Katharinas II. an Münnich
Eilert Viet, Oldenburg

4.21
Hans (Karl Friedrich Anton) Graf Diebitsch-Sabalkanskij 1785–1831

Bildarchiv Foto Marburg

Bereits der Vater, der Schlesier Hans Ehrenfried v. Diebitsch und Narden (1738–1822), ein preußischer Offizier, trat 1798 als Oberst ins russische Heer über und hat als Generalmajor die Gewehrfabrik in Sestroresk bei St. Petersburg und seit 1811 das Kadettenkorps daselbst geleitet. Sein Sohn, preußischer Kadett in Berlin, folgte dem Vater nach Rußland, wo er sich bereits in den Feldzügen 1805–1808 gegen Napoleon auszeichnete. An den Feldzügen 1812–1814 nahm er als Generalquartiermeister teil. Sein Name wurde allgemein bekannt durch den Abschluß der Konvention von Tauroggen am 30. Dezember 1812 mit dem preußischen General Yorck. Im weiteren Feldzug war er Chef des Stabes beim Grafen Wittgenstein und leitete so die Schlacht bei Leipzig mit. Am Ende des Krieges war Diebitsch Generalleutnant, 1815–1818 stand er Barclay de Tolly als Stabschef der 1. Armee zur Seite. Danach stand er an der Spitze des Hauptstabes in St. Petersburg, sowohl unter Alexander I. als auch unter Nikolaus I., wurde Generaladjutant und Mitglied des Ministerkomitees, 1826 General der Infanterie und erhielt 1827 den Grafentitel. 1828 begleitete er als Berater den Kaiser zur Armee an der Donau, wo im ersten Feldzug infolge der unklaren Lage im Oberbefehl nur geringe Erfolge erzielt wurden und die Armee durch Seuchen außerdem gewaltige Verluste erlitt. Nach Abreise des Kaisers ersetzte Diebitsch den Fürsten Wittgenstein im Oberbefehl (mit Baron v. Toll als Stabschef). Er schlug die Türken bei Kulewtschi entscheidend und schloß den Großwesir mit dem Rest seiner Armee in der Festung Schumla ein. Dann überschritt er den Balkan und verfolgte die sich auflösenden türkischen Truppen bis fast vor Konstantinopel. Der Friedensvertrag von Adrianopel sicherte das russische Übergewicht auf der Balkanhalbinsel, legte aber auch den Grund zu späteren Konflikten mit England und Frankreich. Diebitsch wurde Feldmarschall, erhielt die höchste Stufe des St. Georg-Ordens und den Ehrennamen »Sabalkanskij« (der »Transbalkanische«). In St. Petersburg wurde die Ausfallstraße nach Süden zum alsbald errichteten Triumphtor an der Chaussee nach Zarskoje Selo bzw. Moskau »Sabalkanskij Prospekt« benannt. Diebitsch selbst nannte seinen Schloßbau am Finnischen Meerbusen Sabalkansk.
Als sich 1831 die Lage in Polen zum Aufstand in Warschau und offenen Krieg zuspitzte, erhielt Diebitsch erneut den Oberbefehl über das in Polen einrückende Heer. Er siegte bei Grochow über die Aufständischen, unterließ jedoch den sofortigen Stoß auf Warschau. So mußte er erneut bei Ostrolenka die Gegner zurückweisen, doch wieder unterschätzte man die Kraft der Polen, die sich nochmals erholten. Die Cholera brach aus, und ihr erlag Diebitsch ebenso wie der bisherige Vizekönig von Polen, Großfürst Konstantin, und bei den preußischen Verbündeten, die ebenfalls gegen die Polen marschierten, Gneisenau und Clausewitz. Erst unter Führung des Feldmarschalls Paskewitsch gelang die Niederwerfung Polens. Der Tod hat Diebitsch, der öffentlich der absichtlichen Verzögerung und des Verrats beschuldigt wurde, zum mindesten die Absetzung erspart.

Literatur:
Russkij biograficeskij Slovar, Bd. 4 (Kraus Reprint Corporation, New York 1962), S. 340–342.

E. A.

4.22
Heinrich (Johann Friedrich) Graf Ostermann (russisch Andrei Iwanowitsch) 1687–1747

Bildarchiv Foto Marburg

Geboren in Bochum als Sohn eines Pfarrers, studierte Heinrich Ostermann in Jena Rechtswissenschaft. Wegen einer Auseinandersetzung mit einem anderen Studenten, der dabei ums Leben kam, floh er nach Holland. Bereits sehr sprachkundig, lernte er dort auch noch Holländisch. Als aus Rußland der Seemann Cornelis Cruys nach Amsterdam kam, um Seeleute und Spezialisten für den Zaren anzuwerben, wurde Ostermann dessen Sekretär und kam auf diese Weise nach Rußland, wo sein älterer Bruder bereits als Lehrer der Nichten des Zaren tätig war, der entfernte Verwandte Heinrich Huyssen als Lehrer des Zarensohnes Alexej. Die Tätigkeit in der Marineverwaltung genügte Heinrich Ostermann nicht, und 1708 fand er eine Anstellung in der Verwaltung der auswärtigen Angelegenheiten. Bald holte ihn Zar Peter in seine Feldkanzlei, und während des mißglückten Feldzugs gegen die Türken am Pruth rückte er 1711 zum Geheimsekretär auf. Die russische Sprache erlernte er so gründlich, daß er später das beste Russisch in Regierungskreisen schrieb. Der Zar schickte ihn häufig in wichtigen Missionen ins Ausland. 1717 war er einer der Unterhändler auf dem ergebnislosen Friedenskongreß auf den Áland-Inseln, 1721 höchst erfolgreich als russischer Vertreter bei den Verhandlungen in Nystad, die zum Frieden und Ende des Nordischen Krieges führten. Der Kaiser belohnte ihn u. a. mit dem Baronstitel, ernannte ihn 1723 zum Vizepräsidenten des Kollegiums der auswärtigen Angelegenheiten, und unter der Nachfolgerin Katharina I. wurde er Vizekanzler und Mitglied des Obersten Geheimen Rates. Ostermann, der es in Peters Regierungszeit meisterhaft verstanden hatte, den Ideen des Zaren Gestalt zu geben und sie zu einem politischen Programm zu verarbeiten, bemühte sich unter den Nachfolgern, das Regierungsprogramm Peters I. nicht untergehen zu lassen. Da er sich nach Übernahme der Herrschaft durch Peters Nichte Anna 1730 nicht der Mehrheit des Geheimen Rates anschloß, der die Autokratie einschränken wollte, sondern sich der Kaiserin zur Verfügung stellte, gewann er deren volle Gunst und gelangte auf den Gipfel politischen Einflusses. Er wurde Graf, Senator, zweiter und 1734 erster Kabinettsminister. Doch die grausame Willkürherrschaft des allmächtigen Günstlings der Kaiserin, Ernst v. Biron, des Herzogs von Kurland, ruinierte den Ruf des ganzen Regierungsklüngels, der fast nur aus Deutschen bestand, und schürte den Deutschenhaß, so daß 1741 die Tochter Peters I., Prinzessin Elisabeth, leichtes Spiel hatte bei ihrem Staatsstreich, in dessen Folge den alten Machthabern der Prozeß gemacht wurde. Zum Tode verurteilt, wurde Ostermann zu ewiger Verbannung und Haft in Sibirien begnadigt und nach Berjosow im Gebiet des unteren Ob geschafft. Dort ist er schon 1747 den harten Haftbedingungen und dem Klima erlegen.

4.22

Literatur:
E. Amburger, Der russische Staatsmann Heinrich Ostermann. Seine westfälischen Ahnen und russischen Nachkommen, Berlin 1961; H. und E. Kluting, Heinrich Graf Ostermann. Von Bochum nach St. Petersburg (1687–1747), Bochum 1976.

E. A.

4.23
Graf Jakob Johann von Sievers
1731–1808

Bildarchiv Foto Marburg

Dieser Sohn eines in Est-, Liv- und Finnland begüterten adligen Grundbesitzers hat zu den engsten Mitarbeitern der Kaiserin Katharina II. gehört und ist als der bedeutendste unter ihren wenigen deutschen Beratern anzusehen. Seine Laufbahn im Staatsdienst wurde zunächst durch die nahe Verwandtschaft mit dem von Kaiserin Elisabeth begünstigten Oberhofmarschall Graf Karl v. Sievers gefördert. Er trat sehr jung in den diplomatischen Dienst und lernte als Angehöriger der russischen Botschaft in London 1749–1755 die politischen Verhältnisse Englands kennen, die ihn stark beeindruckten und seine Ansichten beeinflußt haben. Am Siebenjährigen Krieg nahm er im Generalstab teil. Als Generalmajor 1763 verabschiedet und der Kaiserin längst persönlich bekannt, übernahm Sievers 1764 das Amt des Gouverneurs von Nowgorod, wo er die nötigen Erfahrungen sammelte, um maßgebend an der Reform der inneren Verwaltung und des Gerichtswesens teilzunehmen, der 1775 verkündeten sogenannten Statthalterschaftsverfassung. Er selbst wurde Statthalter der Gouvernements Nowgorod, Twer und Pskow. In seiner Zeit als Gouverneur hat er an der Abschaffung der Folter in Rußland 1767 mitgewirkt, ebenso an der

4.23

Gründung der Assignatenbank 1768, d.h. der Einführung einer Papierwährung. Auch verbesserte er die Kanalverbindung zwischen Ostsee und Wolga, die auf Peter I. zurückging, durch den Bau des nach ihm benannten Abkürzungskanals bei Nowgorod. Als er 1781 von dem allmächtigen Günstling der Kaiserin, Potemkin, aus der Gunst Katharinas und seiner Stellung verdrängt wurde – die Kaiserin beförderte ihn zum Wirklichen Geheimrat und schenkte ihm umfangreichen Gutsbesitz in dem 1772 Polen abgenommenen Gebiet –, widmete er sich der Verwaltung dieses, des väterlichen und des von seiner Frau (der Erbin des Oberhofmarschalls, also seiner Kusine) eingebrachten Besitzes. 1793 berief ihn die Kaiserin erneut nach St. Petersburg und übertrug ihm die heikle Aufgabe, als Sonderbotschafter in Warschau die zweite Teilung Polens in die Wege zu leiten.
Nach vollzogener Teilung ging ein Regen von Auszeichnungen auf Sievers nieder, verständlicherweise auch von preußischer Seite. Kaiser Paul, der Potemkin gehaßt hatte, bevorzugte Sievers besonders: er ernannte ihn 1796 zum Senator und Mitglied des Obersten Staatsrates und übertrug ihm 1797 die Verwaltung aller Wasserstraßen des Reiches, auch verlieh er ihm 1798 den Grafentitel. 1800 zog sich Sievers endgültig ins Privatleben zurück und behielt nur noch das Patronat über die lutherische St. Petri-Gemeinde in St. Petersburg.

Literatur:
W. Lenz, Deutsch-baltisches biographisches Lexikon, 1710–1960, Köln–Wien 1970, S. 730–733.

E. A.

4.24
Michael Fürst Barclay de Tolly
1761–1818

Bildarchiv Foto Marburg

Dieser berühmte Heerführer stammte aus einem schottischen Geschlecht, aus welchem Mitglieder um 1600 nach Rostock emigriert sind. Von dort zog der Urgroßvater, an dessen Herkunft nur noch der Name erinnert, 1660 nach Riga; der Vater war bereits Offizier und Gutsbesitzer. Sehr jung in die Armee eingetreten, zeichnete sich Michael Barclay 1788 im Türkenkrieg und 1790 in den Kämpfen gegen Schweden in Finnland aus. Als Generalmajor führte er 1806 in der Schlacht bei Pultusk in Polen den linken Flügel der russischen Truppen. Im Krieg gegen Schweden, der Rußland den Besitz von ganz Finnland einbrachte, unternahm Barclay 1809 einen tollkühnen Zug über das Eis des Bottnischen Meerbusens zum schwedischen Festland; danach wurde er der erste Generalgouverneur Finnlands. 1810 ernannte ihn Kaiser Alexander I. zum Kriegsminister, und in den folgenden zwei Jahren gelang es Barclay, den militärischen Apparat zu reformieren, eine Felddienstordnung einzuführen und die Armee bedeutend zu verstärken, so daß Rußland imstande war, dem Angriff Napoleons zu widerstehen. Im März 1812, vor dem Einmarsch der Franzosen, erhielt Barclay den Oberbefehl. Wegen seiner Rückzugstaktik von der öffentlichen Meinung angegriffen und als Verräter beschuldigt, als Deutscher noch besonders angefeindet, mußte er sich dem neuen Oberbefehlshaber Kutusow unterordnen. Trotzdem gebührt ihm das Hauptverdienst, daß die Russen sich bei Borodino so gut behaupten konnten. Im Sommerfeldzug 1813 in Deutschland hat Barclay de Tolly dann die russischen und preußischen Truppen unter dem Oberbefehl Schwarzenbergs kommandiert (Schlacht bei Leipzig).

1813 wurde er mit dem Grafentitel belohnt, nach der Einnahme von Paris 1814 zum Feldmarschall befördert, und 1815 erhielt er den Fürstentitel. Nach Abschluß der Kriegsperiode befehligte er die 1. Armee des Heimatheeres (Hauptquartier Mogilew), mußte jedoch 1818 krankheitshalber Urlaub nehmen und starb kurz darauf bei der Reise ins Ausland.

Literatur:
M. Josselson, The Commander. The Life of Barclay de Tolly, Oxford 1980.

E. A.

4.25
Friedrich Graf Lütke
1797–1882

Bildarchiv Foto Marburg

Als Enkel eines aus Jüterbog gebürtigen Pastors in St. Petersburg und Moskau, Sohn eines Beamten, trat Lütke 1813 mit 16 Jahren seinen Dienst auf der Flotte als Freiwilliger an. 1817–1819 befand er sich bei der Weltumseglungs-Expedition des Kapitäns Golownin, 1821–1825 unternahm er als Leutnant und Kapitänleutnant wiederholte Vorstöße in das Nördliche Eismeer bis zum Franz-Josephs-Land, wo eine Insel nach ihm benannt ist; auch auf der Karte von Nowaja Semlja findet man seinen Namen. 1826–1829 führte er mit dem Schiff »Senjawin« selbständig eine Reise um die Erde durch, wobei seine Hauptaufgaben in der Kartierung der Küsten Kamtschatkas und des Ochotskischen Meeres, der Untersuchung der Tschuktschen-Halbinsel und Aufnahmen auf den Aleuten und Karolinen (im Stillen Ozean) bestanden. Auf Kamtschatka erhielt ein Sund später seinen Namen. 1832 ernannte ihn Kaiser Nikolaus I. zum Flügeladjutanten und übertrug ihm die Erziehung und Ausbildung seines Sohnes Konstantin zum Marineoffizier. Daneben widmete sich Lütke der Auswertung seiner geographischen Entdekkungen. 1845 wirkte er maßgebend bei der Gründung der Kaiserl. Geographischen Gesellschaft mit, deren Vizepräsident bzw. Präsident (seit 1856) er wurde. Seit 1846 führte er auch den Vorsitz im Gelehrten Komitee beim Marineministerium. 1850 kehrte er in den aktiven Marinedienst zurück, zunächst als Hafenkommandant und Militärgouverneur des Kriegshafens Reval, 1853–1855 während des Krimkrieges in gleicher Eigenschaft in Kronstadt. 1855 wurde er Admiral und Mitglied des Reichsrats. Nochmals begann mit Lütkes Ernennung zum Präsidenten der Akademie der Wissenschaften 1864 eine Zeit intensiver Arbeit besonders auf organisatorischem Gebiet, wobei sich Lütke große Verdienste um die Observatorien und Museen der Akademie erwarb. 1866 verlieh ihm Alexander II. den Grafentitel, 1870 den St. Andreas-Orden. An der Spitze der Akademie blieb er bis zu seinem Tode.

Literatur:
W. Lenz, Deutsch-baltisches biographisches Lexikon, Köln-Wien 1970, S. 478.

E. A.

4.26
Deutsches Theater in Rußland und im Baltikum

Tafel

Es erscheint sinnvoll, die Tätigkeit deutscher Theaterensembles in Rußland und im Baltikum gemeinsam zu erfassen. Seit 1710 gehörten Estland und Livland zum Russischen Reich, seit 1795 Lettland. In der Zwischenkriegszeit kam es zu unterschiedlichen Zeitpunkten zu einer Autonomie der drei baltischen Staaten, die nach dem Zweiten Weltkrieg Teilrepubliken der Sowjetunion wurden. So gibt es im 18. und im 19. Jahrhundert weitgehende Analogien bei der Entwicklung der deutschen Theater in Moskau und St. Petersburg, in Reval und Riga. Im 20. Jahrhundert ist die Zwischenkriegszeit ein Intermezzo, wo in der Sowjetunion der Versuch unternommen wird, den Deutschen der Wolgarepublik und der Ukraine Agitationsbühnen zuzugestehen, während in Reval und Riga bis 1939 und dem Beginn der Aussiedlung der Deutschen an die Traditionen der früheren Jahrhunderte angeknüpft werden konnte. Nach 1945 entstand mit großer Verspätung (1981) ein Deutsches Dramentheater in Temirtau (Kasachstan), das unter den gleichen Entzugserscheinungen leidet wie die Theaterunternehmungen in Engels, Dnjepropetrowsk und Odessa in der Zwischenkriegszeit.
Wenn man die Entwicklung eines deutschen Theaters in Rußland, Lettland oder Estland ins Auge faßt, kann man vor allem drei Aspekte untersuchen: 1. die Bedeutung des jeweiligen Theaters für die Deutschen in den jeweiligen Siedlungsgebieten, 2. den Einfluß der deutschen Bühnen auf die dramatische Literatur und die Schauspielensembles der jeweiligen Staatsvölker, 3. den Stellenwert der deutschen Theateraufführungen für die Theaterentwicklung im gesamten deutschen Sprachraum.

1. Die Bedeutung der deutschen Theater für die Deutschen in Rußland und im Baltikum:

Bei dieser Frage kann man von vier voneinander zu unterscheidenden Perioden ausgehen: a) bis zum 18. Jahrhundert, b) im 18. Jahrhundert, c) vom 18. Jahrhundert bis 1918, d) nach 1918.

a) Vor dem 18. Jahrhundert sind die deutschen Theateraufführungen in Rußland äußerst selten, nichtsdestoweniger aber von besonderer Bedeutung: in Moskau finden in der Fremdenvorstadt, der »nemezkaja sloboda«, Theateraufführungen der lutherischen und reformierten Gemeinden statt, die nach Modellen des deutschen Schultheaters gestaltet wurden. Diese Aufführungen wurden zum Anlaß genommen, den aus Merseburg stammenden Pastor Johann Gottfried Gregorii (1631–1675) damit zu betrauen, 1672 anläßlich der Geburt des Zarensohnes Peter in der Sommerresidenz des Zaren Alexej Michailowitsch einen Komödienstoff (die Geschichte des Artaxerxes und der Esther) auf die Bühne zu bringen, die in einem der Kremlpaläste eingerichtet wurde. Mit der Aufführung, die am 30. Mai 1672 stattfand und bei welcher wohl nur der Prolog, der Epilog und die volkstümlichen Zwischenspiele in russischer Sprache vorgetragen wurden, begann kurzfristig die Theatertätigkeit in Rußland. Dabei hatte der deutsche Pastor Luthers Bibel als Ausgangspunkt für Handlung und Sprachgestalt des Artaxerxes-Stükkes benutzt. Im Prolog war dem Zaren der Schutz der Deutschen empfohlen worden, was ein deutlicher Hinweis auf die Nöte dieser Bevölkerungsgruppe war. Biblische Themen wurden auch weiterhin von Gregoriis Truppe dargestellt (Tobias, Judith, Joseph, Adam und Eva), aber es gab auch eine Marlowe-Bearbeitung (Tamerlan) zu sehen. Deutsche Schüler, Handwerker aus Litauen, und zunächst 26 junge Russen waren die Darsteller. Die Vorführungen waren für den Zarenhof bestimmt, doch haben die Einwohner der »Sloboda« sicher auch Zutritt zu den wiederholten Aufführungen gehabt. Nach dem Tod des Zaren Alexej Michailowitsch unterblieb der Theaterbetrieb bis ins 18. Jahrhundert.

Das estnische Reval und das lettische Riga kennen seit dem Mittelalter eine deutsche Theatertätigkeit. Für das Jahr 1225 bezeugt Heinrich von Lettland in seiner Chronik die Aufführung eines religiösen Schauspiels des livländischen Schwertbrüderordens auf einem freien Platz in Riga. Am 13. Mai 1430 wird das Fastnachtspiel »Das Glücksrad« (de lucke rat) in Reval aufgeführt. Von besonderer Bedeutung ist am 27. Februar 1527 die Rigaer Inszenierung von Burkhard Waldis Parabel vom verlorenen Sohn. In Riga und Reval herrschte lübisches Recht. Es kann angenommen werden, daß es außer den belegbaren Schauspielen eine kontinuierliche Aufführungstradition in deutscher Sprache bei der meist deutschen Stadtbevölkerung gegeben hat. Nach 1319 gab es in Reval an der Domschule Schüleraufführungen; ähnliches ist für Riga bekannt. Die deutschen Wandertruppen gelangten im 17. Jahrhundert über Schweden nach Riga und Reval. Die Namen und Vorführungen einiger Truppen und Schauspieler sind bekannt: Jacob Wigandt war 1630 in Reval, die Engelsche Gesellschaft traf 1665 aus Stockholm ein, 1672 weilten »hochdeutsche Komödianten« in Riga, 1679 spielte Christian Bockhäuser in Riga, 1684 in Reval. Die ständige Verbindung zwischen den beiden Städten brach im 18. und 19. Jahrhundert nicht ab. Eine enge Verbindung zu den binnendeutschen Kulturereignissen ist auch anhand dieser Schauspielertätigkeit festzustellen.

b) Im 18. Jahrhundert ist ein Aufschwung der Theatertätigkeit in ganz Europa zu verzeichnen. Wenn es seit 1673 die Comédie Française und das russische Hoftheater gegeben hatte, so entstehen im Zeitalter der Aufklärung immer häufiger feste Stadttheater. An Rußland konnte diese Entwicklung nicht spurlos vorbeigehen, und seit Peter I. (1682–1725) ist die Öffnung nach Europa so bedeutsam, daß auch die kulturelle Komponente davon profitieren konnte. Trotz einiger Rückschläge gab es noch 1845 in St. Petersburg (1730 gegründet) fünf Theaterunternehmen, die alle im 18. Jahrhundert entstanden: 1730 kam eine italienische Truppe aus Dresden nach St. Petersburg, 1737 eine italienische Operngesellschaft, die unter der Leitung des Komponisten G. B. Locatelli besondere Leistungen erbrachte, seit 1702 gab es deutsche Prinzipale vor Ort, und 1742 stellte sich Sévigny mit einer französischen Gesellschaft ein. Hinzu kamen die verschiedenen russischen Truppen, die noch 1756 mit 5000 Rubeln bescheidener dotiert wurden als die Franzosen (30 000 Rubel) und die Italiener (30 000 Rubel). Die deutschen Truppen spielten vor der »deutschen Kolonie« und erfreuten sich nicht immer der Unterstützung des Hofes.

1702 hatte sich der damals in Danzig tätige Johann Kunst für das »moskowitische Abenteuer« anwerben lassen. Seine Truppe spielte seit 1703 Haupt- und Staatsaktionen in einem Theatergebäude auf dem Roten Platz. Nachdem Kunst durch eine unbesonnene Einlage in Ungnade gefallen war, übernahm der Goldschmied Otto Fürst 1704 die Leitung des Ensembles und ließ sich sogleich 70 gemalte Kulissen und »Theatermaschinen« fertigen. Bis 1707 ist Fürst Prinzipal, dann tritt ein anderer Schauspieler, Mann, an seine Stelle. Molières Komödien standen oft auf dem Programm, dazu die Stücke Scipio, Tamerlan und Bajazet.

1709 zog die deutsche Theatergesellschaft nach St. Petersburg um. Unter der Zarin Anna (1730–1740) wurden dort im Winterpalast fast ausschließlich italienische Opern und das von J. P. Landé einstudierte Ballett heimisch (frühere Ansätze sind im 17. Jahrhundert zu suchen, als Nikolaus Limm als Choreograph bei Gregorii »Singballette« auf die Bühne brachte). Als die Zarin die Neubersche Truppe zu Hofkomödianten ernannte und die deutschen Schauspieler im März 1740 nach St. Petersburg kamen, wo sie Corneille, Racine, Voltaire, aber auch Johann Elias Schlegel und Gottsched bekannt machten, war das ein Versuch, die bescheidenen Wandertruppen durch eine renommierte deutsche Gesellschaft zu ersetzen. Der plötzliche Tod der Zarin am 28. Oktober 1740 bedeutete für die Neubersche Truppe eine finanzielle Katastrophe, da die Subvention nicht mehr weitergeführt wurde. Es dauerte lange, bevor das 1745 in St. Petersburg bestehende kleine deutsche Privattheater durch Gastspiele von Johann Peter Hilverding, Konrad Ackermann, Sophie Charlotte Schröder und Konrad Ekhof wieder zu Erfolgen kam. Was der bekannte Reisende Johann Georg Kohl 1845 über das deutsche Theater von St. Petersburg schrieb, hat auch für das 18. Jahrhundert seine Berechtigung: »Die deutsche Truppe aber kam nie zu bedeutenden Leistungen. Sie spielt vorzüglich nur für die deutschen Bürger und Handwerker der Stadt, da die vornehmen Deutschen sich nicht mit den vornehmen Russen nahe an das französische, italienische und russische Theater halten. Doch ist dies auch nur so im Allgemeinen zu verstehen, denn zuweilen besucht sogar der Kaiser das deutsche Theater.«

Als einen Höhepunkt des deutschen Theaters im 18. Jahrhundert kann man die kurze Intendanten-Tätigkeit des namhaften Dramatikers August von Kotzebue (1761–1819) am kaiserlichen Hoftheater betrachten, als der junge Schriftsteller von 1782 bis 1783 seinen Demetrius und andere Stücke dem Publikum präsentieren konnte. Sein Erfolgsstück »Menschenhaß und Reue« wurde 1791 aufgeführt, bevor das deutsche Theater bis 1798 geschlossen werden mußte.

Riga und Reval wurden zunächst von deutschen Wandertruppen besucht. Johann Hilverding war 1740, 1746 und 1747 in Riga, Victoria Mann gastierte schon 1719–1722 ebendaselbst und zog später nach St. Petersburg weiter. Die Gesellschaft Scolari weilte 1771–1776 in Reval, und die Truppen von Neuhof, Wäser und Mende spielten abwechselnd in St. Petersburg, Reval und Riga.

Zur Gründung eines eigenen deutschen Theaters in Riga kam es dank der Tätigkeit Otto Hermanns von Vietinghoff (1722–1792) und des Beitrags der deutschen Bürgerschaft der Stadt. Nachdem 1772 die Prinzipale Gantner und Mende aus Riga weggezogen waren, übernahm von Vietinghoff die Leitung des deutschen Theaters, dem er ein eigenes Gebäude zur Verfügung stellte. Der Vielbeschäftigte war dann 1775 gezwungen, das Ensemble nach St. Petersburg weiterzuempfehlen, da er selbst wegen dringender Dienstgeschäfte auf Reisen gehen mußte. Von 1780 bis 1782 spielte die Truppe Hundebergs in Riga, die von 1777 bis 1780 in Reval anzutreffen war. Danach übernahm von Vietinghoff bis 1784 wieder die Direktion des Theaters und brachte die berühmte, junge Minna Brandes nach Riga. Nach 1784 war Siegfried G. Koch Prinzipal in Riga. Ihm war die zweite »Don Carlos«-Aufführung insgesamt zu verdanken, die am 9. November 1787 in Riga stattfand, nachdem in Leipzig die Uraufführung des Stückes erfolgt war. Nach Kochs Abgang nach Frankfurt/M. (1788) kamen für das deutsche Theater in Riga schwere Zeiten.

In Reval hat es von 1784 bis 1795 ein Liebhabertheater gegeben, das am 6. Dezember 1784 mit Lessings »Der Schatz« und dem Stück »Jeder Narr hat seine Kappe« eröffnet worden war. August von Kotzebue war der Leiter dieses Theaters, das es im Winter 1785 auf 13 Vorstellungen brachte und dabei 1318 Rubel an Einnahmen registrierte. Von den hier gespielten Kotzebue-Stücken war 1789 »Menschenhaß und Reue« ein großer Erfolg; »Die Indianer in England« erlebten in Reval ihre Uraufführung. Iffland, Hörschelmann wurden in Reval gespielt, das von 1795 bis 1798 eine erste ständige Bühne aufzuweisen hatte. Die Restriktionen von Zar Paul I. (1796–1801) ließen auch in Reval den Theaterbetrieb stagnieren.

c) Im 19. Jahrhundert ist in Ost- und Südosteuropa überall das gleiche zu verzeichnen: auf Grund der Vorleistungen der deutschen Theatergesellschaften entstehen Nationaltheater der jeweiligen Staatsvölker. Diese werden zuungunsten der deutschen Ensembles subventioniert, und das deutsche Theater sinkt im Ausland in die Provinzialität ab und kann auch in der Mehrzahl der Fälle den ständigen Kontakt zum deutschen Sprachraum nicht kontinuierlich aufrechterhalten. 1798 wurde das deutsche Hoftheater in St. Petersburg mit Kotzebues Opfertod wiedereröffnet. Der Autor wurde in die Hauptstadt zurückgeholt und zum Direktor des deutschen Hoftheaters ernannt. Unter dem Zaren Alexander I. (1777–1825) war die Herrscherfamilie oft zu Gast bei der deutschen Hofbühne, die von Miré geleitet wurde und im Palais Lanskij gegenüber vom Winterpalast auftrat: »als beste deutsche Truppe«, mit den »besten Sängern und dem besten Orchester«, »aus dem sich später alle kaiserlichen Orchester rekrutierten«. Die deutschen Handwerker, die das Theater besuchten, fanden vor allem an den Lustspielen von Kotzebue und Iffland Gefallen. Italienische und französische Opern standen ebenfalls auf dem Programm. Joseph Miré, der Leiter der Truppe, stammte aus Straßburg und war für die Aufführung klassischer deutscher Autoren schwer zu gewinnen. Bis 1882 bestand das Monopol der kaiserlichen Theater. Danach nahm die Zahl der Theatergruppen und -klubs in allen größeren Städten des Zarenreichs zu. Die Konkurrenz für deutsche Gesellschaften (z. B. für das »Freie Russische Theater« von Karl Knipper) wurde immer unerträglicher. Deutsche Künstler traten immer häufiger in russischen Theater- und Opernaufführungen in Erscheinung, so W. Th. Gelzer, Elisabeth Gerdt und Olga Tschechowa-Knipper.

In Reval schreibt Kotzebue 1804 sein Stück »Stricknadeln«. Der Theaterdirektor war damals Benedikt Leberecht Zeibig. Im Jahre 1807 wurde der Architekt Gottfried Henning mit dem Bau eines Theatergebäudes beauftragt, das am 1. Februar 1809 mit Ifflands

»Alte und neue Zeit« eröffnet wurde, bis 1820 von Johann Ludwig Büchner geleitet wurde und dreimal wöchentlich in Aktion trat. 1855 und 1902 gab es je einen Theaterbrand, 1905 kam es während der russischen Revolution zu einem Brandanschlag.
Von 1820 bis 1836 sorgte Direktor Friedrich Albert Gebhard vor allem für Opernaufführungen, nach 1869 verzichtete man fast ganz auf das Repertoire der deutschen Klassiker, und nach 1905 waren Unterhaltungsstücke die Aushängeschilder in der Theaterprovinz Revals. Einen Höhepunkt für dieses Theater gab es in den Jahren 1822–1831, als die berühmte Sängerin Mara in ihrer Heimatstadt weilte; 1771 hatte ihr der junge Goethe Verse gewidmet, 1831 schrieb der Gealterte: An Mme Mara. Bis 1910 war in Reval höchstens im Bereich der Opernaufführungen überdurchschnittliche Leistungen zu erwarten.
In Riga erschienen zahlreicher als in Reval und St. Petersburg Theateralmanache. 1823 und 1824 ist ihnen das reiche Repertoire zu entnehmen, das Shakespeares »Othello« umfaßte, Kleists »Prinz Friedrich von Homburg«, aber auch schon Webers »Freischütz«. Viele bekannte Schauspieler auf berühmten deutschen Bühnen stammten im 19. Jahrhundert aus Riga, was für ein ansprechendes Niveau des dortigen Theaters und für die Bedeutung des Theaters im Leben der Stadt zeugt. Der Geigenvirtuose B. Hubermann stellte nicht von ungefähr fest: »Das Rigaer Publikum ist das intelligenteste, das mir je vorgekommen ist«. Was Paul Schiemann dann 1913 ausspricht, stimmt auch: »Es ist eine Eigentümlichkeit, die ganz besonders auch in unserem Rigaschen Theaterleben zutage tritt, daß unser Publikum der Person immer ein ungleich größeres Interesse ... entgegenbringt als der Sache«. Nach 1900 werden nur bei gelungenen Gastspielen Erfolge verzeichnet oder bei anspruchslosen Konsumstücken, während Hebbel, Ibsen und andere bedeutende Autoren fast nie gespielt wurden. Das deutsche Stadttheater, das bis zum Jahre 1887 von den Ständen subventioniert worden war, konnte später nur durch Privatinitiativen, die auf Profit aus waren, in Betrieb gehalten werden. Am 18. November 1918 wurde das Theatergebäude dem lettischen Staatstheater zur Verfügung gestellt, die deutsche Gesellschaft mußte sich mit einer neuen Bleibe begnügen.

d) In den autonomen baltischen Staaten gab es nach 1918 eine Sonderentwicklung. Während das deutsche Theater in Estland nie wieder seine alte Spielstärke wiedergewann, spielte für das Rigaer deutsche Theater, das am 2. Januar 1919 abbrannte und dann dem lettischen Theater übergeben wurde, der Wechsel des Schauplatzes keine große Rolle. Unter Direktor Friedrich Mark wurde ein ausgezeichnet gewähltes Programm aufgestellt, das sowohl die besten neuen deutschen Stücke (Brecht, Hasenclever, Zuckmayer) umfaßte als auch die deutschen (Goethe, Schiller, Lessing) und weltliterarischen Klassiker (Shakespeare, Molière, Goldoni). Wo früher Dirigenten wie Richard Wagner, Bruno Walter und Schauspieler wie Ludwig Barnay und Gertrud Eysolt agiert hatten, konnte man jetzt ausgezeichnete Brecht-Aufführungen (1930 »Die Dreigroschenoper«) und Wedekind (»Erdgeist«, 1929) bewundern, deren Echo auch in der Berliner Presse zu vernehmen war.
1939 war in Reval und Riga Torschluß, da die Deutschbalten im Zuge der Absprachen zwischen Deutschland und der Sowjetunion umgesiedelt wurden. In der Sowjetunion selbst waren es in den dreißiger Jahren Exildramatiker und -schauspieler, die für die Rußlanddeutschen ein von politischen Thesen geprägtes Theater ins Leben rufen wollten. Im März 1931 gastierte die »Kolonne Links« in Moskau, Charkow, Rostow, Baku, Tbilissi und Leningrad. 1935 war die gleiche »Kolonne Links« als Exiltruppe in der Sowjetunion und führte Stücke von Brecht, Wangenheim und Friedrich Wolf auf. Bis 1936 gab es eine Reihe mehr oder weniger erfolgreicher Inszenierungen, die im Club ausländischer Arbeiter in Moskau gezeigt wurden. Das Theater in der wolgadeutschen Hauptstadt Engels, das seit 1931 existierte, war auch durch Initiativen von Erwin Piscator, der sich in Engels ein »Kulturkombinat« erträumte, nicht funktionsfähig zu machen. 1931–1935 stagnierte es vollkommen, danach gab es einige Aufführungen (F. Wolf, »Das trojanische Pferd«, 1936; H. Ibsen, »Nora«, 1937). Als jedoch 1937 die Verträge deutscher Emigranten nicht verlängert wurden, kam es zum Stillstand. Von 1935 bis 1939 gab es auch das sogenannte »Deutsche Kollektivistentheater« in Odessa, wo Brecht, Gorki und Shakespeare aufgeführt wurden und wo der dritte Preis bei einem Theaterwettbewerb in Kiew (1937) mit einer Othello-Inszenierung das wohl markanteste Ereignis für die Mitglieder der Truppe war.
Kurzlebig (1935–1936), aber von Berufsschauspielern getragen war das Gebietstheater in Dnjepropetrowsk, das insgesamt 160 Vorstellungen gab und in 100 Ortschaften insgesamt von 45 000 Zuschauern gesehen wurde. Vor allem unter der Leitung von Maxim Vallentin kam es zu guten Leistungen (Kleists »Zerbrochener« Krug, 1936, Brechts »Maßnahme«, 1936). Im Zeitalter der stalinistischen Verfolgungen und Morde war jedoch einer exildeutschen Theaterinitiative kaum ein dauernder Erfolg beschieden. Die Bauerntheater (das Kolchostheater in Marxstadt in der Wolgarepublik spielte Hebbels »Maria Magdalena«) entsprachen schon durch die Wahl der Stücke nur der staatlichen Zensur, nicht den Wünschen ihrer Zuschauer.
So begrüßenswert in Kasachstan das Vorhandensein des deutschen Theaters in Temirtau (1981) ist: ohne Hilfe von außen, die es vorläufig meist nicht erhalten kann, ist ein gutgehender Theaterbetrieb nicht möglich, wie dies in den dreißiger Jahren die erwähnten Beispiele gezeigt haben.

2. Der Einfluß der deutschen Schauspielkunst auf das Theaterleben der Russen, Esten und Letten

Das Ausmaß dieses Einflusses kann nur angedeutet werden. Auf jeden Fall sind die Anfänge einer nationalen Schauspielkunst bei Russen, Letten und Esten auf Impulse zurückzuführen, die von den deutschen Truppen und Theatern in diesen Gebieten ausgingen. Das heißt nicht, daß es später nicht auch eine Rückwirkung bis in den deutschen Sprachraum gab (Stanislawski, Tairow, Meyerbeer), aber die ersten Anregungen wurden zunächst von Deutschen im und ins Zarenreich vermittelt.
In Rußland begann das eigentliche Schauspiel mit der Aufführung des Pastors Gregorii im Jahre 1672. Das russische Ballett wurde von einem Mitarbeiter Gregoriis, von Nikolaus Limm, angeregt; wie sehr sich dieses russische Ballett verfeinert und entwickelt hat, ist hinlänglich bekannt. Die ersten Versuche aber hat Limm am Zarenhof im 17. Jahrhundert unternommen. Daß zunächst in deutscher und russischer Sprache gespielt wurde, verweist auf die Möglichkeit kreativen Miteinanders. Der deutsche Theaterreformer Velten wirkte durch seinen ehemaligen Mitarbeiter und durch die Truppe nach Rußland, die seit 1702 in Moskau, seit 1709 in St. Petersburg auftrat. Im 18. Jahrhundert waren zahlreiche Größen der deutschen Bühne (Akkermann, Schröder, Ekhof) auch im Zarenreich zu sehen, was zu einem Austausch mit den ebenfalls tätigen russischen Bühnen führen konnte. Das Repertoire der deutschen Schultheater wurde auch in Rußland – mit lokalen Adaptionen – übernommen. Und Racine und Corneille fanden durch die Aufführung der Neuberschen Truppe ebenfalls Eingang in das russische Theaterleben. Durch die Gastspiele Akkermanns wurde A. P. Sumarkow dazu angeregt, ein erstes historisches Drama (»Chorew«, 1747) zu verfassen, dessen Stoff der russischen Geschichte entnommen ist. Ebenfalls auf die gleichen Gastspiele geht die Initiative von Fjodor Wolkow (1729–1763) zurück, das erste russische Berufstheater in Jaroslawlj zu begründen. Auch die russische Bühnenliteratur geht in wichtigen Fällen von deutschen Modellen aus: Kotzebues Lustspiel »Die deutschen Kleinstädter« (1803) hat auf Gogol gewirkt, der sein so typisch russisches Stück »Der Revisor« (1853) zum Erfolg gesteuert hat. Die nationale Oper in Rußland begann mit Michail Glinka, zu dessen Erstling (»Das Leben für den Zaren«, 1836) der Deutschbalte Georg von Rosen den Stoff gestaltet hatte. Schiller und Kotzebue standen in den Spielplänen des ausgehenden 18. und des gesamten 19. Jahrhunderts an russischen Bühnen im Vordergrund. Im Moskauer Künstlertheater, dessen Hausautor Anton Tschechow war, kann die Tätigkeit seiner Gattin, Olga Knipping-Tschechowa, nicht unerwähnt bleiben, und der große Reformer des russischen Theaters, Konstantin S. Stanislawski, zeigte seine erste Inszenierung (L. Tolstojs »Der Aufklärung Früchte«) 1897 in dem von W. N. Schulz vermieteten Paradies-Theater in Moskau, einer renommierten deutschen Privatbühne. Die Beispiele können beliebig fortgesetzt werden.
Ähnlich war es in Lettland. 1790 schrieb Pastor Alexander Stender das erste Theaterstück in lettischer Sprache (»Spiel vom Bauern, der zum Gutsherren wurde«), das allerdings erst 1868 in Riga aufgeführt wurde. Der »Vater des lettischen Theaters«, Adolf Allunan, hat seine Laufbahn 1866 am deutschen Theater in Dorpat begonnen. Durch seine Stücke verweist er auf die Anregungen durch deutsche Vorlagen (besonders erfolgreich war sein Stück: »Wo sind die Sänger geblieben?«), das nach 1888 über tausend Aufführungen erlebte.
Seit 1827 gab es die »Lettisch-Literärische Gesellschaft«. Sie hat sich Verdienste um die Schiller-Rezeption in Lettland erworben; auch hier wurde Schiller (seine »Räuber« sind als erstes Stück ins Lettische übersetzt worden) zu einem der meistgespielten Autoren. Da bis zum Jahre 1856 keine lettische Zeitung erschien (1856: Majas Viesis), war Theaterkritik nur auf dem Umweg über die deutsche Presse möglich (schon 1684 erschienen als erste die Rigischen Novellen, 1761 das Intelligenzblatt Rigasche Anzeigen). In der Zwischenkriegszeit hat die deutsche Bühne auch in Riga dazu beigetragen, zeitgenössische deutsche Dramatik für Lettland zu entdecken und dadurch auf die lettischen Schauspielautoren zu wirken.
In Reval war es ähnlich. Noch im Jahre 1871 lebten dort 10020 Deutsche neben 15097 Esten. Die deutsche Presse begann 1689 mit der Revalischen Postzeitung, nach der ein Intelligenzblatt (Revalsche wöchentliche Nachrichten) seit 1772 erschien; eine Tageszeitung (Revalsche Zeitung) gab es von 1860 an. Schon im Jahre 1815 erschien ein Revalscher Theater-Almanach. Die Estnische literärische Gesellschaft aber konstituierte sich erst 1842, und das estnische Nationaltheater entstand erst im 19. Jahrhundert, als die Tradition des Revalschen deutschen Stadttheaters für Publikum und Kritik schon längst Vorbilder und Muster geliefert hatte.

3. Der Stellenwert der Aufführungen in St. Petersburg, Moskau, Riga und Reval im gesamten deutschen Sprachgebiet

In Deutschland nahm man die Ereignisse in Rußland und im Baltikum seit dem 18. Jahrhundert mit steigendem Interesse zur Kenntnis. Es ist kein Zufall, daß der renommierte Theater-Kalender Reichards in Gotha 1783 der Zarin Katharina II. gewidmet ist, die als Verfasserin von Theaterstücken ihr Volk erziehen wollte und das deutsche Schauspiel in St. Petersburg unterstützte. Es ist ebensowenig Zufall, daß Babos Drama »Die Strelizen« am Ende des

18. Jahrhunderts ein Dauerbrenner an deutschen Bühnen wurde (1791 führte Goethes Weimarer Theater das Stück mit Erfolg auf). Ebenso erfolgreich wurde die Trilogie von Franz Kratter über Peter I. (»Das Mädchen von Marienburg«, 1795, »Die Verschwörung wider Peter den Großen«, 1795, »Der Friede am Pruth«, 1799). Durch diesen stofflichen Zugriff auf die russische Geschichte war die Wirkung von Theaterereignissen aus dem Zarenreich durchaus möglich. Allerdings gab es wenige große Ereignisse: die Zweitaufführung von Schillers »Don Carlos« in Riga (1787), der Beginn der Arbeit am »Rienzi« (1838) durch Richard Wagner, ebenfalls in Riga, die Erstaufführungen von Kotzebue-Stücken in Petersburg, Reval und Riga. Auch die Tätigkeit großer Mimen in den genannten Städten ist zu erwähnen. Karl Holtei leitete das Rigaer Theater, Akkermann und Ekhof waren im 18. Jahrhundert auf Gastspielen dort. Viele deutsche Künstler aus Rußland errangen in Europa Erfolge, doch hatte das für die Entwicklung der Bühnenkunst in ihrer Geburtsheimat keine unmittelbaren Auswirkungen. Auch in der Zwischenkriegszeit gab es Premieren in der Wolgarepublik und in der Ukraine: aber Brecht, Wolf und Wangenheim wurden später in den beiden deutschen Staaten unter ungleich günstigeren Bedingungen gespielt.
Von den Bühnenautoren aus den baltischen Provinzen und aus Rußland errangen seit der Zeit von Carl Gotthard Groß (1767–1814) und Carl Ferdinand Daniel Grohmann (1758–1794) so manche Anerkennungserfolge auch im deutschen Sprachgebiet. Theaterreformer und literarische Vorläufer kamen meist nicht aus Riga, Reval oder St. Petersburg. Für die einheimische deutsche Literatur in Lettland, Estland und Rußland haben sie gleichwohl eine kulturstiftende Funktion erfüllt, auf die immer mit dem entsprechenden Nachdruck hingewiesen werden muß.

Literatur:
M. Rudolph, Rigaer Theater- und Tonkünstlerlexikon, Riga 1890; Ders., Geschichte des Rigaer Theaters, in: Rigaer Tageblatt, 1895, Nr. 6–164 (Feuilleton-Beilage); E. Rosen, Rückblick auf die Pflege der Schauspielkunst in Reval. Festschrift zur Eröffnung des neuen Theaters in Reval im September 1910, Melle/Hannover 1910; J. G./R. Fülöp-Miller, Das russische Theater. Sein Wesen und seine Geschichte mit besonderer Berücksichtigung der Revolutionsperiode, Zürich-Leipzig-Wien 1927; D. Reimers, Geschichte des Rigaer deutschen Theaters von 1782–1822, Posen 1942; H. Kindermann, Theatergeschichte Europas, Salzburg 1959ff. (Bd. I–II, V, VI); N. Evreinoff, Histoire du théatre russe, Paris 1947; J. A. Dmitrev/N. G. Zograv/T. M. Rodin/O. M. Feldmann/ E. G. Holodov, Istorija russkogo dramaticeskogo teatra, Moskau 1977, Bd. 1–4; P. Diezel, Exiltheater in der Sowjetunion 1932–1937, Berlin 1978; K. Jarmatz/S. Barck/P. Diezel, Exil in der UdSSR, Frankfurt/M. 1979 (Kunst und Kultur im antifaschistischen Exil 1933–1945, Bd. 1); E. F. Sommer, Die Deutschen und das russische Theater, in: Tausend Jahre Nachbarschaft. Rußland und die Deutschen, hg. von der Stiftung Ostdeutscher Kulturrat, Bonn-München 1988, S. 209–220.

H. F.

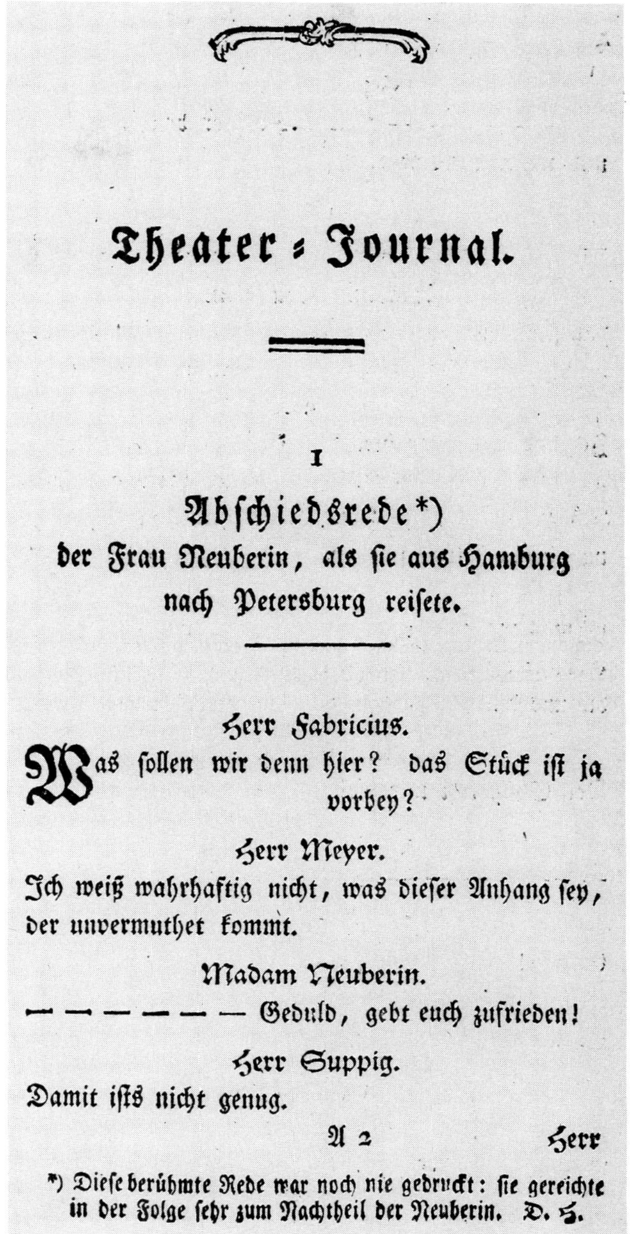

Theater-Journal.

I

Abschiedsrede*)
der Frau Neuberin, als sie aus Hamburg nach Petersburg reisete.

Herr Fabricius.
Was sollen wir denn hier? das Stück ist ja vorbey?

Herr Meyer.
Ich weiß wahrhaftig nicht, was dieser Anhang sey, der unvermuthet kommt.

Madam Neuberin.
— — — — — — Geduld, gebt euch zufrieden!

Herr Suppig.
Damit ists nicht genug.

A 2 Herr

*) Diese berühmte Rede war noch nie gedruckt: sie gereichte in der Folge sehr zum Nachtheil der Neuberin. D. H.

4.27

4.27
Theaterjournal

Titelblatt
1778
Photographie
Universitätsbibliothek Tübingen
Sign. DZ 175

In dieser Nummer erschien die Abschiedsrede der »Neuberin«, als deren Truppe 1740 an den Hof von St. Petersburg gerufen wurde. Reichards Theaterjournal widmete 1783 der Zarin Katherina II. ein Sonderheft. H. F.

4.28
Friederike Caroline Neuber 1697–1760

Zivilportrait
Zeitungsdruck um 1850
Photographie
Deutsches Theatermuseum, München
Neg. 1140

Die »Neuberin« gilt als die große Reformatorin der deutschen Bühne in der ersten Hälfte des 18. Jahrhunderts. Sie war ebenso wie ihr Gatte Johann Neuber schon früh zum Theater gekommen. Seit 1717 spielte sie in der Spiegelbergschen Truppe. 1725 gründeten die beiden Neuber eine eigene Gesellschaft. Die Bekanntschaft mit Gottsched hatte die Neuberin veranlaßt, einerseits die französische Dramatik (Corneille, Racine) in ihr Repertoire aufzunehmen, andererseits entschlossen für ein »regelmäßiges«, ein textbezogenes Theater zu agieren. Die in Reichenbach im Vogtland geborene Prinzipalin hatte ein Durchsetzungsvermögen, das zu bewundern war: die klassizistischen französischen Stücke und Gottscheds eigene dramatische Versuche wurden dem deutschen Publikum bekanntgemacht. In der Zeit von 1734 bis 1753 schrieb Caroline Neuber eigene Bühnentexte, von welchen ein Lustspiel auf die Vermählung Friedrichs d. G. wohl die größte Aufmerksamkeit verdient.
In der Erinnerung der Zeitgenossen blieb die Neuberin vor allem durch die Verbannung des Hanswurst von der Bühne bekannt, die 1737 in Leipzig auf der Bühne vor dem Grimmaschen Tor erfolgt war. Damit war dem Stegreifspielen und den Haupt- und Staatsaktionen der Fehdehandschuh hingeworfen, was nicht bedeutete, daß die Neubersche Truppe selbst auf solche Stücke verzichtete.

4.28

Die sächsischen Hofschauspieler der Neuberin fielen in Ungnade, nachdem ihre Bühnenerfolge ausgeblieben waren und es 1739 zum Zerwürfnis und 1741 zum offenen Bruch mit dem Literaturpapst Gottsched gekommen war. So war die Einladung der Zarin Anna im Jahre 1740 ein willkommener Anlaß, bessere finanzielle Erfolge zu erhoffen. Von März bis Oktober spielten die Mitglieder der Neuberschen Truppe in St. Petersburg. Durch den plötzlichen Tod der Zarin waren sie gezwungen, ohne Subventionen und Unterstützung nach Deutschland zurückzukehren.
Von Interesse ist auch die erste Lessing-Aufführung 1748 in Leipzig (»Der junge Gelehrte«), die von der Neuberin veranstaltet wurde. Bis 1750 war diese neue Truppe der Prinzipalin in Leipzig, Dresden, Warschau und Frankfurt/M. publikumswirksam.

Literatur:
Fr. Joh. Freiherr von Reden-Esbeck, Caroline Neuber und ihre Zeitgenossen, o. O., 1881; H. Ziessler, Vom Leben und Wirken der Frau Neuber, Reichenbach 1957; H. Kindermann, Theatergeschichte Europas, Salzburg [2]1967, Bd. IV, S. 479ff. Deutsches Literatur-Lexikon. hg. von H. Rupp (Mittelalter), C. L. Lang (Neuzeit), Bern-Stuttgart 1988, Bd. XI, S. 153.

H. F.

4.29
Bertolt Brecht: Die Dreigroschenoper
Szenenbild der Aufführung am Deutschen Theater in Riga im Jahre 1930

Photographie aus: Almanach 1930 des Deutschen Schauspiels zu Riga

Brechts »Dreigroschenoper« war 1928 im Theater am Schiffbauerdamm in der Regie von Engel uraufgeführt worden. Das Theater in Riga ist eines der wenigen Bühnen außerhalb des deutschen Sprachgebietes, wo recht früh eine Aufführung des zum Teil umstrittenen Brecht-Stückes stattfand. Für ein Theater war dieses Stück eine Herausforderung, aber der »Oberspielleiter« Walter Bäuerle, der einen Almanach des Deutschen Schauspiels zu Riga herausgab, überzeugte den Direktor Friedrich Mark davon, daß dieses moderne Stück zum Kassenschlager werden könne. Er behielt recht. Die Spielzeit 1929/1930 begann in Riga mit der Aufführung von »Wallensteins Tod«. Das Schiller-Stück fand großen Anklang beim Publikum. Aus der Vossischen Zeitung (Bernhard Lamey: »Ein Blick auf die vergangene Spielzeit [Riga]«) ist zu erfahren, daß die Brecht-Aufführung ein noch größerer Erfolg war als die Wallenstein-Inszenierung. Ob es mit den Erfolgen von Bernard Shaw (1929: »Pygmalion«; 1930: »Cäsar und Kleopatra«), von Frank Wedekind (1930: »Erdgeist«) oder Shakespeare (1929: »Der Widerspenstigen Zähmung«, 1930: »Macbeth«) konkurrieren konnte, ist nicht bekannt.

Literatur:
Almanach 1930 des Deutschen Schauspiels zu Riga, hg. von W. Bäuerle, Riga, 1930; P. Schiemann, Leitartikel, Reden und Aufsätze in Auswahl, hg. H. Donath, Frankfurt/M. 1980, Abt. Theaterkritik.

H. F.

4.30
Riga
Theater

Photographie
Landsmannschaft der Deutschen aus Rußland, Stuttgart

4.31
Friedrich Mark
Theaterdirektor, Riga 1930

Photographie aus:
Almanach 1930 des Deutschen Schauspiels zu Riga

4.32
August Lonsinger 1881–1953

Wolgadeutscher Heimat- und Mundartdichter
(Katalog)

Es ist nicht leicht, über einen Menschen zu schreiben, dessen rastlose Tätigkeit sich auf viele Gebiete des gesellschaftlichen Lebens erstreckte.
August Lonsinger war Pädagoge, Hochschullehrer, Oberinspektor für Bildungswesen, Lehrbuchautor, Verlagsredakteur und Schriftsteller. Ihm gehört das Verdienst der ersten planmäßigen Sammlung mundartlichen Stoffes in vielen deutschen Kolonien an der Wolga. August Lonsinger wurde 1881 in Deutsch-Tscherbakowka bei Kamyschin an der Wolga in einer Lehrerfamilie geboren. Mit neun Jahren wurde er Halbwaise, und nur die harte Arbeit seiner Mutter ermöglichte es ihm, die Grimmer Zentralschule zu besuchen, die er, kaum fünfzehn Jahre alt, mit Auszeichnung absolvierte. Zunächst wurde er Hauslehrer, später Volkslehrer in Dubowka, einem großen Dorf bei Zarizyn (heute Wolgograd), und nachdem er das Lehrerexamen für eine höhere Lehranstalt abgelegt hatte, erhielt er seine Anstellung an einem Gymnasium in Zarizyn.
Seine literarische Tätigkeit begann August Lonsinger um die Jahrhundertwende. Seine ersten Skizzen, Reportagen und Feuilletons, wie »Geh mr weck mit so ra Kultur«, »S is alles Öl g'schlaga, awer wie«, »Wenigstens wie'n Minister« und andere, erschienen in der Saratower »Deutschen Volkszeitung«. Sie haben das Kultur- und Wirtschaftsleben zum Thema, geißeln verschiedene Mißstände auf dem Lande, gehen auf Anliegen der Dorfbewohner ein und nehmen Stellung zu verschiedenen Tagesfragen. Sie sind ohne aufdringliche Didaktik, doch stets belehrend und von erzieherischer Art. Um der Zeitung und dem Verlag näher zu sein, siedelte A. Lonsinger 1910 nach Saratow über. Hier erschien auch schon 1911 im Verlag »Energie« der Roman »Nor net lopper g'gewa«, sein umfangreichstes Werk aus dem Dorfleben.
Nach Ausbruch des Ersten Weltkrieges galt Lonsinger als »unzuverlässig«, und Schirinski-Schichtmatow (der damalige Gouverneur von Saratow) veranlaßte, daß man Lonsinger an die türkische Front »abschob«. So kam er in das 110. Reserve-Regiment. In Wladikawkas und Kutais schrieb er die Erzählung »Philipp Jab«. Es ist eine Familienchronik, in der uns der Autor in knapper Form scharf geprägte, psychologisch zugespitzte und erzieherisch wirkende Charaktere einfühlsam und nachvollziehbar schilderte. Der erste Teil der Erzählung erschien 1914/15 in der »Volkszeitung«, der zweite Teil des Werkes liegt bis heute nur in der Handschrift vor.
Gleich nach der Revolution von 1917 beteiligte sich August Lonsin-

4.32

ger maßgebend und als leitender Funktionär der Saratower Gebietsabteilung Volksbildung an der Schaffung der neuen Schule in den deutschen Kolonien an der Wolga. Er hätte es sich damals sicher nicht träumen lassen, daß diese »Herzensangelegenheit«, die Deutsche Pädagogische Fachschule, bereits 1928 von den Sowjets »zerschlagen« und viele der Mitbegründer der Verfolgung ausgeliefert werden würden.
Weit bekannt war August Lonsinger als Verfasser einer Reihe grundlegender pädagogischer Abhandlungen und als Lehrbuchautor. Noch in den zwanziger Jahren zu meiner Schulzeit waren »Rechenbüchlein für die Kleinen«, die »Sprachlehre I. und II. Teil« wie das »Lesebuch« von A. Lonsinger in allen Schulen verbreitet und galten als anerkannte Lehrmittel.

1907 war August Lonsinger einer der Mitbegründer des Deutschen Lehrervereins, der schon 1908 von der zaristischen Regierung wieder aufgelöst und verboten wurde. Maßgebend war August Lonsinger drei Jahre danach an der Gründung des »Saratower Deutschen Vereins« beteiligt. Der Verein stellte sich unter anderem auch die Aufgabe, die Dialekte der Wolgakolonisten zu erforschen, um die Abstammungsorte der Kolonisten in Deutschland festzustellen. Er sammelte geschichtliches Material, das in einem Kolonistenmuseum beim Verein aufbewahrt werden sollte, und verarbeitete dieses Material nach und nach zu einem gediegenen Quellenwerk für die Geschichte der Kolonie. Präses dieses Vereins war Dr. Buchholz, Vizepräsident – August Lonsinger.
Bei all seiner pädagogischen, wissenschaftlichen und gesellschaftlichen Arbeit war A. Lonsinger fortwährend sehr aktiv literarisch tätig. Von den Prosawerken dieser Jahre seien hier die »Wandlungen« erwähnt, eine Erzählung aus der Revolutionszeit, die 1924 in der Zeitschrift »Die Arbeit« erschien, ferner »Dein Versprechen«, eine Erzählung aus der Zeit des Bürgerkrieges, die 1926 in »Unsere Bauernzeitung« erschien, und der Schwank »Ropp-Zopp«, veröffentlicht 1926 in »Beiträge zur Heimatkunde«. Die bedeutendsten Prosawerke Lonsingers sind: »Hüben und drüben«, eine heitere Erzählung über wolgadeutsche Auswanderer nach Amerika, und »Nor net loppe g'ewa«. Die Handlung von »Nor net lopper g'ewa« fällt in die Jahre des Russisch-Japanischen Krieges. Mit viel Geschick und Sachkenntnis schildert uns der Autor ein Stück Bauernleben aus der Zeit vor dem Ersten Weltkrieg.

Literatur:
Archiv Ernst Lonsinger, Nowosibirsk/UdSSR.

R. K.

4.33
Viktor Klein 1909–1975

Wolgadeutscher Heimat- und Mundartdichter (Katalog)

Viktor Klein wurde 1909 in Warenburg, einem der größten und reichsten deutschen Dörfer an der Wolga, geboren. Sein Vater kam beim Bauernaufstand gegen die Sowjets um. Nach Absolvierung der Pädagogischen Schule arbeitete Klein einige Jahre als Dorfschullehrer; 1933 bis 1937 studierte er am Pädagogischen Institut in Engels; von 1937 bis 1941 arbeitete er dort als Lehrer. Nach der Verschleppung war er Zwangsarbeiter in Sibirien; 1959 wurde er Hochschullehrer an der pädagogischen Hochschule in Nowosibirsk. Seine literarische Tätigkeit begann Klein früh, schon in den zwanziger Jahren veröffentlichten Regionalzeitungen seine Skizzen,

Erzählungen und Gedichte. Von 1941 bis 1957 bestand Publikationsverbot. Produktiv und künstlerisch geformt und gereift, setzte Kleins Schaffen erst nach 1957 ein, es blieben ihm für seine literarische Tätigkeit kaum 18 Jahre.
Eines seiner Prosawerke steht exemplarisch für ein nichtbearbeitetes Reizthema: Es ist dies »Der letzte Grabhügel«, ein Roman, der die Zwangsverschleppung der Deutschen zum Thema hat. Außer Viktor Klein hat sich niemand an dieses Thema herangewagt.
Viktor Kleins Roman »Der letzte Grabhügel« wurde bis heute auch in der Sowjetunion noch nicht veröffentlicht! Und von den 2 Millionen Deutschen in der Sowjetunion wußten nur ganz wenige, daß es so ein Werk über ihren Leidensweg ins Verderben gibt.

Literatur:
V. Klein, Hand in Hand, Band 1,2, Moskau 1960/65; R. Keil, Literarische Portraits, in: Heimatbuch der Deutschen aus Rußland, Stuttgart 1982–1984, S. 80–86.

R. K.

4.34
Reinhard Köln 1900–1988

Wolgadeutscher Heimat- und Mundartdichter (Katalog)

Der Bauernsohn Reinhard Köln wurde am 12. März 1900 in Holstein an der Wolga geboren. Schon mit sieben Jahren Waise, besuchte er vier Jahre lang die »Semsker Schule« und mußte sich früh als Knecht sein Brot verdienen. Nach der sogenannten »Großen Erneuerung« ging Köln zum Militär und kämpfte als Aktiver im Bürgerkrieg auf sowjetischer Seite. In der Armee diente er, mit Unterbrechungen, bis 1927. Er besuchte und absolvierte 1932 in Moskau die Universität der Völker des Westens; danach war er Redakteur der Briefabteilung in den »Nachrichten« und Chefredakteur von »Sei bereit«.
Zu schreiben begann Reinhard Köln früh; das Leben lieferte ihm die Texte. Erfahrungen hatte er schon, viele waren erschütternd, wie die damalige Zeit. Seine ersten Skizzen, Erzählungen und Schwänke erschienen unter dem Pseudonym Harry Holstein; damit wollte er doch wohl seine Zugehörigkeit zum Lande der Bauern unterstreichen – Holstein war sein Heimatdorf. In seiner literarischen Tätigkeit hat es Köln bewiesen, daß er Land und Leute, unter denen er aufgewachsen ist, gut, bis in die geheimsten Eigenheiten, kennt.
Es seien hier nur Großerzählungen wie »Das Protokoll«, »Jakob, das Sonntagskind«, »Der Pinselkönig« und der Roman »Jahre und Schicksale« genannt. Eigenständig und mit ungekünstelter Stimme tritt er in seinen Schwänken auf; sein Dialekt ist echte Bauernsprache, besonders wenn er »schwäbelt«. Die Erzählung »Der Pinselkönig« ist ein kleines Kunstwerk; eine plastische, dynamische, bis ins Detail realistische Darstellung und ein naturgetreuer Ausschnitt aus dem Dorfleben von Anno dazumal. Die handelnden Personen sprechen den Leser an, sind »zu sehen«, anschaulich, die Sprache der Erzählung ist ihre ureigene, besinnliche und kommt ihnen aus dem Herzen. Die Erzählung überzeugt durch ihre Aussagekraft und den ungeschminkten Wahrheitsgehalt.
Köln mußte zwanzig Jahre »Katorga« in den berüchtigten sowjetischen Konzentrationslagern Kolyma erleben.

Literatur:
Hand in Hand, Bd. 1,2, Moskau 1960/65.

R. K.

4.35
Presse und Verlagswesen am Beispiel der Wolgaregion

Tafel

An Büchern gab es in der frühen Zeit unter den Kolonisten außer Andachts-, Gesangsbüchern und Bibeln, die sie aus Deutschland mitgebracht hatten, kaum etwas Beachtliches. Die Ehrfurcht, Achtung und Liebe vor dem gedruckten Wort war unter den Kolonisten groß und vererbte sich von Generation zu Generation fort.
Der erste Anlauf, eine eigene deutsche Presse – »Die Saratower Deutsche Zeitung« – zu schaffen, war kurzatmig. Die ersten Ausgaben dieser Zeitung waren mannigfaltig, aber von sehr kurzer Dauer. Sie erschien von 1864 bis 1866. Es fehlte die Voraussetzung für ihr weiteres Bestehen und Gedeihen – ein weiter Leserkreis. Die erste Ausgabe der »Saratower Deutschen Zeitung« erschien am 13. Oktober 1864. Das Jahresabbonement betrug vier Rubel Silber. Die Herausgeber der »Saratower Deutschen Zeitung«, G. Bauer und E. Exe, waren fortschrittliche Intellektuelle.
Das Programm der Zeitung stand in der ersten Nummer und war breit gefächert:

1. Amtliche Nachrichten: Verordnungen der Regierung, Anordnungen der Kolonialverwaltung
2. Politik: Kurzgefaßte Übersicht der neuesten politischen Ereignisse des In- und Auslandes
3. Technologisches: Das Neueste aus der Land-, Haus- und Forstwirtschaft; Fabrikwesen, Gewerbe und Handel und die neuesten Fortschritte auf diesen Gebieten.
4. Feuilletone: Erzählungen, Lokales, Vermischtes, Familiennachrichten, kulturelle Probleme u. a.

5. Handelsnachrichten: Preise für verschiedene Getreidearten und Lebensmittel; Wechsel- und Geldkurszettel; Privatanzeigen.

Eine vielgelesene und verbreitete Zeitschrift unter den Kolonisten war im vorigen Jahrhundert die Monatszeitschrift der »Volksbote«, der hauptsächlich auf religiöse Erziehung der Kinder und eine christliche Lebensweise in der Familie eingestellt war; weiter verbreitet als der »Volksbote« war die Zeitschrift der »Friedensbote« 1884, er wurde von Pastor Günter in Beideck (Talowka, Bergseite) herausgegeben und bestand bis 1916. Großes Verdienst hatte sich der »Friedensbote« um die einzigartigen Wohltätigkeitsveranstaltungen »Betanien« in Beideck und »Bethedsa« des Pastors Kosziol in Gnadentau erworben.

Eine interessante und für die Kolonisten wichtige Publikation war der »Friedensboten-Kalender«; in ihm waren alle deutschen Dörfer und Ortschaften (ev.-lutherische Gemeinden) verzeichnet (oft nach Kirchspielen); es wurden darin die Namen aller Pastoren, Schulmeister, Lehrer und anderen Beamten genannt. Der »Friedensboten-Kalender« war von praktischer Bedeutung für die Bevölkerung; es waren darin die Postämter, Eisenbahnstationen, Kreisämter, die Jahrmärkte und viele andere verzeichnet; er gab viele Ratschläge und Anweisungen für den Alltag. Ein anderer, der »Wolgabote-Kalender«, der in der Druckerei Kimmel in Saratow erschien, war weniger verbreitet. In Saratow wurden nicht nur Zeitungen und Zeitschriften gedruckt, sondern auch Lehrbücher und Lehrmittel, so die Brendel-Fibel, die Deutsche Sprachlehre I und II von August Lonsinger, das Deutsche Lesebuch von Adam Emich u. a. m.

Außer dem »Friedensboten« gab es die Wochenschrift »Heimatglocken« (evangelisch), herausgegeben von Hugo Günther, Beideck. Hier sei noch der »Morgenstern«, dessen Redakteur Gottlieb Bauer war, und »Klemens«, ein katholisches Wochenblatt mit einem ebenfalls bekannten Redakteur, J. Kruschinsky, erwähnt. »Klemens« erschien bis 1906 in Saratow in der Druckerei von H. Chr. Schellhorn und wurde später nach Odessa verlegt, erschien dort als Beilage der »Deutschen Rundschau« und soll angeblich 1914 eingegangen sein. Noch vor dem Ersten Weltkrieg (1906) erschien in Saratow die »Saratower Deutsche Zeitung« und von 1912 bis 1916 die »Volkszeitung«, die 1918 verboten wurde.

1916 und 1917 war es recht traurig um die deutsche Presse in den Kolonien bestellt; nur für kurze Zeit erschien die früher verbotene »Volkszeitung«, aber lediglich noch bis Oktober 1917. Allerdings begann 1916 in Katharinenstadt die Regionalzeitung der »Kolonist« zu erscheinen; Redakteur war ein Lehrer an der Saratower Deutschen Schule, Adam Emich. Erst 1918 ist das Deutsche Kommissariat in Saratow mit seiner eigenen Zeitung, dem »Vorwärts«, der später in »Nachrichten« umbenannt wurde, vor den deutschen Leser getreten. Nachdem das Deutsche Kommissariat seinen Sitz von Saratow nach Katharinenstadt verlegt hatte, wurden die »Nachrichten« mit dem einstigen »Kolonisten« (der jetzt schon als »Kommunist« erschien) vereinigt; Redakteur war Erich Kufeld. Die »Nachrichten« bestanden bis 1941 und wurden zu Beginn der Zwangsverschleppung eingestellt.

Die »Deutsche Volkszeitung« und auch die spätere »Volkszeitung« waren vorwiegend Organe der deutschen Intelligenz und des fortschrittlichen Bürgertums an der Wolga. Zu erwähnen wäre an dieser Stelle noch der »Volksfreund-Kalender«, eine Beilage dieser Zeitung. Der »Evangelische Gemeindebote« (1912) war wenig bekannt. Weite Verbreitung hatte der »Christliche Gemeindebote« (1912–1913). Eine aufschlußreiche und wertvolle Dokumentation über die deutschen Dörfer in Sibirien war die Publikation »Eine Reise nach Sibirien« von Pastor Seib. Aber unbedeutend und ohne Einfluß waren Zeitschriften wie »Spiel und Arbeit« (1926 A. Mattern) auf breite Schichten der Bevölkerung.

Hervorragend und von allgemeiner Bedeutung war doch wohl nur die »Volkszeitung«; sie hatte sich eine große Mitarbeiterschaft erzogen, veröffentlichte zahlreiche Beiträge über Heimatkunde, brachte Erzählungen und Gedichte von wolgadeutschen Schriftstellern und Dichtern. Maßgebend war in der »Volkszeitung« der an der Saratower Schule lehrende Peter Sinner.

Von überregionaler Bedeutung war auch »Klemens«, solange er in Saratow unter der Leitung von J. Kruschinsky erschien; nach seiner Verlegung nach Odessa war dies nicht mehr der Fall. – Weit verbreitet, viel gelesen war der »Kolonist« an der Wolga, Redakteur Adam Emich.

Nebst Zeitungen und Zeitschriften gab es noch eine Reihe von Fachzeitschriften, meist pädagogischen Inhalts, so die »Arbeitsschule« (1919), die »Volksaufklärung«, herausgegeben von der Abteilung für Volksbildung des Vollzugskomitees der Arbeitskommune (später Autonomes Gebiet und zuletzt Autonome Sozialistische Räte-Republik der Wolgadeutschen), die 1919 in Marxstadt (heute Gorod Marx!) erschien; »Zur neuen Schule« (Moskau); »Wolgadeutsches Schulblatt« (seit Januar 1927 in Pokrowsk; Redaktion J. Schönfeld, A. Emich, A. Lonsinger). Das »Wolgadeutsche Schulblatt« war eine seriöse Fachzeitschrift. Es hatte sich durch seine sach- und fachkundige Gestaltung sowie seine große und hochqualifizierte Mitarbeiterschaft eine allgemein anerkannte Autorität verschafft, es wurde von den über 2000 deutschen Lehrern an der Wolga und auch weit über diese Grenze hinaus in anderen deutschen Schulen und Ortschaften gelesen. Die Junglehrer der Saratower deutschen Pädagogischen Fachschule haben das »Wolgadeutsche Schulblatt« vom ersten Tag seines Erscheinens an als Leitfaden der Ausbildung und Arbeit betrachtet und ausgewertet.

Außer den pädagogischen Zeitschriften gab es für die Landwirte

Wolgadeutsche Monatshefte

Monatsschrift für Kultur und Wirtschaft der Wolgadeutschen

Herausgegeben vom Verein der Wolgadeutschen E. V., Berlin NW. 52, Schloß Bellevue.

Erscheint am 1. jeden Monats.

Bezugspreis für das Vierteljahr:
Deutschland . . . 75 Gold-Pfennige
Vereinigte Staaten 50 Cents;
Kanada . . . . . . 50 Cents;
Argentinien . . . . 1½ Pesos

Einzelheft
25 Gold-Pfennige

Zahlungen sind zu richten:
für Deutschland Postscheckkonto Berlin NW 7, Nr. 118 967 und an die Kolonistenbank Berlin, Dorotheenstr. 24. Aus dem Ausland an den Verein der Wolgadeutschen E. V. NW 52, Schloß Bellevue.

Nummer 15/16 — Berlin, September 1924 — III. Jahrgang

Aus dem Inhalt:

Der Hunger in den Wolgakolonien / Von Pastor A. Schneider / Aus dem Heimatland / Beiträge zur Lösung der Agrarfrage Von J. Pauli / Frühjahrsgartenarbeit der „Weibsleut." — Das „Tuwakpflanz'n." Von J. Zorn / Nochmals die Rückkehr nach Rußland Von Otto Corbach / Zur Mitternachtssonne. (Eine Reise durchs nördliche Rußland an die Murmanküste). / Vereinsnachrichten / Briefkasten

Bei Anfragen ist Rückporto beizulegen, da nur in diesem Falle eine Antwort erteilt wird. Schluß der Redaktion ist der 10. jeden Monats.

Verantwortlich für die Schriftleitung:
Fritz Heinz Reimesch, Berlin.

Druck und Verlag: Bernard & Graefe, Berlin N4, Wöhlertstraße 12.

4.36

»Unsere Bauernzeitung«, »Unsere Wirtschaft« (letztere erschien als illustrierte Halbmonatszeitschrift in Pokrowsk 1922, seit 1926 als Wochenblatt, Redaktion J. Schmidt, A. Rothermel und F. Bach); der »Vereinskalender für das Jahr 1918«, herausgegeben von dem Volksverein der deutschen Katholiken an der Wolga, Mariental a. K. und andere mehr.

Zu den verbreitetsten Zeitungen der letzten Jahre gehörten: »Sei bereit«, für Schüler und Pioniere, Redakteur Reinhard Köln, die »Rote Jugend«, eine Komsomolzenzeitung, die Tageszeitung, »Nachrichten« (zuerst vom März bis Juni 1918 in Saratow als »Vorwärts« und dann in »Nachrichten« umbenannt); im letzten Jahrzehnt der Vorkriegszeit (etwa 1931 bis 1941) gab es noch eine Vielzahl von Regionalzeitungen, die hauptsächlich Fragen der Kollektivierung und der Landwirtschaft gewidmet waren; es waren dies die sogenannten Kantonszeitungen, die es in jedem Kanton gab. Sie waren von recht begrenzter Ausstrahlung und nur auf Bedürfnisse und Belange jener Dörfer zugeschnitten, die zu ihrem jeweiligen Kanton gehörten.

Von überregionaler Bedeutung war die DZZ, die »Deutsche Zentralzeitung« für Stadt und Land, die in allen Regionen Rußlands, wo es deutsche Siedlungen gab, verbreitet war (sie erschien seit Juni 1925 in Moskau, ihr Redakteur war A. Klein).

Vor dem Ersten Weltkrieg gab es allein in Saratow vier deutsche Verlage: Brendel, Schellhorn, Kimmel und Sojus; die Inhaber und Verlagsredakteure waren Deutsche, ferner gab es Verlagsanstalten in Beideck, Mariental, Pokrowsk, Charkow und anderen Ortschaften. Allein der Deutsche Staatsverlag in Pokrowsk (der einzige verhältnismäßig selbständige Verlag in der Sowjetunion), mit nur deutschen Verlagsredakteuren, hatte Hunderte von Buchtiteln mit einer Gesamtauflage von weit über 3 Millionen Bänden herausgebracht. Die Produktion aller Verlage deutschsprachiger Literatur in der Sowjetunion von 1957 bis 1986 beträgt jedoch kaum 0,1 % der Produktionsmenge eines einzigen deutschen Verlags in Pokrowsk vor 1941. Die Verlage »Progreß«, »Prosweschtschenije« und »Kasachstan« sind wie alle Verlage in der Sowjetunion dem »Komitet po delam petschati« unterstellt, also von der KPDSU kontrolliert. Von 1941 bis 1957, in den Jahren des großen Schweigens, wurde kein einziges deutsches Wort in der Sowjetunion gedruckt.

Literatur:
J. Schmidt, Das Pressewesen in der Wolgadeutschen Republik, Berlin 1926.

R. K.

4.36
Wolgadeutsche Monatshefte

Nr. 15/16
Berlin, September 1924
17 × 25 cm
Museum der Deutschen aus Rußland, Stuttgart

4.37
Unsere Wirtschaft

Illustrierte Halbmonatsschrift
Nr. 2
Pokrowsk, 31. Januar 1923
17 × 25 cm
Museum der Deutschen aus Rußland, Stuttgart

4.38
Freie Flur

Deutscher Bauernkalender 1927
Pokrowsk
17 × 25 cm
Museum der Deutschen aus Rußland, Stuttgart

4.39
Friedensbote

17 × 25 cm
Sonntagsbeilage der Wolgadeutschen Monatshefte
Museum der Deutschen aus Rußland, Stuttgart

4.40
Friedensbote

auf Berg- und Wiesenseite der Wolga
Probenummer Dezember 1884
17 × 25 cm
Museum der Deutschen aus Rußland, Stuttgart

4.41
Deutsches Leben in Rußland

Zeitschrift für die Kultur und Wirtschaft der Deutschen in Rußland
Nr. 11/12
Berlin, Juniheft 1925
17 × 25 cm
Museum der Deutschen aus Rußland, Stuttgart

4.42
Molotschnaer Volks-Kalender

für die deutschen Aussiedler in Süd-Rußland
Prischib 1912
17 × 25 cm
Museum der Deutschen aus Rußland, Stuttgart

4.43
Kalender für die deutschen Kolonisten in Rußland für das Jahr 1918

Petrograd 1917
20 × 30 cm
Museum der Deutschen aus Rußland, Stuttgart

4.44
St. Petersburger Kalender 1892

14 × 20 × 3 cm
Sammlung Amburger, Heuchelheim

4.45
St. Petersburger Kalender 1845

14 × 20 × 3 cm
Institut für Auslandsbeziehungen, Stuttgart

4.46
St. Petersburger Kalender 1841

14 × 20 × 3 cm
Sammlung Amburger, Heuchelheim

4.47
St. Petersburger Kalender 1877

14 × 20 × 3 cm
Sammlung Amburger, Heuchelheim

4.48
Deutsche Gold- und Silberschmiede im Russischen Reich

(Text in Vitrine)

Das Goldschmiedehandwerk, überwiegend ein städtisches Gewerbe, war bis zum 19. Jahrhundert in Deutschland in Zünften organisiert. Wer Goldschmiedemeister werden und eine eigene Werkstatt besitzen wollte, mußte unter Aufsicht der Zunft eine Ausbildung als Lehrling und Geselle durchlaufen, ehe er die Bedingungen zur Bewerbung um eine Meisterstelle erfüllen konnte.
Eine der wichtigsten Vorschriften in den Statuten der Goldschmiedezünfte war die Wanderung der Gesellen über eine festgesetzte Mindestzahl von Jahren. Sie brachte die jungen Männer in Orte fern von der Heimat, und mancher deutsche Geselle fand sein Auskommen in den Städten Rußlands.
Moskau hatte seine Handwerksviertel der Ausländer. St. Petersburg erhielt im 18. Jahrhundert neben der einheimischen noch eine

Ausländerzunft für Goldschmiede. Mitglieder darin waren viele der im benachbarten Baltikum ausgebildeten Gold- und Silberschmiede.

In den baltischen Landen waren die Goldschmiede seit dem 14. Jahrhundert zunftmäßig in den sogenannten »Ämtern« organisiert, schufen sich nach deutschem Recht ihre Statuten, die »Schragen«, verlangten von jedem in das Amt aufzunehmenden Lehrjungen im Geburtsbrief den Nachweis der Abstammung von deutschen Eltern und forderten unter anderem vom Gesellen auch das Wandern in Deutschland. Bei vielen Goldschmiedemeistern aus den baltischen Städten ist die Herkunft aus deutschen Goldschmiedezentren bekannt, und oft lassen sich Kunstfertigkeiten und Schmuckmotive auf ihren Silberarbeiten von Stileigenheiten auf Arbeiten aus deutschen Städten herleiten. In den Gebieten von Estland, Livland und Kurland – seit dem 18. Jahrhundert russische Ostseeprovinzen –, hatte das deutsche Goldschmiedehandwerk eine lange Tradition, die bis in das 19. Jahrhundert fortgeführt wurde und noch bis zur zweiten Hälfte des Jahrhunderts in der Führung der Bücher der Goldschmiedeämter in deutscher Sprache sichtbaren Ausdruck fand.

Geographisch erstreckt sich diese Kunstlandschaft als Küstengebiet der Ostsee von Ostpreußen bis Narwa mit der Ostgrenze am Peipussee. Von ihr können in der Ausstellung Arbeiten aus den Goldschmiedezentren von Reval (Tallinn) und Riga des 18.–19. Jahrhunderts gezeigt werden.

Den Hinweis, daß diese Werke in den oben angeführten Städten gearbeitet und zum Qualitätsnachweis dem dortigen Goldschmiedeamt vorgestellt wurden, geben auf den Silbergegenständen die Stadtstempel, auch Beschauzeichen genannt. Sie gingen überwiegend aus dem kleinen Stadtwappen hervor – das große Wappen zu führen, war ein Vorrecht des Rates der Stadt, nicht der Handwerkerschaft –, wie den Danebrog des kleinen Stadtwappens von Reval. Rigas Stadtstempel zeigt die gekreuzten Schlüssel mit dem schwebenden Kreuz zwischen ihren nach außen gekehrten Bärten.

Meisterstempel, die überwiegend aus dem Monogramm der Goldschmiedemeister hervorgehen, sind vertieft oder erhaben auf vertieftem Grund neben dem Stadtstempel eingeschlagen. Bei den Rigaer Arbeiten weisen noch sogenannte »Jahresbuchstaben« in Stempeln auf Zeitabschnitte hin, in denen ein bestimmter »Aeltermann«, d.h. Vorsteher im Goldeschmiedeamt, tätig war. Diese Stempel ermöglichen es, die Entstehung einer Silberarbeit innerhalb eines begrenzten Zeitraumes im Vergleich zu der oft bekannten Lebensarbeitszeit eines Goldschmiedemeisters festzustellen.

Revaler Arbeiten aus der Zeit von 1801 bis 1842 zeigen noch einen dritten Stempel mit der Zahl »13«. Dieser Feingehaltsstempel besagt, daß von einem Pfund bzw. 16 Lot Metall 13 Lot aus Feinsilber bestehen. Diese Legierung war im Baltikum über viele Jahrhunderte gefordert und wurde nur in Kurland zu Anfang des 19. Jahrhunderts unterschritten. Nach 1842/45 wurde bei Silberschmiedearbeiten im Baltikum die »russische Probe« mit 84 Solotnik Feinsilber bei einem russischen Pfund bzw. 96 Solotnik Metall verlangt.

Darüber hinaus weisen neben der soliden Verarbeitung des Edelmetalls auch spezielle Formen auf die Entstehung in den verschiedenen Goldschmiedezentren in den baltischen Landen hin, wie z.B. der schräg godronierte Fuß des konischen Stangenbechers auf eine Rigaer Werkstatt. Wappen, die die glatten Flächen der Silbergegenstände dekorativ beleben, sind sehr häufig auf Silbergegenständen baltischer Goldschmiede zu finden (4.51). Zahllos sind die kleinen und großen konischen Becher baltischer Provenienz mit oder ohne Fuß, mit oder ohne Deckel (4.50). Die fächerförmig aufstehenden, an den Gefäßkörper angeschwungenen Füße der Kaffeekanne mit den schrägen Zügen und getriebenem Rokokoornament kehren in dieser Form in der zweiten Hälfte des 18. Jahrhunderts auf vielen Rigaer Arbeiten wieder. Etwa 30 cm hohe, birnenförmige Kaffeekannen auf drei Füßen mit langem, weit ausladendem schnabelförmigem Ausguß wurden offensichtlich in Riga sehr zahlreich hergestellt (4.49). Dies bezeugen zeitgenössische Berichte und alte Nachlaßinventare.

»Schmantkannen«, wie die Milchkännchen noch heute von den Deutschbalten genannt werden, waren außerordentlich solide und schwer verarbeitet, auch wenn sie schon dem über die Grenzen des Landes hinaus gültigen Modestil der Zeit folgten (4.52). Terrinen verraten in ihrer schweren, wannenförmigen Gestalt die Herkunft aus Osteuropa.

Die Silbergegenstände schmückten nicht nur die Schränke und Tische in den vermögenden Guts- und Stadthäusern, sondern auch für den persönlichen Gebrauch wurden Toilettengarnituren, ebenso weitere Einzelstücke von den Gold- und Silberschmieden kunstvoll gestaltet, wie das gegossene Blumenbouquet auf der verschließbaren Dose beweist. Wegen ihrer Größe kann sie als Schmuckbehälter, nicht als Zuckerdose angesehen werden (4.53). Außerdem waren im Baltikum beim Tafelsilber im Stil des Rokokos die Zuckerstreuer mit perforierten Hauben gebräuchlicher als Dosen. Jene wurden aber wiederum auf den Tischen bald von den beliebteren Zuckerschalen verdrängt, denen oft noch ein passender Zuckerstreulöffel beigegeben war.

Hatte im Goldschmiedeschragen von Narwa, der im Jahre 1763 von der russischen Regierung bestätigt wurde, erstmals die Vorschrift Platz gegriffen, nach der die Goldschmiedegesellen mindestens in die Städte Riga, St. Petersburg oder Moskau wandern mußten, so durften nach dem Jahre 1828 Gesellen aus den baltischen Landen nicht mehr ins Ausland auf Wanderschaft gehen. Daher machte sich seit der ersten Hälfte des 19. Jahrhunderts in den Goldschmiedearbeiten aus den Städten im Baltikum, besonders aus Dorpat, der russische Geschmack stärker bemerkbar. St. Petersburg wurde der Maßstab für das gesellschaftliche Leben, und schon aus Konkurrenzgründen mußten sich einheimische Gold- und Silberschmiede der neuen Mode anschließen.

Literatur:
W. Neumann, Verzeichnis baltischer Goldschmiede, ihrer Merkzeichen und Werke, Riga 1905; E. Seuberlich, Beiträge zur Geschichte der baltischen Goldschmiede, Riga 1913; A. Friedenthal, Die Goldschmiede Revals, Lübeck 1931; Katalog des Stadtarchivs Tallinn, IV, zusammengestellt von A. Margus, Tallinn 1938; L. Bäcksbacka, St. Petersburger Juvelerare, Guld- och Silversmede 1714–1870, Helsingfors 1951;A. Leistikow, Baltisches Silber des 17.–19. Jahrhunderts aus öffentlichem und privatem Besitz, Katalog zur Ausstellung im Schloßmuseum in Darmstadt, 1983; M. M. Postnikova-Losseva/N. G. Platonova/B. L. Ulianova, L'orfèvrerie et la bijouterie au XV–XX ss, Moscou 1983.

A. L.

4.49
Kaffeekanne

Silber
dreifüßig mit Holzgriff
Rocaillen- und Weinlaubdekor
T. Gennerup, Riga 1754–1774
30 × 18 cm
Georg-Dehio-Gesellschaft, Lohmar/Bundesministerium des Innern, Bonn

4.50
Deckelbecher

Silber, innen vergoldet
D. Lundberg, Reval 1756–1802
Höhe: 12 cm; ∅ 8 cm
Georg-Dehio-Gesellschaft, Lohmar/Bundesministerium des Innern, Bonn

4.51
Stangenbecher

Silber, innen vergoldet
F. Hagen, Riga 1720–1741
Höhe 17 cm, ∅ Oben 12,5 cm
Georg-Dehio-Gesellschaft, Lohmar/Bundesministerium des Innern, Bonn

4.52
Schmantkanne

Silber, innen vergoldet
Henkel in Form eines Greifenkopfes
F. W. Möring, Reval 1818–1828
14 × 7,5 cm
Georg-Dehio-Gesellschaft, Lohmar/Bundesministerium des Innern, Bonn

4.53
Schmuckdose

Silber, innen vergoldet
vier Füße
Deckelverzierung: vergoldete Blume mit drei Blüten
M. Kretzner, Riga 1758–1791
13 × 16 × 12 cm
Georg-Dehio-Gesellschaft, Lohmar/Bundesministerium des Innern, Bonn

4.54
Die Deutschen im russischen Städtebau

Tafel

Spätestens seit der Gründung der neuen Hauptstadt St. Petersburg 1703 prägten westliche und deutsche Architekten in großem Umfang die Baugeschichte Rußlands. Das erste bedeutende Bauwerk von St. Petersburg war der Menschikow-Palast. Der Bau wurde 1710 vom italienischen Architekten Giovanni Maria Fontana begonnen und von dem Deutschen Gottfried Schädel fortgeführt. Diese beiden waren eine der ersten Architekten, die Peter I. zum Aufbau der neuen Hauptstadt heranzog.
Gottfried Schädel (in Rußland Iwan Iwanowitsch) kam 1713 aus Wandsbeck (bei Hamburg) nach St. Petersburg, wo er schon nach kurzer Zeit im Dienste Menschikows stand. Nach der Fertigstellung des Menschikow-Palastes auf der Wasiljew-Insel errichtete er den ersten Kadettenkorps und beteiligte sich in großem Umfang am Bau des Großen Palastes von Oranienbaum. Nach dem Sturz Menschikows mußte Schädel nach Moskau gehen, wo er als Gehilfe Rastrellis beim Bau des »Annenhofes« im Kreml arbeitete. Am fruchtbarsten jedoch war seine Tätigkeit in Kiew, wo er 1737 das Gebäude der Geistlichen Akademie umbaute, die Glockentürme der Kiewo-Petschorskaja Lawra und der Sophien-Kathedrale errichtete

4.49

und noch an zahlreichen Kirchenbauten teilnahm. Seine letzten Jahre verbrachte Gottfried Schädel auf seinem Gut in der Ukraine. Hier wurde wohl auch sein Sohn Anton geboren, der in den 1730er Jahren die Uspenskij-(Mariä-Himmelfahrt-)Kathedrale in Smolensk erbaute. Zusammen mit Gottfried Schädel kam der ebenfalls in Deutschland bekannte Architekt des Berliner Schlosses Andreas Schlüter nach St. Petersburg. Er starb jedoch bereits ein Jahr später. Nach etwa fünfzig Jahren umgab Georg (Jurij) Velten die Newa-Seite des Sommergartens, bei dessen Gestaltung früher auch Schlüter mitgewirkt hatte, mit einem hohen, feingliederigen Schmiedeeisengitter, das zum Glanzstück Leningrads gehört und mit den gleichfalls von ihm erbauten massiven Kaimauern kontrastiert. Velten wurde als Sohn des Oberküchenmeisters Peters I. 1730 in St. Petersburg geboren. Er studierte Mathematik in Tübingen und nahm angeblich als Volontär beim Bau des Neuen Schlosses in Stuttgart teil. 1750 kehrte er nach St. Petersburg zurück und arbeitete als Gehilfe Graf Rastellis am Bau des Winterpalastes. Später wurde er Direktor der St. Petersburger Kunstakademie.

Zu seinen Hauptwerken gehören die sogenannte alte Eremitage und der Tschesme-Palast. Bei diesem Werk kam eine sonderbare Mischung aus östlichen und »gotischen« Elementen zum Ausdruck, der als »Türkischer Stil« bekannt und damals in Westeuropa große Mode war.

Der erste namentlich erwähnte Baumeister und Gartenarchitekt von Peterhof war J. F. Braunstein. 1713 kam er aus Deutschland nach Rußland und begann, Peters Skizzen in die Tat umzusetzen, indem er den Park absteckte und sich dem Bau von Monplaisir widmete. Man hält Monplaisir, das den Kern von Peterhof bildet und viel von seinem Originalzustand erhalten hat, für das gemeinschaftliche Werk von Braunstein und dem großen Franzosen Leblond. Außer Peterhof und Kronstadt war Braunstein auch in Zarskoje Selo tätig, wo die Gemahlin Peters I., Katharina, den deutschen Architekten beauftragte, ihr ein kleines Steinhaus mit einem französischen Garten anzulegen. Die Anlage war mit abgezirkelten Parketts, beschnittenen Hecken und einem Wassergraben versehen.

Die Petersburger Bautätigkeit des bedeutendsten Klassizisten Süddeutschlands, Leo von Klenze, geb. 1784 in Bockenheim bei Hildesheim, war nur ein kurzer Ausschnitt seines langen und fruchtbaren beruflichen Lebens. 1839 arbeitete er am Inneren der Isaakkathedrale, später beteiligte er sich am Bau des Kaiserlichen Museums der Schönen Künste.

Zwischen 1839 und 1852 erbaute Leo von Klenze die »neue Eremitage«, in der sich nicht zu übersehende europäische Züge dem russischen Klassizismus entgegenstellten. Die äußerst prachtvollen, mit teuersten Materialien verkleideten Räume der »neuen Eremitage« konkurrieren in ihrer künstlerischen Bedeutung mit den ausgestellten Exponaten. Hier kamen die gleichen Prinzipien des Künstlers zum Ausdruck, die er beim Bau der Münchener Glyptothek 1816–1830 anwandte.

Alexander Pawlowitsch Brüllow (1798–1877), dessen Großvater aus Lüneburg stammte, wurde nach seinem Petersburger Studium und einem sechsjährigen Förderungsaufenthalt im Ausland zum Architekten des Kaiserlichen Hofes in St. Petersburg berufen. Er erbaute das Observatorium zu Pulkowo, das Gebäude des großen Generalstabes am Schloßplatz und leitete den Ausbau des Winterpalais sowie des neuen Exerzierhauses. Zwischen 1833 und 1838 baute er auf dem Newski Prospekt die lutherische St. Peters-Kirche. Ende des 18./Anfang des 19. Jahrhunderts ist eine immer deutlicher werdende Wende der Orientierung von der französischen Kultur hin zur deutschen festzustellen.

Nicht zuletzt wurde diese Umkehr zur deutschen Schule durch die damals populäre Philosophie der Romantik von F. Schelling gefördert. Die Wende zum 19. Jahrhundert wird am besten durch die christlich-religiösen Ansichten Alexanders (bis 1817: Karl) Lawrentiewitwsch Witberg repräsentiert. Die außerordentliche Bedeutung der Errichtung einer Kathedrale in Moskau zum Dank für die Befreiung Rußlands war nicht zu überschätzen. 1816 bestimmte Alexander I. den Entwurf Witbergs persönlich zur Ausführung, die jedoch nie realisiert wurde. In den 1830er Jahren war die Errichtung eines nationalen Architekturdenkmals in einem »europäischen« Stil völlig unmöglich. Der verleumdete, wegen Unterschlagung beschuldigte Architekt wurde nach Wjatka verbannt, wo er in neogotischem Stil die Alexander-Newskij-Kathedrale erbaute. Mit der Ausarbeitung eines neuen Projektes für die Christus-Erlöser-Kathedrale beauftragte man Konstantin Andrejewitsch Thon. Der Architekt wurde 1794 in St. Petersburg geboren. Nach dem Studium und darauffolgendem sechsjährigen Aufenthalt im Ausland gestaltete er die Festsäle der Kunstakademie und projektierte den Newa-Hafen mit Sphinx-Figuren. 1833 wurde er Professor der Architektur. Außerdem entwarf er die Katharinenkirche an der Peterhofer Chaussee bei St. Petersburg, die Peter-Paulskirche in Peterhof, die Katharinenkirche in Zarskoje Selo und eine Reihe von Sakralbauten in St. Petersburg: Kirchen des Semionow-Garderegiments, der Garde-Jäger und der Garde zu Pferde, die Mariä-Opferkirche (Zerkof Wwedenija), die Mariä-Verkündigungskirche (Zerkof Blagowjeschtschenija), die Himmelfahrt Christi-Kirche (Zerkof Wosnessenija). Thons bedeutendster Sakralbau, die Christus-Erlöser-Kathedrale in Moskau, machte ihn endgültig zum Hauptvertreter des offiziellen »wahrhaft russischen« Stils.

1833 wurden Thons Kirchen-Projekte »allerhöchst approbiert« als Musterprojekte herausgegeben und in einem Ukas von 1841 als Beispiel für die nationale Architektur empfohlen. »Russische nationale Architektur wurde ihm in der Tat in Pacht gegeben«, schrieb damals der Kritiker W. W. Stasow. In den bürgerlichen Bauten Thons, insbesondere beim Großen Kremlpalast (zusammen mit Friedrich Richter) oder der Waffenkammer (Orushejnaja Palata) des Moskauer Kremls (1839/49), beim Moskauer Bahnhof in St. Petersburg und Petersburger Bahnhof in Moskau (1849), werden auch die Einflüsse der Eklektik spürbar. 1881 starb Thon in St. Petersburg.

Am Bau der Christus-Erlöser-Kathedrale nahm auch Lew Wladimirowitsch Dahl (1834–1878) teil. Er war der Sohn des bekannten Linguisten W. I. Dahl, dessen Vater 1792 aus Preet in Holstein nach Rußland emigrierte.

Nach seiner Europareise arbeitete Lew Dahl als Architekt in Nishnij Nowgorod, wo er den Iwan-Predtetsche Glockenturm und den zweiten Marktdom erbaute; 1876 errichtete er in Moskau die erste überdeckte Markthalle. Zwischen 1839 und 1844 erbaute ein bayerischer Architekt, Heinrich Stackenschneider (22. 2. 1802 bis 8. 8. 1865), den ehemaligen Marienpalast, nun Sitz des Leningrader Sowjets; und man kann sagen, daß mit ihm die Tradition des Palastbaus als Wesenszug der Stadt ausklang. Stackenschneider war der Architekt des neubarocken Palais des Fürsten Bjelosselskij-Beloserskij, und diesen Stil übernahm er auch für das Interieur. Ein gut gelungener Umbau fand unabhängig von der Restaurierungsarbeit nach dem Brand statt, aber erst über ein Jahrzehnt später, zwischen 1850 und 1858. Er betraf den Pavillon-Saal, der, wie die Militärgalerie, sechs der ursprünglichen Räume, darunter einen Wintergarten, vereinnahmte. Es heißt, der deutsche Architekt Stackenschneider habe beabsichtigt, eine romantische und orientalische Atmosphäre zu schaffen. Er wählte als Thema »Die Fontäne von Bachtschisaraj« von Puschkin. Bei der Errichtung der Isaak-Kathedrale arbeitete Stackenschneider seit 1825 als Zeichenarchitekt. Neben Thon gehörte auch er zum Lieblingsarchitekten des Kaisers Nikolaus I. Zu seinen Hauptwerken zählen das Gartenschloß Belvedere (Babigon) in Peterhof, der Pavillon auf der Zarizyn-Insel ebenda, der Pavillon Oserki, der Palais des Großfürsten Nikolai Nikolajewitsch (später Xenia-Institut), der Palais Belosselskij-Beloserskij und viele andere. Nach seinen Projekten wurde eine Reihe von Interieurs in Winter-, Marmor-, Antischkowpalästen und in der alten Eremitage ausgeführt.

Gegenüber vom prachtvollsten Zimmer der Eremitage, dem Malachitzimmer, befindet sich das »Kleine Weiße Eßzimmer«, ein auffallend schlichter Raum, 1894 vom Architekten Robert Friedrich Meltzer dekoriert.

Am Bau des Anitschkow-Palastes nahm auch Karl Karlowitsch Rachau (1830–1889) teil; 1875 fügte er an der Hofseite des Palastes ein vorspringendes Vestibül mit einem Wintergarten darüber an. Er entwarf auch vier Laternen, die 1876 statt der alten an der Alexander-Säule auf dem Schloßplatz errichtet wurden.

Im Jahre 1886 wurden einige Räume im Vestibül des Anitschkow-Schlosses von Maximilian Egorowitsch Mesmacher (1842–1906) neu dekoriert; sie gehören zu den wenigen, die noch erhalten geblieben sind. 1885–1895 schuf er das Petersburger Stigliz-Museum. Um die Erfahrungen im Museumsbau zu sammeln, fuhr Mesmacher extra nach Dresden. In St. Petersburg hat der Architekt eine Vielzahl von seinen Projekten verwirklicht: den Palast des Großfürsten Alexej Alexandrowitsch auf der Mojka, die Manege am A. A. Bolowuew-Haus, den Palast des Großfürsten Michail Michailowitsch, das Archivgebäude des Staatsrates u. a.

Ludwig (Ljubim Ljubimowitsch) Bohnstedt wurde 1822 in St. Petersburg geboren, studierte an der Berliner Kunstakademie. Ab 1858 war er Professor der Petersburger Kunstakademie. In St. Petersburg baute er meistens Wohnhäuser, aber auch den Jusupow-Palast auf dem Litejnyj Prospekt. Außerdem wirkte er in Riga. 1872 bekam er den ersten Preis für das Wettbewerbsprojekt für den Reichstag in Berlin. Seit 1863 bis zu seinem Tode (1894) wohnte und arbeitete er in Gotha.

Ein weiterer Architekt der zweiten Hälfte des 19. Jahrhunderts, der vorwiegend im »europäischen« Stil arbeitete, war B. W. Freidenberg. Die Sandaunowschen Dampfbäder (1895) oder die Passage auf der Petrowka in Moskau (1902) belegen eindeutig seine Neigungen zu Pracht und Reichtum. Die Buchhandlung »Snanije« (Wissen) und der I. I. Knebel Verlag, die sich in einem von ihm projektierten Haus auf der Petrowka befanden, wurden 1915 während der antideutschen Pogrome zertrümmert.

Zu den interessantesten Architekten seiner Zeit gehörte der in Livland 1812 geborene Harald Julius (Gerald Andrejewitsch) Bosse. Das Architekturstudium hat er in Darmstadt abgeschlossen. Bei ihm kamen, wie selten bei seinen Kollegen, die neuen »westlichen« Tendenzen der Zeit zum Ausdruck. Obwohl die Fassaden seiner Bauten immer noch von dem nicht endgültig überwundenen Klassizismus beeinflußt waren, zeigen die Grundrisse seiner Projekte erstaunliche Ähnlichkeiten mit denen, die erst Jahrzehnte später veröffentlicht wurden. Das kann man besonders bei vielen von ihm gebauten Privatwohnhäusern am Stadtrande und beim Schloß in Michailowka (1857–1862) erkennen.

Außer in St. Petersburg war er in Dresden und Gelsingforce tätig, wo er orthodoxe Kirchen baute. Nach dem Projekt Bosse hat David Grimm die reformierte Kirche in St. Petersburg errichtet. Als Gehilfe arbeitete bei Bosse auch der junge Robert Goedicke. Zu seinen später bekanntesten Bauten gehörte der Komplex von Kinderkrankenhäusern (1876–1877), dessen Bau er unter Fachberatung des damals berühmten Kinderarztes Rauchfuchs durchführte. Zusammen mit seinen Berufskollegen arbeitete Goedicke vorwiegend im »europäischen Stil«.

Die Suche nach einem neuen nationalen Stil zieht sich auch in die zweite Hälfte des 19. Jahrhunderts und wurde zum Stein des Anstoßes der russischen Architektur. In keinem europäischen Land dieser Zeit war das Problem des nationalen Baustils so aktuell wie in Rußland. Die Wendung zu den altrussischen Traditionen in der Architektur wurde durch das Wachstum eines nationalen Bewußtseins inspiriert. In der Verwendung von Elementen des mittelalterlichen Bauerbes sah man eine Form der nationalen Eigenart und eine Möglichkeit, den Jahrhunderte andauernden westlichen Einflüssen zu entgehen.
Neben Konstantin Thon widmete sich auch Viktor Alexandrowitsch Hartmann (1834–1873) diesem Stil. Ihm schreibt man auch die »Entdeckung« neuer Baustoffe, nämlich Holz und Ziegel, zu. In den meisten Gebäuden der damals herrschenden »Eklektik«, wie auch früher bei den klassizistischen Bauten, versteckte man diese »unedlen« Materialien unter einer dicken Putzschicht. Hartmann baute in Moskau eine Reihe von Wohnhäusern, die Mamontow-Druckerei und das Volkstheater aus Holz. Einige seiner Arbeiten wurden 1873 auf der Weltausstellung in Wien demonstriert.
Um Motive für seine Architektur zu finden, greift Hartmann in die tiefste Folklore. Besonders bekannt und von vielen Kritikern nicht unbestritten war seine Nachahmung von Ornamenten der Handtuchstickerei. Wahrscheinlich wollte Lew Dahl auf die Besessenheit von den heroischen volkstümlichen Themen in Hartmanns Arbeiten hinweisen, als er seine Projekte als »wahnsinnig originell« bezeichnete.
Ein anderer Verfechter der nationalen Architektur war David Ivanowitsch Grimm (1823–1898), der einige Jahre nach den Wurzeln der russischen Kultur in Georgien und Armenien suchte. Als Resultat dieser Forschungsarbeit erschien 1859 sein Buch »Byzantische Baudenkmäler Georgiens und Armeniens«, was zu einem Wendepunkt der weiteren Entwicklung des »byzantischen Stils« führte. An Stelle der imaginären Prototypen offizieller nationaler Architektur, z. B. von Thon, kamen reelle, faßbare Vorbilder, die auf dem Territorium von Armenien, Georgien und auf dem Balkan noch erhalten geblieben sind. Im russischen Stil baute er eine Kirche in Michailowka bei St. Petersburg. Zwischen 1862 und 1865 errichtete er eine dort reformierte Kirche.
Seine Grundausbildung bekam Viktor Alexandrowitsch Schroeter (1839–1901) am deutschen Peter-und-Pauls-Gymnasium in St. Petersburg. Ab 1856 studierte er an der Kunstakademie bei K. Thon und A. Stackenschneider. 1861 beendete er die Berliner Akademie und kehrte zurück nach St. Petersburg. Nach dem Brand in der Stadt war er dem Architekten Alexander Krakau beim Aufbau der Apraxin- und Schtschjukin-Märke behilflich. Zusammen mit Heinrich Huhn führte er das Wettbewerbsprojekt des Tempels der Kaukasischen Armee in Tiflis aus, wofür er den ersten Preis bekam. Besonders wurde Schroeter durch seinen Theaterbau bekannt: In St. Petersburg baute er das Mariinski und das Große Theater um. Er arbeitete auch mit den Architekten R. Schmelling und I. Küttner zusammen. Mit dem letzten baute er auf Kronwerser Straße in St. Petersburg eine Lutherische Kirche im »gotischen« Stil. Außer St. Petersburg und Moskau wirkte er auch in Irkutsk, Odessa, Rybinsk, Nishni Nowgorod.
Die allgemeine Krise des Klassizismus förderte die Entstehung eines neuen Architekturstils, der sogenannten Eklektik. »Die Eklektik befreite die Architektur von den ermüdenden Vorschriften. Sie diktierte nicht mehr die Art des Benehmens, im Gegenteil, der neue Kunde wollte, daß die Architektur zu einer Dekoration für seine von ihm selbst ausgewählte Rolle im Theater des Lebens wurde.« Am besten illustrierte diese etwas leichtsinnige Stilrichtung das Werk des Moskauer Architekten Roman Iwanowitsch Klein.
Als Beispiel formeller Entlehnungen, denen man tiefe Bedeutung und Inhaltsreichtum zuschrieb, dient das Mietshaus Perlow auf der Mjasnizkaja Str. (heute Kirowa Str. 19), das Klein zusammen mit K. Hippius baute. Die flache Fassade des dreistöckigen Gebäudes ist reichlich mit »chinesischen« dekorativen Elementen ausgestattet (als Ausgangsbasis diente nicht so sehr die chinesische Architektur selbst als vielmehr ihre europäischen Varianten).
Genauso natürlich schien für die damalige Zeit die fast attrappenartige Nachahmung der antiken Architekturformen an einem anderen Gebäude Kleins, der Moskauer Universität 1898–1912 (heute Puschkin-Museum). Die zum Haupteingang gerichtete Kolonnade wiederholt haargenau die Details des Athenischen Erechtheuses, die hier in ein ganz anderes Kompositionsschema eingebunden werden. R. Klein hatte sehr viel gebaut und griff immer wieder zu neuen Quellen. Beim Bau des »Muir und Merrilies«-Geschäfts (das heutige ZUM-Gebäude in Moskau) war er von neuen und kühnen Gerüstkonstruktionen beeinflußt. Dadurch entstand der Wunsch, sich an die Vorbilder der westeuropäischen Gotik anzulehnen (sie dienten allerdings nur für die Steindekoration, die den überaus rationell projektierten Bau von außen verdeckten).
Natürlich wäre die bunte Palette der Werke des Architekten nicht vollkommen, wenn er sich nicht auch dem »russischen Stil« gewidmet hätte. Seine Mittleren Kaufreihen auf dem Roten Platz (1891–1893) gehören eindeutig zu dieser Stilrichtung. Über eine aktive Architekturtätigkeit Roman Kleins nach der Oktoberrevolution ist nichts bekannt. Der Architekt starb am 3. Mai 1924 in Moskau.
Am Ende des 19. und Anfang des 20. Jahrhunderts erreicht das Wirken der deutschen bzw. deutschstämmigen Architekten in Rußland seinen Höhepunkt. Es wäre unmöglich, die Petersburger und Moskauer Moderne zu beschreiben, ohne Namen wie E. K. Niersee,

K. K. Schmidt, B. Kochendorf, A. J. Gunst, B. B. Schaub, E. I. Wirrich, M. F. Geisler und I. A. Gelrich zu erwähnen. Zu der bedeutendsten Figur dieser Zeitperiode gehörte unbestritten Fjodor (Franz) Osipowitsch Schechtel.

Franz Schechtel ist am 26. Juli (7. August) 1859 in St. Petersburg geboren. Sein Vater, Josef Schechtel, kam in den dreißiger Jahren zusammen mit seinen Brüdern nach Saratow aus einer deutschen Kolonie im Saratower Gouvernement. Sie ließen sich in einem deutschen Vorstädtchen (Slobodka) nieder und kauften ein Haus auf der zentralen Moskauer Straße und einen Laden (die Brüder Schechtel waren Kaufleute), der als bester in der Stadt galt. In einem dieser Häuser verbrachte Franz Schechtel seine Kindheit und Jugend.

Nach Abschluß des vierjährigen Gymnasiums an dem Tiraspoler römisch-katholischen Seminar kam der junge Franz Schechtel nach Moskau, wo er zeit seines Lebens blieb.

Laut Architekturkritikerin E. I. Kiritschenko bezeichnet man das Moskau der letzten zehn Jahre des vorigen und der ersten zehn Jahre unseres Jahrhunderts mit vollem Recht als Schechtels-Moskau. Das Werk Schechtels ist vom dynamischem Wechsel der Stilrichtungen und deren Vielfalt geprägt. In den achtziger Jahren des 19. Jahrhunderts gestaltete er in Renaissance- und Gotikformen, in den neunziger Jahren im russischen Stil und englischer Gotik, seit 1900 in Formen des neorussischen Stils, der jüngeren und späteren strengen »Moderne«.

Seine Popularität hat er nicht zuletzt den zahlreichen Projekten von Gutshäusern, Villen und Wochenendhäusern zu verdanken. Als ein besonders typisches Beispiel der »Schechtel-Moderne« gilt die Rjabuschinski-Villa (1900, heute Gorki-Museum, Katschalowstraße 6/2). Das Prinzip der organischen Formgestaltung kommt auch in anderen Objekten zum Ausdruck: in der streng monumentalen Komposition der Deroschinski-Villa (1901, Kropotkinskij Pereulok 13) oder in der Reinecke-Villa in Saratow (1912–1914, Kommunarnaja Str. 22), die auch »von innen nach außen« geplant wurde.

In Schechtels »Moderne« sind auch Einflüsse der Gotik zu spüren. Morosows Villa auf der Spiridonowka (1893) ist ein besonders geeignetes Beispiel. 1902 baute er das Moskauer Kunsttheater (MChAT) um.

Nach dem Tode des großen russischen Schriftstellers A. P. Tschechow bekam Schechtel den Auftrag, eine Tschechow-Bibliothek mit Museum zu planen, was er auch 1910 »zum Andenken an seinen persönlichen Freund« kostenlos getan hat.

Seine bedeutendsten Werke im »neo-russischen« Stil sind: Pavillon im Glasgo, Kirche in Solomennaja Storoshka und der Jaroslawskj-Bahnhof (1902–1904, Komsomolplatz).

Die letzte Periode der schöpferischen Tätigkeit Schechtels fällt in die ersten Jahre der Sowjetmacht in Rußland und ist nicht so fruchtbar wie die ersten. Den Anhängern des Konstruktivismus und des Funktionalismus war Schechtels Panästhetik, die Veredelung des Schönen, fremd, und deshalb wurde er von dem architektonischen Prozeß der zwanziger Jahre ferngehalten. So wurde ihm auch die angestrebte Teilnahme an der Planung des Roten Stadions in Moskau verweigert. Höchstwahrscheinlich führte Schechtel das Projekt des Umbaus der Lenin-Villa (Ussadba-Gorki, heutige Filiale des Lenin-Museums) aus. Unter den Moskauer Villen nimmt »Gorki« einen besonderen Platz ein, denn sie ist eine der letzten Bauten dieser Art in Moskau und ist mit außerordentlichen künstlerischen und ästhetischen Eigenschaften gekennzeichnet. Für die besondere Bedeutung dieses Bauwerkes spricht auch die Auswahl des Bauplatzes und das hohe Komfortniveau (selbst die Beleuchtungsgeräte wurden nach Entwürfen der Autoren des Projektes gefertigt). Schechtel starb am 4. Juli 1926 in Moskau.

Der Anteil der in Rußland ansässigen deutschen Architekten nahm in der Sowjetzeit rasch ab. Im Vergleich zum vorigen Jahrhundert war ihre Präsenz im Lande nach der Oktoberrevolution mehr als bescheiden. Ende der zwanziger, Anfang der dreißiger Jahre wurden sie von einer neuen Architekten-Generation aus Deutschland »ersetzt«.

Die Prinzipien des sozialistischen Wohnens, die ihren Niederschlag in Hauskommunen und Kommunenhäuser fanden, die von der Sowjetunion angestrebte umfangreiche industrielle Entwicklung und der zu dieser Zeit geförderte revolutionäre Konstruktivismus und Funktionalismus stießen auf Begeisterung in deutschen Baukreisen.

Am 1. Oktober 1930 übernahm der führende Frankfurter Architekt und Designer Ernst May in Moskau die Stellung des obersten Leiters des Städtebaus und Wohnungswesens in der UdSSR. Mit ihm gingen mehrere Architekten aus dem Frankfurter Kreis nach Rußland: M. Stam, W. Hebebrand, G. Schroeder, W. Schulz, W. Schwagenscheidt, G. Schütte-Lihotzky, W. Schütte, W. Bangert und andere. Im Dezember des gleichen Jahres folgte dieser Gruppe eine weitere unter Leitung von Hannes Meyer. Darauffolgend konstatierte 1930 die Architekturzeitschrift »Das neue Frankfurt« in ihrem Artikel »Die Rußlandfahrten«: »Die russische Regierung, die schon bisher die modernen Architekten ihres weiten Landes zu wichtigen Arbeiten heranzog, hat auch mit dieser Berufung wieder bewiesen, daß sie die lebendigen Kräfte in der Welt zu finden weiß.« Ernst May, von der Opposition als »Lenin des deutschen Bauens« bezeichnet, wurde von seinen gleichgesinnten Frankfurter Kollegen als Held gefeiert: »...wir freuen uns über die einzigartige Chance, die Ernst May geboten wird, und wir beglückwünschen ihn und seine

Mitarbeiter zu der großen Aufgabe, der sie entgegengehen«. Bereits bis Ende 1930 hat Ernst May mit seinen Mitarbeitern Magnitogorsk in Planung genommen, eine Stadt im Ural für 200 000 Einwohner – mit Individualwohnungen im Außenhaus, weil es »für einen späteren Übergang zu Gemeinschaftsküchen die besten Voraussetzungen bietet«. (Magnitogorsk ist dann anders gebaut worden.)
Walter Schwagenscheidt projektierte die Stadt Kusnezk, Marcel Breuer propagierte ein aktives, den Zuschauer einbeziehendes Theater in einem Projekt für Charkow, Gustav Hassenpflug unterbreitete (zusammen mit dem russischen Juden Moisej J. Ginsburg) einen Vorschlag zur Erweiterung des Kulturparks in Moskau, Hans Schmidt schrieb über sowjetischen Wohnungsbau.
Schon 1925 baute Erich Mendelsohn die Trikotagen- und Strumpffabrik »Krasnoje Snamja« in Leningrad. Aber nur wenige von den nach Rußland eingereisten Architekten konnten ihre Pläne und Träume in die Tat umsetzen. Bereits 1931 bringt das Blatt »Das neue Frankfurt« vorsichtig ihre Enttäuschungen zum Ausdruck: »Es scheint, daß in Rußland die neuen Ideen auf dem Gebiete der bildenden Künste rascher zum Ziele führen als im Bauen, das ja mit viel größeren materiellen Hemmnissen zu kämpfen hat.«
Ökonomische Voraussetzungen für die Verwirklichung der deutschen Architekturutopien fehlten in der Sowjetunion nach wie vor: mit der Stärkung des kommunistischen Apparates wurden sie auch politisch völlig unmöglich. Das traf natürlich auch für die sowjetischen Konstruktivisten zu. Die Zeit ihrer Blüte war so kurz, daß sie unter dem Begriff »Papierarchitektur« in die Baugeschichte einging. Nach dem Zweiten Weltkrieg wurden technisches Wissen und handwerkliches Können der deutschen Kriegsgefangenen beim städtischen Ausbau der Sowjetunion gezielt eingesetzt; hierfür stehen sowohl die Moskauer Hochbauten im sogenannten »stalinistischen Spätbarock«, als auch einheitliche Wohnviertel, Industriebauten und öffentliche Gebäude wie das Nowosibirsker Wahrzeichen, das Opernhaus.

Literatur:
Die Paläste von Leningrad, hg. von Andrey Kennett, London 1973; A. Hernandez / G. Nagel / D. W. Schmidt / F. Werner, Leningrad. Architektur und Städtebau, Stuttgart 1978; E. A. Borisowa, Russische Architektur der zweiten Hälfte des 19. Jahrhunderts, Moskau 1979; A. W. Ikonnikow, Architektur Moskaus im 20. Jahrhundert, Moskau 1984; H. Hirdina, Neues Bauen. Neues Gestalten, Dresden 1984; E. I. Kiritschenko, Architekturtheorien des 19. Jahrhunderts in Rußland, Moskau 1986; F. O. Schechtel und die historischen Aspekte der Russischen Architektur Ende des 19./Anfang des 20. Jahrhunderts, hg. vom zentralen wissenschaftlichen Forschungs- und Projektinstitut des Städtebaus, Moskau 1986.

H. H.

4.55
Alte Eremitage/Leningrad
J. Velten

Interieur
Photographie
1988
H. Vogt, Stuttgart

4.56
Christus-Erlöser Kathedrale/Moskau
(Chram Christa Spasitelja)

1837/1881
zerstört Dezember 1931
K. A. Thon 1794–1881
Photographie
Privatbesitz

4.57
Großer Kreml-Palast/Moskau

1838–1849 erbaut
K. A. Thon/F. Richter
Photographie
Privatbesitz

4.58
Saundunowsche Dampfbäder/Moskau
(Saundunowskije Bani)

1895
B. W. Freidenberg
Photographie
ca. 1988/89
W. Filippow, Moskau

4.59
Ehemaliges Haus der Moskauer Kaufmännischen Gesellschaft

1909
F. O. Schechtel 1859–1926
Photographie
ca. 1985
H. Heidebrecht, Stuttgart

4.56

4.60
Jaroslawskij Bahnhof/Moskau

1902/04
F. O. Schechtel 1859–1926
Photographie
1988
H. Vogt, Stuttgart

4.61
Mittlere Kaufreihen Roter Platz/Moskau

1891–1893
R. I. Klein 1858–1924
Photographie
ca. 1988/89
W. Filippow, Moskau

4.57

4.62
Puschkin-Museum/Moskau

1892–1912
R. I. Klein 1858–1924
Photographie
ca. 1985
H. Heidebrecht, Stuttgart

4.63
Gorkij-Museum/Moskau, früher Rjabuschinski-Villa

1902/06
F. O. Schechtel 1859–1926
R. I. Klein 1858–1924
Photographie
1985
H. Heidebrecht, Stuttgart

4.64
Malerei und Plastik

4.65
Ida Kerkovius

* 1879 in Riga † 1970 in Stuttgart

Ida Kerkovius wurde in Riga geboren und erhielt dort auch ihre erste künstlerische Ausbildung (Diplom). Entscheidend wurde für sie die Ausstellung einer Hoelzel-Schülerin in Riga. 1903 ging sie für fünf Monate zu Adolf Hoelzel nach Dachau. 1908 nahm sie das Malstudium zunächst in Berlin auf, dann bis 1911 an der Akademie der bildenden Künste in Stuttgart bei Prof. Hoelzel, sie war seit 1910 Meisterschülerin und Assistentin, danach selbständig.

Von den hier vorgestellten Künstlern hat wohl nur Ida Kerkovius den Rang einer »der bedeutendsten Malerinnen dieses Jahrhunderts« (Ernst Schremmer) erreicht. Ihr vielfältiger, persönlicher Stil wurde sowohl durch die Farbigkeit ihrer baltischen Heimat, den Einfluß ihres Lehrers Adolf Hoelzel als auch durch Begegnungen mit Paul Klee, Jawlensky und Kandinsky am Bauhaus in Weimar geprägt. Jede Arbeit ist in erster Linie aus der Farbe entwickelt, wobei anfangs deutlich die Anlehnung an Hoelzel und die Künstler des Bauhauses spürbar ist, später aber sich die Individualität in ihrer spielerischen Phantasie und Unbefangenheit, den Motiven, den Zeichen für Menschen, Tiere, Gegenstände und besonders in ihrer

4.61

leuchtenden Farbigkeit zeigt. Die »Kerko«, wie ihre Freunde sie nannten, war eine Zauberin der Farbe und Bildinhalte.
»Ihre Behandlung der Farbe ist es, die den Rang der Kerkovius in der deutschen Malerei unserer Gegenwart ausmacht. Wie die Farbe bei ihr blüht und leuchtet, klingt und duftet!« (Wieland Schmied).
»Das Bild wird zu einer eigenen Welt, die Ida Kerkovius heißt, ein Märchen der Farbe, eine Wirklichkeit der Gegenwart, die hinter sich uralte Geheimnisse zu verbergen scheint. Es sind von anderen Malern »perfektere« Bilder gemalt worden, selten aber so bildhafte, so poetische, verzauberte und verzaubernde.« (Ernst Schremmer).

Literatur:
K. Leonhard, Ida Kerkovius. Leben und Werk, Köln 1957; Katalog Ostdeutsche Galerie Regensburg, Braunschweig 1978; K. Hagen, Lexikon deutschbaltischer bildender Künstler, Verlag 1983; Veröffentlichungen der Ostdeutschen Galerie Regensburg 2, Braunschweig 1984.

K. C.

4.65a
Russische Landschaft

Öl/Leinwand
1943
79 × 97 cm
Galerie der Stadt Stuttgart

4.65b
Riga

Öl/Leinwand/Sperrholz
1931
46,1 × 33,8 cm
Ostdeutsche Galerie Regensburg

4.66
Herta Mora

* 1904 in Riga † 1980 in Stuttgart

Herta Mora verlebte ihre Kindheit in Riga und floh 1919 mit ihren Eltern nach Deutschland. 1921 besuchte sie in Lübeck die Freie Kunstschule und setzte von 1925 bis 1927 das Studium an der lettländischen Kunstakademie in Riga fort. 1940 kam die Umsiedlung in den Warthegau nach Posen, 1945 gelang ihr eine abenteuerliche Flucht nach Stuttgart. 1954 besuchte sie hier die Werkkunstschule Merz, und 1958 nahm sie an der Sommerakademie Salzburg bei Oskar Kokoschka in seiner »Schule des Sehens« neue Impulse auf. Ihr spätes Schaffen wurde auch durch die Farbenwelt Adolf Hoelzels beeinflußt, ähnlich wie bei Ida Kerkovius. Doch waren ihren Arbeiten surrealistische Verfremdungen ebensowenig fremd wie die gelegentliche Benutzung ungewöhnlicher formaler Akzente. Es gibt von ihr sehr schöne und liebenswerte Stilleben, Stadtlandschaften und Landschaftsbilder in einer ihr typischen Sicht, voller Licht und Farbe. Die Portraits zeigen, wie einfühlsam Herta Mora auf die Individualität ihres Gegenübers, sein Temperament, eingehen konnte. Es waren Menschen, die ihr halfen, die Gesprächspartner und Freunde waren oder solche, die sie verehrte wie den Maler Oskar Kokoschka, den Dichter Werner Bergengruen und den Komponisten Georg von Albrecht. »Schwermut und Humor, Heiterkeit und Nachdenklichkeit, ein Schuß Poesie und sehr viel Musikalität ist in ihrem Werk ... Ob nun die Landschaft, das Stadtbild in verblüffend ungewohnten Perspektiven und Spannungsverhältnissen, das Antlitz eines Menschen: aus allem spricht eine Offenheit für das andere, für den anderen, eine helle, heitere, ja-sagende Kunst, die aber auch um die Schatten weiß.« (Ernst Schremmer).

Literatur:
Katalog Ostdeutsche Galerie Regensburg, Braunschweig 1978; K. Hagen, Lexikon deutschbaltischer bildender Künstler, Köln 1983; Veröffentlichungen der Ostdeutschen Galerie Regensburg 2, 1984.

K. C.

4.66a
Portrait Marc Chagall

Kohlezeichnung
63 × 49 cm
Nachlaß

4.66b
Rigaischer Strand

Pastell
24 × 33 cm
Leihgabe E. und W. Pöhler, Esslingen

4.67
Otto Flath

* 1906 in Staritzke/Kiew † 1987 in Bad Segeberg

Seine Heimat ist die Weite der Ukraine. In Staritzke, einem kleinen Dorf bei Kiew, wurde Otto Flath am 9. Mai 1906 als Sohn des deutschen Bauern Wilhelm Flath geboren. Seine Vorfahren waren

4.66b

aus Württemberg nach Südrußland gekommen, und das harte Leben der deutschen Kolonisten prägte den noch jungen Flath. Dort wuchs wohl die Liebe zum Wald und seinen Stämmen, überhaupt zum gewachsenen, lebendigen Holz.
Der Zusammenbruch des Zarenreiches vertrieb nach dem Ersten Weltkrieg die deutschen Familien, die Jahrzehnte in Rußland ansässig waren. Das glückliche Daheim eines bäuerlichen Lebens war zerstört. Hunger und Krankheit begleiteten 1919 die abenteuerliche Flucht der Familie Flath über das Baltikum und die Ostsee nach Lübeck. In Kiel lernte Otto Flath bei Karl Schneider das Handwerk eines Elfenbeinschnitzers und studierte 1928 an der dortigen Kunstgewerbeschule Holzbildhauerei. Im Februar 1932 traf Otto Flath mit Ellen und Willy Burmeester zusammen. Sie gaben ihm nach der Übersiedlung nach Bad Segeberg im Jahr 1935 Heimat und Freiraum, den sein Schaffen und Gestalten brauchte.
»Die Welt fängt im Menschen an«, diese Worte Franz Werfels kennzeichnen den Künstler Otto Flath, unter dessen Händen selbst die Natur zum Menschen wird. Unter diesem Motto stand auch die erste Kunstausstellung 1988 im Haus der Deutschen aus Rußland in Stuttgart, die gleichzeitig die erste Ausstellung Otto Flaths mit Plastiken, Zeichnungen und Aquarellen in Süddeutschland war, die sein Leben und Werk in einer repräsentativen Übersicht darstellte. Sein in Holz geschnittenes Menschenbild, visionär erfaßt und immer neu gestaltet, erscheint vollendet, in sich selbst ruhend und harmo-

nisch. Wenn auch die Anfänge in seinem Schaffen stark an das Werk Barlachs erinnern, den Flath sehr verehrte, löste er sich schon in frühen Jahren und entwickelte seinen eigenen Stil. Obwohl seine Plastiken unberührt von Unruhe, Streit und der Not menschlichen Lebens sind, sind sie doch verbunden mit uns als Sehnsucht zum wahrhaftigen, reinen Menschen. Es ist, als ob diese Wesen schon alles erlebt und erlitten hätten und uns jetzt aus einer anderen, geistigen Welt anschauen.
Damit hat der kurz nach seinem 81. Geburtstag verstorbene Künstler in seinem Werk ein wahrhaftes Bekenntnis zur Humanität abgelegt und wird in seinen Arbeiten und durch sie weiterleben. In mehr als 50 Jahren seines künstlerischen Wirkens schuf er über 3000 Skulpturen und unzählige Zeichnungen und Aquarelle, die ihm, alle geprägt von seinem tiefen religiösen Fühlen, Anerkennung weit über deutsche Grenzen hinaus in Europa und den USA brachten.
1971 wurde Otto Flath zum Ehrenbürger von Bad Segeberg ernannt und erhielt 1981 das Bundesverdienstkreuz.

Literatur:
G. Böhmer, »Sursum corda ...«. Otto Flath, Bad Segeberg 1974; Otto Flath, Der Mensch und seine Welt, hg. von der Stiftung Otto Flath, Bad Segeberg o. J.

K. C.

4.67a
Flüchtlinge

Kastanie
1977
Höhe: 155 cm
Stiftung Otto Flath, Bad Segeberg

4.68
Nikolaus Rode

* 1940 in Eigental, lebt seit 1980 in Neuss

Nikolaus Rode, der 1940 in Eigental, Siedlung Kronau, geboren wurde, 1943 mit der Familie nach Deutschland zurückkehrte und 1945 von der Sowjetarmee nach Sibirien verschleppt und 11 Jahre unter Zwangsaufenthalt gestellt wurde, widmet einen großen Teil seiner künstlerischen Arbeit dem Schicksal der Rußlanddeutschen. »Noch nie war die Zeit angesichts der Ströme von Aussiedlern aus der Sowjetunion, angesichts der Äußerungen mancher Politiker und der Stimmung in der Bevölkerung so reif für dieses Thema wie heute. Ich will, daß das Schicksal der Rußlanddeutschen zunächst einmal zur Kenntnis genommen wird, bevor man weitere Schritte in Richtung Glasnost/Perestroika und Versöhnung tut. Von dieser Versöhnung gehe ich zwar aus, jedoch nicht ohne historisches Bewußtsein und Gewissen.« (Nikolaus Rode).
In Nikolaus Rodes Zeichnungen und Bildern spiegeln sich seine Gedanken und Erinnerungen an das unterdrückte Leben der Deutschen in der Sowjetunion wider, aber er berichtet auch von seinen Schwierigkeiten in der Bundesrepublik. Hier, wo er endlich seit 1980 mit seiner Familie als Deutscher unter Deutschen leben wollte, war er plötzlich ein Ausländer, ein Fremder, ein Russe. Doch damit nicht genug, noch heute kämpft er um berufliche Anerkennung seiner beiden Diplome, die er in der Sowjetunion in insgesamt 11 Jahren Studium erworben hat (1968 nach fünf Jahren Studium an der Fachkunstschule in Taschkent Diplom als Bühnenbildner, Bühnenbild zu »Fürst Igor« als Diplomarbeit, und von 1971 bis 1976 noch Designstudium in Moskau bei E. A. Rosenblum). Zur Zeit arbeitet er an den Städtischen Bühnen Mönchengladbach und Krefeld als Theatermaler, eine weit unter seinem Ausbildungsniveau angesetzte Tätigkeit.
Seit 1985 ist Nikolaus Rode Mitglied im Berufsverband Bildender Künstler in Düsseldorf und erhielt im Landesverband Nordrhein-Westfalen 1987 den 1. Preis. Neben der genannten Thematik greift er auch andere, immer wieder aktuelle Themen auf, wie z. B. die Zerstörung der Natur und Umwelt, die Bedrohung des Weltfriedens und damit eng verbunden das Abrüsten. – Themen also, in denen er seine politische Verantwortung als Künstler, als Mitglied dieser Gesellschaft wahrnimmt.

K. C.

4.68a
Der Ausbruch

Öl/Leinwand
1983
80 × 100 cm
im Besitz des Künstlers

4.68b
Eine deutsche Odyssee

Gouache/Sperrholz
1987
104 × 74 cm
im Besitz des Künstlers

4.69
Karlheinz Zöhner

* 1941 in Debalzewo lebt in Mühlacker

Karlheinz Zöhner wurde 1941 in Debalzewo, Ukraine, geboren, erlebte aber die Schulzeit und weitere Ausbildung schon in Deutschland. Nach Abschluß der Schule studierte er von 1957 bis 1960 an der Fachhochschule in Königslutter Bildhauerei, arbeitete 12 Jahre in diesem Beruf und studierte nochmals von 1972 bis 1974 an der Fachhochschule für Gestaltung und Bildhauerei in Aschaffenburg. 1974 machte er seine Meisterprüfung und ist seither als selbständiger Bildhauer und Maler in Mühlacker tätig. Seit 1979 ist Karlheinz Zöhner Mitglied im Verband Bildender Künstler Baden-Württembergs und seit 1984 Mitglied der Künstlergilde Esslingen. Als Bildhauer beschäftigt er sich mit den verschiedensten Gestaltungsbereichen. So ist der menschliche Körper, seine Darstellung im Liegen, Tanzen, im still Verharren zentrales Thema seiner Arbeit. Ebenso gehört aber auch die von der Figur gelöste, symbolische Form zu seinen künstlerischen Mitteln. Im Zusammenwirken dieser beiden Darstellungsformen entstehen neuartige, auf Sinnbildlichkeit gerichtete Steinplastiken. Gleichermaßen gestaltungsbedürftig sind für ihn typische Ereignisse und Szenen aus dem täglichen Leben der Menschen, ihre weniger achtenswerten Verhaltensweisen wie Prahlerei und Herrschsucht, Habgier und Schnüffelei. Manchmal frivol und aggressiv oder gar verzerrt, werden sie von ihm in den Ton, in den Stein gebracht. So bilden bei Karlheinz Zöhner die menschliche Figur, die Erkundung ihrer symbolischen Ausdruckswerte, die Freude am Grotesken, das Grundlegende in seiner künstlerischen Arbeit. K. C.

4.68b

4.69a
Erschaffungsprozeß

1985
Marmor
24 × 30 × 100 cm
im Besitz des Künstlers

4.70
Brauchtum und Volkskunde

Das Brauchtum der bäuerlichen und städtischen Deutschen im Russischen Reich ist bislang ungenügend bzw. überhaupt nicht Gegenstand der Forschung gewesen. Das mag an der unterschiedlichen Lebensweise, am Kosmopolitismus einerseits und der religiös bedingten zurückgezogenen Lebensweise andererseits gelegen haben.
Die ersten Ansätze zur Erfassung der Problematik sind relativ spät von Dinges an der Wolga und Schirmunski in Südrußland mit Untersuchungen aus den zwanziger Jahren dieses Jahrhunderts vorgenommen worden. Die Arbeiten zeigen erste methodische Ansätze zum Sammeln und Verarbeiten deutschen Kulturguts in der Sowjetunion.

4.72

Nach Ende des Zweiten Weltkrieges widmete sich auf bundesdeutschem Gebiet Alfred Camman der Sammlung volkskundlicher Erzählungen der Rußlanddeutschen, die er von Flüchtlingen und Aussiedlern bekam. Die von Christian Fiess nach dem Krieg zusammengetragene Schausammlung dringlichen Kulturguts aus Bessarabien darf als exemplarisch gelten.
Neuere Studien zur Alltagskultur der Deutschen in Rußland/UdSSR, die die geographische, soziale und zeitliche Spannbreite methodisch erfassen und aufarbeiten, liegen bislang nicht vor, ebensowenig die wissenschaftliche Aufarbeitung dringlichen Kulturguts, so daß man sich vorerst auf die Präsentation von Einzelbeispielen beschränken muß

Literatur:
V. Schirmunski, Die deutschen Kolonien in der Ukraine, Moskau 1928; A. Camman, Deutsche Volksmärchen aus Rußland und Rumänien, Göttingen 1967; Heimat Wolhynien, Marburg 1985.

4.71
Das Eierlesen

Tafel

Das Eierlesen war bis ins 20. Jahrhundert hinein in Südrußland ein beliebtes Spiel bei den Deutschen, an dem das ganze Dorf beteiligt war. Der Ursprung des Spiels liegt im südwestdeutschen Raum. Ihm liegt folgendes Motiv zugrunde: Es handelt sich immer um einen Wettlaufkampf, wobei die männlichen »Sammler« die aufgelesenen Eier den auf sie wartenden Mädchen abliefern müssen. Die Spiele finden immer zur Osterzeit statt. Die Art und Weise der auszuführenden Varianten ist regional verschieden. Allein in Bessarabien, wo die Eierleser »Springer« heißen, werden die Spiele von Ort zu Ort verschieden gestaltet. Meistens variiert die Anordnung der Springer und die der auf die Eier wartenden Mädchen. Manchmal werden sie noch von sogenannten Wächtern begleitet. Zum Lauf sind die Burschen oftmals mit Bändern geschmückt. Die abzulaufende »Eierreihe« wird mit geschmückten Stöcken abgesteckt. Die zu überwindenden Schwierigkeiten beim Eierlesen reichen vom vorgeschriebenen Hüpfschritt bis zum Hürdenlauf mit Pferden.
Die Spiele haben sich in Rußland durch die Umsiedlung und Deportation nicht gehalten. Ebensowenig werden sie von den Flüchtlingen weitergepflegt. Der einzige württembergische Ort, in dem sie sich seit der frühen Neuzeit gehalten haben, ist Kiebingen bei Rottenburg. Hier findet jedes Jahr zu Ostern ein Eierlauf der jungen Leute mit Turnschuhen und Jogginghosen statt.

Literatur:
Ch. Fiess, Das deutsche Ethnographische Museum in Sarata, in: Sarata 1822–1940, Stuttgart 1979. S. 539–551. J. Lenz, Das Eierlesen in den ostdeutschen Sprachinseln, in: Jahrbuch für Volkskunde der Heimatvertriebenen, 1961, S. 98–107; K. Göbel, Das Summenformelspiel. Zur Stellung eines Wettspiels zwischen Osterbrauch und Rechenbuchillustration, München 1987; H. J. Ewers, Der Remlinger Eierlauf, Marktgemeinde Remlingen 1989.

U. R.-E.

4.72
»Eierlesen«

aus: Ländliche Gebräuche in Württemberg. Eine Bilderfolge von Johann Baptist Pflug – Bildmappe – Stuttgart 1857
Photographie
Landesbibliothek Stuttgart

4.73
Bessarabien
Beim Eierlesen

Photographie
ca. 1900
Heimatmuseum der Deutschen aus Bessarabien, Stuttgart

4.74
Der Sammler in Aktion

Photographie
1987
Kulturamt Markt Remlingen

4.75
Eierlauf und Ehrentanz bei Regen

Photographie
1987
Kulturamt Markt Remlingen

4.76
Interkulturelle Einflüsse

(Text in Vitrine)

Der Einfluß fremder, nicht deutscher Kultur im Alltagsleben der deutschen Bauern Südrußlands zeichnet sich vor allem dort ab, wo man sich an die klimatischen Bedingungen der Umgebung anpas-

4.73

sen mußte, in Kleidung und Gebrauchsgeschirr. Als repräsentativ dürfte die Verwendung des russischen Pelzes und die des kopierten Samowars in Form eines Teekessels angesehen werden.

4.77
Schafspelz/Pelzmütze/Filzstiefel

Länge ca. 1 m; 30 cm; 20 cm
20. Jahrhundert
Museum der Deutschen aus Rußland, Stuttgart

Die Ausstattung schützte im langen und strengen Steppenwinter vor Kälte. Diese Kombination wurde von Russen und Ukrainern getragen.

4.78
Teekocher

Blech
20. Jahrhundert
∅ 30 cm, Höhe: 34 cm
Heimatmuseum der Deutschen aus Bessarabien, Stuttgart

Der Teekocher imitiert den russischen Samowar in vereinfachter Form. Das eingefüllte heiße Wasser wärmte die auf die Öffnung gestellte Teekanne mit Sud. Nach dem Ziehen füllte man frisches Wasser und Sudextrakt in Tassen.

5. Selbstverwaltung und Russifizierungspolitik

Tafel

Bis zur Einrichtung der landschaftlichen Selbstverwaltung (semstwo) 1864 durch Alexander II. als Konsequenz der Aufhebung der Leibeigenschaft der russischen Bauern war die höhere Administration der dörflichen deutschen Gemeinden uneinheitlich geregelt.
Das durch das Einwanderungsedikt garantierte Selbstverwaltungsrecht galt in den Gemeinden in dem Sinne, als sie den Dorfschulzen und seine Helfer aus ihrer Mitte wählten. Die Gesamtheit aller Schulzen wählte den Oberschulzen, der das Bezirks- bzw. Kreisamt leitete. Die Amtssprache war deutsch. Der Oberschulze mußte russisch sprechen können, da er unmittelbar dem zuständigen russischen Leiter der für Ausländer zuständigen Behörde in St. Petersburg unterstand. Meistens war ihm auch ein Schreiber zugeordnet, der die deutsche Sprache in Wort und Schrift beherrschte. Die Aufgaben des Dorfschulzen umfaßten fiskalische Verwaltung, niedere Gerichtsbarkeit sowie die Durchführung der von der Gemeinde beschlossenen Arbeiten. Der Oberschulze versah den ähnlichen Aufgabenbereich auf Kreisebene.
Die Regionalbehörde befand sich für die Wolgakolonien bis auf eine kurze Unterbrechung zwischen 1782 und 1797 in Saratow im sogenannten Tutelkontor für Ausländer, das der Tutelkanzlei für Ausländersiedlungen in St. Petersburg unterstand. In den Jahren des Intervalls war die Sonderverwaltung aufgehoben zugunsten einer Eingliederung in die allgemeine russische Verwaltung. Sie erwies sich allerdings als nicht akzeptiert und undurchführbar. In Südrußland war die Hauptverwaltung der deutschen Kolonien im Fürsorgekomitee zusammengefaßt. Es hatte seinen Sitz vorerst in Jekaterinoslaw (1819), wurde aber zweimal verlegt: 1821 nach Kischinjow, 1833 nach Odessa, wo es bis 1864 blieb. Dem Fürsorgekomitee unterstanden Abteilungen in Jekaterinoslaw, in Katarshi – allerdings nur bis 1828 –, in Kauschany und in Tiflis.
Bei der Schaffung des Ministeriums der Reichsdomänen 1837 geht die Sonderverwaltung für Ausländersiedlungen in der allgemeinen Verwaltung auf. Mit Ausnahme der Kolonisten Transkaukasiens, für die ein gesonderter Status bestimmt wird, unterstehen die »Ausländer mit Eigenbesitz« den allgemeinen Behörden und werden dem Innenministerium eingegliedert.
Mit Inkrafttreten der Semstwo 1864 büßten die freien deutschen Bauern, die den russischen Staatsbauern rechtlich gleichgestellt waren, ihre Sonderstellung ein. Fortan wurden alle wahlberechtigten Untertanen einer Gebietseinheit in drei Kategorien geteilt: Eigentümer privater Landgüter (hauptsächlich Adelige), Stadtbewohner und kollektive Grundbesitzer, d.h. im weiter bestehenden Mir-System diejenigen Bauern, die in ihrer Gemeinde ein Landlos gezogen hatten.
Während sich bei den ersten beiden Gruppen das Wahlrecht nach dem Besitzstand richtete, durchlief die Wahl der Bauernversammlungen drei Wahlgänge bis zur Nominierung der endgültigen Kandidaten. Der Semstwoversammlung stand der Adelsmarschall (Präsident des den Kreis betreffenden Adels) vor, auch wenn er nicht gewählt war. Die Semstwoverwaltung trieb Steuern ein und verwaltete auch eigenständig ihr Budget.
Hauptsächlich von den Semstwos gefördert wurde die Einrichtung russischer Volks- und Elementarschulen, deren Aufbau Unterrichtsminister Golowin unterstützte. Wegen Mangels an Lehrkräften und finanziellen Mitteln war die Volksbildung in erster Linie Aufgabe der Semstwos. Immerhin konnten von 1864 bis 1880 im europäischen Teil Rußlands fast 18000 Volksschulen eröffnet werden, ohne staatliche Subventionen in Anspruch nehmen zu müssen. Die Kirche dagegen konnte im gleichen Zeitraum ca. 5000 Schulen einrichten. In die Regierungszeit Alexanders II. fielen außerdem Reformen zur Modernisierung der Städteordnung auf der Grundlage des Dreiklassenwahlrechts 1870 und zur Einführung der allgemeinen Wehrpflicht 1874. Die neu geordnete Stadtverwaltung mußte sich auch der Bevormundung durch die Regierung fügen. Dem städtischen Wahlrecht wurde das preußische Dreiklassenwahlrecht

zugrunde gelegt. Die Kategorisierung der Wähler in die entsprechenden Klassen hing vom Vermögen ab. Das Stadtoberhaupt wurde in St. Petersburg vom Zaren ernannt, in den übrigen Städten bedurfte dessen Wahl der Zustimmung des Innenministers. Bis 1892 beinhaltete die neue Städteverfassung das aktive Wahlrecht. Seit 1718 bestand die Stadtversammlung aus einem Magistrat mit der Kompetenz ständisch beschränkter Justizgewalt. Der Magistrat wird 1785 in die Stadt-Duma umbenannt, behält aber weiterhin gerichtliche Funktionen. Neben Polizei und Ordnungsamt bleibt allerdings ihre Stellung schwach. Bis auf eine kurze Unterbrechung bleibt die Städteordnung bis 1870 bestehen. Die gerichtliche Funktion muß sie an die Bezirksgerichte dann jedoch abgeben.

Die Reformgesetzgebung, die eine tiefgreifende Umwandlung Rußlands zur Folge hatte, war Ausdruck zweier die Entwicklung des Russischen Reiches seit dem 17. Jahrhundert begleitenden Problemkreise. Es waren einerseits die ungelösten sozialen Spannungen innerhalb der russischen Bauernschaft, die 80 % der Bevölkerung ausmachte. Um der Steuerleistung willen beließ die russische Regierung sie trotz allerlei Bemühungen in der Geschlossenheit des Mir-Systems innerhalb der Dorfgemeinde (s. 3.130). Den Adel entschädigte man für die starke Bindung der Bauern an den Staats- und Heeresdienst mit der völligen Verfügungsgewalt über die Bauern. Die Entwicklung führte zwar dazu, daß sich manche Bauern durch eine Apanage freikaufen konnten, weil sie damit ihrem Herrn ermöglichten, Luxuswaren zu erwerben, löste aber nicht die Schwierigkeiten der grundlegend stagnierenden russischen Wirtschaft.

Das soziale Problem der russischen Bauernschaft, die Leibeigenschaft, war allerdings mit der Verwaltungsreform nicht gelöst. Einerseits blieben die Bauern im Mir-System verhaftet, andererseits reichte das Land, das zum Verkauf anstand, nicht aus. Landadel und freie Bauernschaft besaßen den größten Teil des Landes. Die Landstücke blieben klein und wurden dadurch unwirtschaftlich. Erst die Agrarreform Stolypins 1906 sollte Abhilfe schaffen. Viele Bauern wanderten deshalb in die Städte aus, die einen konjunkturellen Aufschwung erlebten.

Außerdem führte die nationale Identitätskrise russischer Intellektueller zu einer ständigen Auseinandersetzung mit dem fortschrittlichen Westen und dem fremden- und deutschfreundlichen Zarenhaus. Als auslösendes Moment nimmt man den für die Russen negativ verlaufenen Krimkrieg (1854–1856) an, der als nationale Demütigung empfunden wurde. Im Frieden von Paris 1856 mußte Rußland diskriminierende Auflagen wie die Neutralisierung des Schwarzmeerraumes und die Schließung der Meerengen für alle Kriegsschiffe akzeptieren.

Der Panslawismus erhielt in Rußland dauerhafte Unterstützung durch den polnischen Aufstand 1863 und die Gründung des Deutschen Reichs 1871, die für die ungeeinten Slawen eine politische Herausforderung bedeuteten. Kennzeichnend für die panslawistische Intelligenzschicht wurde eine an der Freiheitsforderung orientierte systemkritische Oppositionshaltung. Ihrem Druck beugte sich Alexander II. durch seine Reformgesetzgebung, die für die Deutschen im Russischen Reich eine extreme Bedrohung ihrer kulturel-

5.2

5.3

len und politischen Autonomie bedeutete. Die Situation eskalierte unter seinem Nachfolger Alexander III. mit der Einführung der russischen Sprache im Schulunterricht 1891.

Literatur:
N. P. Danilov, Buduščnost' Rossii v zavisimosti ot sovremennogo rasrešenija voprosov russko-polskogo i russko-nemeckogo putem nacional'noj politiki russkogo pravitel'stva i patriotičeskoj dejatel'nosti russkich graždan (Die Zukunft Rußlands in Abhängigkeit von der gegenwärtigen Lösung der russisch-polnischen und russisch-deutschen Fragen mittels einer nationalen Politik der russischen Regierung und der patriotischen Tätigkeit der russischen Bürger) St. Petersburg 1866; M. P. Pogodin, Offener Brief an Herrn Professor Schirren über dessen Buch »livländische Antwort«, Berlin 1870; W. Kirchner, The Rise of the Baltic Question, New York, 1954; M. B. Petrovich, The emergence of Russian panslavism, New York 1956; G. Fischer, Russian Liberalism. From Gentry to Intelligentsi Cambridge/Mass. 1958; W. A. Kohls, Beitrag zur Geschichte der deutschen Kolonisten in Rußland. Eine Untersuchung russischer Pressepolemik und der deutschen diplomatischen Berichte aus der St. Petersburger Amtszeit des Botschafters von Schweinitz, in: H. I. Krüger, Archivalische Fundstücke zu den deutsch-russischen Beziehungen, Berlin 1973, S. 147–183; J. B. Long, the Volga-Germans an the Zemstvos 1865–1917, in: Jahrbücher für Geschichte Osteuropas 30 (1982) Heft 3, S. 336–361.

U. R.-E.

5.1
Gefecht von Balaclava

25. Okt. 1854
Zinnsoldatenfigurationen
33 vollplastische Figuren
55 × 65 × 12 cm
Zinnfigurenmuseum Kulmbach

Im Krimkrieg schlugen die Engländer in dem Gefecht einen russischen Angriff verlustreich ab.

5.2
Oberschulzenrock, Tuch
Säbel und Amtskette, vergoldet

1861
100 × 50 cm; bzw. 57 cm Länge
Heimatmuseum der Deutschen aus Bessarabien, Stuttgart

5.3
Russische Bauernfamilie und Inneres ihrer Hütte

um 1880
Photographien
Bildarchiv Foto Marburg

5.5

5.4
Auszug aus: PSZ (Polnoe sobranie Zakonov) Rossijskoj imperii

2. Serie, Bd. 39, Nr. 40457, S. 1–14
deutsche Übersetzung:
Allgemeine Bestimmungen zur Verordnung über Semstwobehörden 1864 und ihre Aufgaben

2. III. Maßnahmen, um die Bevölkerung mit Lebensmitteln zu versorgen
   IV. Verwaltung von karitativen Einrichtungen des Semstwo... Maßnahmen zur Verringerung der Armut; Sorge für den Bau von Kirchen
   VI. Sorge für die Entwicklung des lokalen Handels und der Industrie
   VII. Beteiligung vor allem in finanzieller Hinsicht und in den vom Gesetz festgelegten Grenzen, in der Fürsorge um Volksbildung, Volksgesundheit und um Gefängnisse.

5.5
Carl Schirren 1826–1910

Bildarchiv Foto Marburg

Schirren war deutsch-baltischer Historiker, seit 1856 Professor in Dorpat. Gegen die russischen Angriffe auf das Deutschtum der Ostseeprovinzen schrieb er die ›livländische Antwort‹, worauf er seines Amtes enthoben wurde.

(Literatur s. 5.)

6. Die Zeit vor, zwischen und während der Weltkriege

Tafel

1894–1917	Nikolaus II.
1904/1905	Niederlage im russisch-japanischen Krieg, Revolution von 1905
30. 10. 1905	Einführung der Duma als legislatives Organ
27. 4. 1906	Das autokratisch regierte Reich wurde in eine konstitutionelle Monarchie umgewandelt. Zunehmende Radikalisierung der linken Parteien
1910/1911	Landreform, 1917 hatten 30 % der Bauern eigenen Hofbesitz
1910, 1912	Anträge in der Duma, den Kolonistenbesitz einzudämmen
1. 8. 1914	Ausbruch des Ersten Weltkriegs
September 1914	Obwohl die Kolonisten deutscher Abstammung russische Staatsbürger waren und zum Kriegsdienst herangezogen wurden, wurde ihr Grundbesitz beschlagnahmt, und nur die Versorgungslage der Bevölkerung und des Heeres verhinderte einen sofortigen Vollzug. Dennoch wurde die wirtschaftliche Existenz der Bevölkerung deutscher Herkunft bis 1917 weitgehend zerstört. Die deutschen Ortsnamen mußten 1914 sofort durch russische ersetzt werden
1915	Deportation der Wolhyniendeutschen angesichts der herannahenden Westfront
15. 3. 1917	Revolution und Abdankung des Zaren. Die Provisorische Regierung setzte den Krieg fort
7. 11. 1917	Oktoberrevolution der Bolschewiken. Der Bürgerkrieg kostete einem großen Teil der Kolonisten das Leben und vernichtete ihren noch erhaltenen Besitz
Lenin 1917–1924	
18. 3. 1917	Tagung der Vertreter der deutschen Bevölkerung in Odessa
20.–22. 4. 1917	Tagung von 86 Vertretern der deutschen Kolonien aus 15 Gouvernements in Odessa. Ein Komitee von drei Personen wurde beauftragt, die Interessen der deutschen Bevölkerung gegenüber der Provisorischen Regierung wahrzunehmen
3. 3. 1918	Friede von Brest-Litowsk
24.–28. 2.1918	Die Konferenz in Warenburg verabschiedete das Projekt eines nationalen Zusammenschlusses aller Wolgakolonien zu einer selbständigen Wolgarepublik im russischen Föderationsstaat
Ende April 1918	Kommissariat für deutsche Angelegenheiten im Wolgagebiet durch die russische Zentralregierung errichtet
1921	Auswanderung aus den deutschen Kolonien, Bevölkerungszahl um 26,5 % verringert
Stalin 1924–1953	
6. 1. 1924	Gründung der Autonomen Sozialistischen Sowjetrepublik der Wolgadeutschen
31. 1. 1924	Föderalistische Verfassung für die Union der Sozialistischen Sowjetrepubliken In den deutschen Kolonien wurde Deutsch zur Amtssprache und neben Russisch und Ukrainisch auch zur Amtssprache der Wolgarepublik. Die 1914 abgeschafften deutschen Ortsnamen durften wieder eingeführt werden
1933	Neben der Wolgarepublik bestanden zehn deutsche Rayons (Landkreise) und etwa 300 deutsche Dorfräte in national gemischten Landkreisen In den frühen dreißiger Jahren zwangsweise Kollektivierung der Bauern. In der Wolgarepublik wurden dabei etwa 50 000 Deutsche aus der bäuerlichen Oberschicht (= Kulaken) deportiert

1939/40	Umsiedlung der Balten- und Bessarabiendeutschen ins Deutsche Reich
22. 6. 1941	Ausbruch des Krieges zwischen der UdSSR und dem Deutschen Reich

Anfang des 20. Jahrhunderts eskalierten sowohl die sich aus der Aufhebung der Leibeigenschaft ergebenden sozialen und wirtschaftlichen Spannungen als auch die aus der Nationalitätenpolitik des 19. Jahrhunderts resultierende Auflehnung gegen die Gleichschaltungs- und Russifizierungsmaßnahmen, d.h. den Abbau der Selbstverwaltung z.B. in den Ostseeprovinzen, Polen und Finnland. Die Verarmung der Bauern, die unter anderem durch eine versäumte Steuerreform verursacht wurde – sie mußten nach wie vor Kopfsteuer entrichten und Loskaufsummen ableisten, um dem Staat das Kapital zurückzugeben, das die Gutsherren durch die Landgemeinden in Form der leibeigenen Bauern zur Verfügung gestellt bekommen hatten –,und das sich daraus ergebende, latent vorhandene sozialistische Bewußtsein boten den Sozialrevolutionären die Basis zur Agitation.

Ausgelöst wurde die Revolution 1905 durch das auf Befehl der Zarenregierung eröffnete Feuer auf eine friedlich demonstrierende Versammlung von Bauern in St. Petersburg. Im Oktobermanifest sah sich der Zar gezwungen, die Grundrechte zu gewähren und einer Versammlung von Volksvertretern (Duma) mit legislativen Befugnissen zuzustimmen. Auch das Zensuswahlrecht entfiel. Allerdings konnte der Zar jederzeit ohne Zustimmung der Duma seine Politik durchsetzen. Der Reichsrat diente als Kontrollorgan.

Das Spektrum der zur Disposition stehenden Parteien zeigt drei große Gruppierungen:

1. die Sozialrevolutionäre und -demokraten, die als einzige ein politisches Programm vorweisen konnten; sie boykottierten allerdings die erste Dumawahl.

Während die Sozialrevolutionäre anarchistisch geprägt waren, verfolgten die Sozialdemokraten die Grundsätze des Marxismus; sie spalteten sich wegen der Frage der Parteiorganisation 1912 endgültig in Bolschewiki und Menschewiki. Aus der Situation des Wahlboykotts heraus bildete sich eine Parteiung radikaler Bauern, Trudowiki, mit dem erklärten Ziel zur Lösung der Agrarfrage. Angesichts der liberalen Haltung gegenüber dem Nationalitätenproblem erhielten die Sozialrevolutionäre bei der Wahl 1917 die Stimmen aller nationalen Bewegungen;

2. die Oktobristen, kaiserliche Verfassungs- und Reformanhänger mit konservativ-liberalen Tendenzen; sie rekrutierten sich aus dem wohlhabenden städtischen Bürgertum und dem Semstwo-Adel;

3. die Kadetten, konstitutionelle Demokraten mit Forderung nach allgemeinem Wahlrecht, Parlamentarisierung der Verfassung sowie Sozial- und Agrarreformen; sie rekrutierten sich aus Vertretern freier Berufe und liberalen Semstwo-Vertretern.

Während in der ersten und zweiten Duma kaum Vertreter der Rechten vertreten waren, verschob sich das Bild in den Amtsperioden der dritten und vierten Duma. Die Verschiebung der Konstellation wurde mit der Revidierung des Wahlrechts und der jeweiligen Auflösung der Parlamente erzwungen. Die Zahl der Oktobristen vergrößerte sich von 16/32 in der ersten und zweiten Duma auf die Zahl von 154/98 in der dritten und vierten.

Die Dumadebatten konzentrierten sich auf die Fragen nach Regelung der Agrarstruktur und Kompetenzen der Duma. Eine deutschnationale Auseinandersetzung auf Reichsebene entstand in der Diskussion um die Stolypinsche Reform 1910 , die das Mir-System aufhob, um nach der Beseitigung der Leibeigenschaft den Landhunger armer Bauern mildern zu helfen. In diesem Zusammenhang stellte Stolypin die Forderung nach Beschränkung der Ausdehnung deutschen Landbesitzes auf. Dies hatte eine heftige Opposition in den Reihen deutscher Abgeordneter in der Duma zur Folge, an deren Spitze sich Karl Lindemann stellte. Die Gesetzesvorlage sah vor, daß Personen nichtrussischer Herkunft keine Ländereien außerhalb von Ortschaften und Städten erwerben durften. Auf Grund der Petition Lindemanns zog Stolypin den Entwurf zurück.

Die Frequenz nationaler Parteien war je nach Bevölkerungsgruppe unterschiedlich. Während sich das Städtebürgertum den sich etablierenden Parteien jeglicher Couleur anschloß, wandte man sich besonders im Baltikum, aber auch in den deutschen Kolonien Rußlands eher nationalen Fragestellungen zu; die dezidiert deutschnationalistische Haltung einiger deutschbaltischer Vereine führte allerdings im aufgeheizten Klima am Vorabend des Ersten Weltkrieges zu nationalen Divergenzen. Diese Haltung ist besonders vor dem Hintergrund der strikten Russifizierungsmaßnahmen zu verstehen. Im allgemeinen gingen denn auch die Vereinsgründungen, die zwischen 1905 und 1914 Aufschwung erhielten, über einen kulturellen Rahmen, über die Förderung von deutscher Sprache und Bildung, nicht hinaus. Sie dienten zur nationalen Wiederbelebung bislang tolerierter Kulturautonomie und blieben auf die kulturelle Ebene beschränkt. Im Süden Rußlands ist vor allem die Gründung des ersten deutschen Vereins auf »Kolonistenebene«, der »Südrussische Deutsche Bildungsverein (1905–1909)«, zu nennen, der einem Zusammenschluß verschiedener konfessionell geprägter deutscher Gruppen wie Mennoniten, Protestanten, Katholiken etc. diente. Die Satzung erarbeitete Pfarrer J. Stach; erster Vorsitzender wurde Steinwand, der die vordringlichste Aufgabe des Vereins in der »Bildung der deutschen Sprache, des deutschen Geistes und Gesittung« sah. Hier sollte vernachlässigte Kulturarbeit aufgeholt und geleistet werden.

Kurt Lindemann wurde während des Ersten Weltkrieges, in den Rußland gegen Deutschland durch die Kriegserklärung Österreich-Ungarns verwickelt wurde, für die Deutschen an der Wolga, in Südrußland, im Kaukasus und in Sibirien zur Integrationsfigur. Auf Grund der antideutschen Kriegsstimmung und der öffentlichen Agitationen des alldeutschen Verbandes in Deutschland, der besonders das Deutschtum im Ausland vor dem Hintergrund völkischer Ideale förderte, sahen sich die Deutschen im Russischen Reich in die Defensivrolle gedrängt; ihre loyale Haltung gegenüber ihrem Heimatland wurde öffentlich in Frage gestellt. Lindemann machte sich zum Sprecher der deutschen Minderheit in den Kolonien und publizierte rußlandfreundliche Stellungnahmen in überregionalen Zeitungen und Zeitschriften.

Der Erfolg blieb aus, denn 1914 erließ die Regierung ein Verbot der deutschen Sprache in der Öffentlichkeit. Die deutsch klingende Stadt St. Petersburg wurde in Petrograd umbenannt. Angesichts der herannahenden Westfront wurde die Produktion deutschsprachiger Zeitungen und Zeitschriften eingestellt; im Jahr 1915 sah sich die Regierung genötigt, alle Wolhyniendeutschen vorübergehend zu deportieren; für die Wolgadeutschen war eine Deportation ebenfalls vorgesehen, wurde aber wegen des Zarensturzes nicht ausgeführt. Deutsche Soldaten, die in der Armee des Zaren kämpften, wurden wegen Verdachts auf Kooperation mit ihren reichsdeutschen Landsleuten fern der Front stationiert. Die innere Versorgung des Reichs war durch den Druck der Mobilmachung nicht mehr gewährleistet, so daß der Machtverfall der Monarchie nicht mehr aufzuhalten war. Niederlagen mußten hingenommen werden. Am 2./25. März 1917 dankte der Zar ab.

Die vom Rat der Arbeiter- und Soldatendeputierten kontrollierte Provisorische Regierung unter dem Semstwo-Vorsitzenden Fürst G. E. Lwow, zu der A. F. Kerenski anfangs als einziger Sozialist gehörte, wurde Anfang Mai 1917 nach dem Ausscheiden von P. N. Miljukow und A. I. Gutschkow durch den Eintritt von sechs menschewistischen und sozialrevolutionären Männern (40 % der Ministersitze) umgebildet, konnte jedoch weder eine starke Staatsgewalt aufrichten noch den wirtschaftlichen Ruin aufhalten. Es entstand eine Doppelherrschaft von Provisorischer Regierung und Sowjets. Nachdem im September ein Putschversuch des Generals W. K. Kornilow gescheitert war, konnten die Bolschewisten unter Führung des im April 1917 mit deutscher Hilfe aus der Schweiz zurückgekehrten Lenins und organisatorischer Hilfe Trotzkis durch den bewaffneten Aufstand vom 7. Nov. 1917 in Petrograd und anschließend in Moskau an die Macht gelangen.

Nach der Proklamation der Föderation nationaler Sowjetrepubliken 1918 auf der Basis des Rätesystems, deren Verfassung u. a. ein Dekret über den Frieden, eine Annexionssperre ehemaliger russischer Gebiete und eine Deklaration über die Rechte der Völker Rußlands unter Einschluß von Selbstbestimmung und eigener Staatsbildung auf der Grundlage der Arbeiter- und Bauernregierung beinhalten sollte, sah sich die neue Regierung unter der Leitung Lenins Gegnern verschiedener politischer Richtungen gegenüber, die, von alliierten Interventionsgruppen gestützt, gegen die Bolschewiki den Kampf eröffneten. Der sogenannte Kriegskommunismus, in dem sich »Weiße« und »Rote« gegenüberstanden, währte bis 1921/22. In dieser Zeit war das politische und wirtschaftliche Leben in Rußland praktisch lahmgelegt.

Bis Dezember 1922 schloß die Regierung das neuerliche »Sammeln« russischer Länder ab. Das Territorium des Russischen Reichs hatte sich nach dem Ersten Weltkrieg stark verkleinert: Polen, die Ukraine und die baltischen Staaten wurden unabhängig, Bessarabien ging an Rumänien. Finnland hatte noch unter dem Zaren seine Unabhängigkeit erhalten, so daß sich unter Beteiligung der ukrainischen, weißrussischen und transkaukasischen Sowjetrepubliken ein Zusammenschluß zur Union der Sozialistischen Sowjetrepubliken erreichen ließ. Aus der desolaten wirtschaftlichen Lage heraus, in der sich das Land durch Bürgerkrieg, Zwangskollektivierung und Hungersnot befand, entschied sich Lenin zur vorübergehenden Behebung der Versorgungskrise in Form von Zulassung kleiner Privatwirtschaften. Die NEP-Politik (Neue Ökonomische Politik) brachte für einige Zeit wirtschaftliche Erleichterung.

Das Agrarproblem war durch eine schnelle Kollektivierung nicht gelöst worden. Im Gegenteil zog sich die Regierung den Unmut prosperierender Wirtschaftskreise zu, was eine Massenabwanderung aus den Städten aber auch vom Land zur Folge hatte. Wie viele das Land verlassen haben, ist nicht bekannt. Auf Grund der Volkszählungen von 1897 und 1920 kann man jedoch erschließen, daß die Deutschen von rund 1 300 000 auf rund 600 000 Personen gesunken sind.

Das gegenteilige Beispiel, sich nämlich mit dem neuen Regime zu arrangieren, und seine kulturellen Belange weiterhin zu verfolgen, zeigt die Konstituierung des ASSR der Wolgadeutschen. In Anbetracht der durch den Krieg verschärften antideutschen öffentlichen Haltung kam in den Wolgakolonien nach dem Umsturz die Forderung nach kultureller Selbstverwirklichung auf. Dieser wurde von seiten der Sowjetregierung Rechnung getragen, so daß unter maßgeblicher Hilfe von Reichsdeutschen und Österreichern, z. B. von Ernst Reuter (später Bürgermeister von Berlin), eine kulturelle Selbstverwaltung im Rahmen der Sowjetgewalt geschaffen werden konnte. Am 19. Oktober 1918 kündigte ein Dekret Lenins die Bildung des Autonomen Gebiets der Wolgadeutschen mit dem Ziel an, die deutschen Arbeiter und Bauern den Grundsätzen des neuen Staatsaufbaus näherzubringen. Das Wolgadeutschtum, das durch

die starke Abwanderung nach der Revolution zur stärksten und siedlungsmäßig geschlossensten Gruppe der Rußlanddeutschen wurde, unterstand einem Kommissariat in Saratow, später Marxstadt (Katharinenstadt).
Trotz der nachhaltigen Folgen der Zwangskollektivierung seit 1928/29 unter Lenins Nachfolger Stalin und den sogenannten »Säuberungsmaßnahmen« zur Liquidierung wirtschaftlicher und politischer Gegner 1933–1939, der Entkulakisierung, die vor allem viele deutsche Bauern traf (Solschenizyn schätzt die insgesamt in der Sowjetunion dabei Umgekommenen auf fünfzehn Millionen), erlebte die Wolgadeutsche Republik in den ersten beiden Fünfjahresplänen eine außerordentliche wirtschaftliche Belebung. Die beginnende Industriealisierung hatte eine soziale Umschichtung zur Folge, bot aber auch die Möglichkeit zum Ausbau bereits bestehender Industriezweige wie z. B. der Sarpinkaindustrie, deren Produkte in der ganzen Sowjetunion Abnahme fanden. Außerdem wurden schwerindustrielle Betriebe ausgebaut wie Dieselmotoren und Schraubenfabriken, aber auch Tabak- und Lebensmittelfabriken.
Eine der wichtigsten Voraussetzungen zur Verwirklichung der kommunistischen Staatsordnung war die Anhebung der Volksbildung zum besseren Verständnis der Ideologie; bei Ausbruch der Revolution gab es in Rußland 70 % Analphabeten. In der Wolgarepublik entwickelte sich unter großer Beteiligung der Lehrer ein differenziertes Ausbildungswesen, war doch nur über die Sprache ein Fortleben deutscher Kultur möglich. Im Jahr 1913 bestanden im Gebiet der ASSR der Wolgadeutschen neben Grundschulen nur sechs unvollständige deutsche Mittelschulen, 1928 gab es insgesamt 385 allgemeine- und weiterführende Schulen. Im Jahr 1937 hatte sich die Zahl auf 421 Schulen erhöht. Sie wurden von 79000 deutschen Schülern besucht. In Engels gab es vier Hochschulen: drei pädagogische und eine landwirtschaftliche. Außerdem standen elf Techniken und sogenannte Arbeiterfakultäten zur Verfügung.
Die »Kulturfreundlichkeit« der Wolgadeutschen drückte sich im prosperierenden Zeitungs- und Verlagswesen aus. Im amtlichen Deutschen Verlag in Engels wurden von 1933 bis 1935 allein 555 verschiedene Publikationen in deutscher Sprache gedruckt; bei einer Gesamtauflage von 2,86 Millionen Büchern erschienen allein 1,47 Millionen Schul- und Lehrbücher.

Literatur:
K. E. Lindemann, Prekaščenie zemlevladenija i zemlepolzovanija poseljansobstvennikov. Ukazy 22./13. dekabrja 1915 (Die Einstellung des Landbesitzes und Landgebrauchs der Siedler-Eigentümer. Die Ukasse vom 22./13. 12. 1915), Moskau 1917; C. von Dietze, Stolypinsche Agrarreform und Feldgemeinschaft, Breslau 1920 (Quellen und Studien des Ost-Europa-Instituts Breslau); A. Reichert, Der Revolutionskampf in den Wolgakolonien, in: Unsere Wirtschaft, 19. 8. 1923, S. 608–610; P. Sinner, Kurzgefaßte Geschichte der deutschen Wolgakolonien, in: Beiträge zur Heimatkunde des deutschen Wolgagebietes, Pokrowsk 1923; E. F. Sommer, Die Einigungsbestrebungen der Deutschen im Vorkriegsrußland (1905–1914), Leipzig 1940; A. Kruck, Geschichte des Alldeutschen Verbandes 1890–1939, Wiesbaden 1954; A. J. Avrech, Stolypin i Tret'ja Duma (Stolypin und die Dritte Duma), Moskau 1956; W. Brandt/R. Löwenthal, Ernst Reuter. Ein Leben für die Freiheit, Berlin 1957; M. Hagen, Die Deutschbalten in der III. Duma. Zwischen nationalem Abwehrkampf, Autonomiebestrebungen und Klassenkampf, in: Zeitschrift für Ostforschung 23, 1974, S. 577–597; P. Scheibert, Die russischen politischen Parteien von 1905–1917, Darmstadt 1974; B. Pinkus, Die Deutschen in der Sowjetunion beim Ausbruch des Zweiten Weltkrieges, in: Heimatbuch der Deutschen aus Rußland 1973–1981, Stuttgart 1982, S. 9–19; M. Buchsweiler, Volksdeutsche in der Ukraine am Vorabend und Beginn des Zweiten Weltkrieges. Ein Fall doppelter Loyalität?, Gerlingen 1984; A. Eisfeld, Die Deutschen Kolonien an der Wolga und das Deutsche Reich 1917–1919, Wiesbaden 1985.

U. R.-E.

6.1 Emiliental/Wolhynien

Erdhütte zur Wiederbesiedlung nach dem Ersten Weltkrieg
aus: V. Kauder, Das Deutschtum Polens, Breslau 1939, S. 12

6.2 Karl Lindemann 1844–1928

Professor der landwirtschaftlichen Akademie Moskau
Photographie aus: K. Lindemann, die deutschen Kolonien Südrußlands, Stuttgart 1924
zu seiner Biographie s. 6

6.3 Wolgarepublik

Hungernde Deutsche 1920/21
Photographie
Bundesarchiv Koblenz

6.4 Marxstadt/Wolga

Zentralbibliothek
Photographie
ca. 1930
Bundesarchiv Koblenz

6.5
Prof. Georg Dinges mit seiner Frau

Photographie
ca. 1920
Nina Berend, Omsk/UdSSR

Georg Dinges wurde am 13. Dezember 1891 in Blumenfeld an der Wolga geboren. Seine Eltern waren Bauern. Er besuchte das Gymnasium in Saratow, das er 1912 abschloß. Danach schrieb er sich an der historisch-philologischen Fakultät der Moskauer Lomonossow-Universität ein. 1917 promovierte er über »den russischen Einfluß in den Mundarten der deutschen Kolonisten des Gouvernements Samara und Saratow«. Dinges kehrte nach Saratow zurück, wo er zum Lektor für deutsche Sprache an der dortigen Universität gewählt worden war. Am Museum in Engels gründete er eine Einrichtung zur Erforschung wolgadeutscher Mundarten.
Seine freie Zeit verbrachte Dinges mit Reisen in deutsche Dörfer, wo er mittels selbst angefertigten Fragebögen dialektologische und ethnographische Untersuchungen durchführte. 1924 verbrachte er einige Monate in Deutschland. 1929 wurde Dinges zum Direktor des neugegründeten deutschen pädagogischen Instituts ernannt.
Wegen Spionage für Deutschland angeklagt, wurde Dinges für drei Jahre nach Sibirien verbannt. In Kolpaschewo bei Tomsk arbeitete er als Sanitäter im örtlichen Krankenhaus, wo er sich mit Typhus infizierte. Im Juli 1932 starb Dinges. Seine Bücher wurden wegen Infektionsgefahr verbrannt. N. B.

6.5

6.6
Andreas Dulson

Photoportrait
Nina Berend, Omsk/UdSSR

Andreas Dulson wurde am 9. Februar 1900 in Krasnopolje bei Saratow geboren. Seine Eltern waren Bauern. Nach der Volksschule besuchte er das Knabengymnasium in Marx(Katharinen)stadt bis 1917. Von 1917 an arbeitete Dulson als Lehrer, 1924 wurde er Lehrer des Rabfak (Arbeiterfakultät) der deutschen Sprache an der Saratower Universität, wo er bis 1929 tätig war. Ab 1929 war er an der Deutschen Pädagogischen Hochschule in Engels, 1930 als Dozent an der Saratower Universität, seit 1932 am neugegründeten Pädagogischen Institut in Saratow, an dem er dann auch den Lehrstuhl für deutsche Sprache übernahm. 1941 wurde Dulson ausgesiedelt und kam nach Tomsk, wo er seine wissenschaftliche Arbeit fortsetzte. Dulson beschäftigte sich vor allem mit der Erforschung der deutschen Mundarten an der Wolga. Während seiner Tätigkeit an der Saratower Universität erforschte er auch die deutschen Mundarten des Saratower Gebietes und der Wolga-Republik. Dulson promovierte 1938 über den »Alt-Urbacher Dialekt« und habilitierte ein Jahr später über den Mischungsprozeß der deutschen Mundarten der Wolga-Republik. Nach dem Krieg widmete er sich der Erforschung der Ureinwohner Sibiriens. Für das Buch »Die ketische Sprache« wurde Dulson mit dem Orden der Oktoberrevolution ausgezeichnet. Er starb am 15. Januar 1973 in Tomsk.

Literatur:
Zur Geschichte des Dorfes Preuß, o. O. 1925. – Hochzeit und Geburt in Preuß. Ein Beitrag zur Wolgadeutschen Volkskunde, o. O. 1928. – Wolgadeutsche Schimpf- und Beinamen, o. O. 1929. – unveröffentliche Arbeiten: Die Hochzeitsbräuche der Wolgadeutschen. – Karwoche und Ostern in Sitte und Brauch der Wolgadeutschen, o. O. 1930. – Zur Volkskunde des Dorfes Graf, o. O. 1930. – Wolgadeutsche Rätsel, o. O. 1931. – Sprichwörter und Redensarten der Wolgadeutschen, o. O. 1932. – Wolgadeutsche Orts- und Flurnamen, o. O. 1933. – Wolgadeutsche Folklore, o. O. 1933.

N. B.

6.7

6.7
Balzer/Wolga

Trikotagenfabrik
Photographie
ca. 1930
Bundesarchiv Koblenz

6.8
R.S.F.S.R. Geographisch-Administrative Karte der Arbeitskommune des Gebiets der Wolgadeutschen

Ausgabe der Presse-Unterabteilung des Gebietskomitees der R.K.P. (Bolschewiki). Pokrowsk, 1922–IX
Druck in Farblithographie, 61 × 63,5 cm, Maßstab 1:420000
Original in der Nordost-Bibliothek, Lüneburg (Sign. Ru B2,4)

Die vom Ingenieur G. Schäfer und dem Künstler R. Fink unter der Leitung von A. Mattern angefertigte Karte zeigt erstmals das Gebiet der Arbeitskommune der Wolgadeutschen, der späteren »Autonomen Republik der Wolgadeutschen«, innerhalb der RSFSR (der Russischen Sozialistischen Föderativen Sowjet-Republik). Herausgeber ist das Gebietskomitee der Russischen Kommunistischen Partei (Bolschewiki) in der Hauptstadt Pokrowsk.
Die Karte differenziert präzise nach farbig voneinander abgesetzten Kantonen (z.B. Kanton Marxstadt, Kanton Frank, Kanton Balzer, Kanton Seelmann). Diese Kantone sind in ihrer Größe etwa unseren Landkreisen vergleichbar. Die Republik der Wolgadeutschen hatte eine Ausdehnung von rund 250 × 250 km (und war damit deutlich größer als das heutige Bundesland Baden-Württemberg).
Innerhalb der Kantone sind sämtliche Dörfer und Einzelhöfe verzeichnet, und zwar wiederum farbig gegliedert: schwarz die russischen, rot die deutschen, schraffiert die estnischen und mit Halbmond die Tataren-Dörfer. Auffallend im Kartenbild ist das starke Überwiegen deutscher Dörfer, die in ihrer Mehrzahl auch deutsche Ortsnamen haben: Brunnental, Gnadenfeld, Straßburg, Trippelsdorf, Medemtal, Ostenfeld, Lysanderdorf, Erlenbach.
Die Bordüre der Karte verweist mit ihren Kornähren darauf, daß im Gebiet der Wolgadeutschen vorwiegend Getreide angebaut und exportiert wurde.

6.8

Proletarier aller Länder, vereinigt euch!
R. S. F. S. R.
Geographisch-Administrative
Karte
der Arbeitskommune
des Gebietes der Wolgadeutschen.
Pokrowsk, 1922—IX.
Saratow
Pokrowsk
Kanton Marxstadt
Kanton Tonkoschurowka
Kanton Fjodorowka
Kanton Pokrowsk
Kanton Krasny-Kut
Kanton Seelmann
Kanton Kamenka
Kanton Kukkus
Poltawka
Kanton Staraja Poltawka
Kanton Kaisar
Erklärungen:

Das Impressum (am Unterrand links) dokumentiert, daß die Karte in Saratow in einer Auflage von 3000 deutschsprachigen und 2000 russischen Exemplaren gedruckt wurde. Bei dem Original in der Nordost-Bibliothek Lüneburg handelt es sich möglicherweise um das einzige in der Bundesrepublik Deutschland erhaltene Exemplar, denn weitere Standorte konnten nicht ermittelt werden.

E. J.

6.9
Einigkeit/Schwarzmeergebiet
Beim Maisentlauben

Photographie
ca. 1942/43
Sammlung Merling, Ludwigsburg

6.10
Tagebuch eines Wolgadeutschen

Auszug: September/Oktober 1941
Privatbesitz

Mittwoch, 16. 9. 1941 *Heute wurden die ersten Warenburger Einwohner abtransportiert. Von hier werden wir 8 km an die Wolga mit Fuhren gebracht, von da soll es morgen um 6 Uhr morgens auf einem Schiff und einem Schleppkahn weitergehen. Wohin ist unbekannt.*
Es kam überraschend. Am Nachmittag kam die Nachricht, sich bereit zu machen, um am Abend wegzufahren.
Dann kam der Befehl, die Abfahrt würde in der Nacht erfolgen. Ich hatte noch manches zu machen und so wurde es ziemlich spät, bis ich fertig wurde.

Freitag, 18. 9. 1941 *Früh morgens kamen zwei Bargen. Nach einigen Stunden Einladung und nachdem auch die letzten mit Sachen beladene Fuhren aus dem Dorfe da waren und ebenfalls eingeladen hatten, fuhren wir um die Mittagszeit los, der Wolga aufwärts.*
Nachmittags fuhren wir an X vorüber. Hier warteten die Strauber zur Abfahrt.

Freitag, 3. 10. 1941 *Heute, um die Mittagszeit kamen fünf Wagen, die uns an unseren Ansiedlungsort bringen sollen, nach der Ansiedlung X. 12 km vom Rayonzentrum Bolatnoje. Auf diese ersten fünf Wagen ladeten wir das Bettsach mit den Weiblichen und Kindern. Bis gegen Abend hätten wir dieselben Fuhren wieder zu erwarten.*

Montag, 6. 10. 1941 *Sibirien. Wald, Schmutz, Wind, Regen, Schnee, Wald. Die Reise ist beendet. Wir befinden uns auf einem anderen Erdteil. Asien.*

In die »Trudarmija« kam ich zuerst nach Stalinsk (Siedlung Abagur) und dann nach Irkutsk (Baustelle Nr. 12, Bauzug Nr. 34). Am 9. November 1942 wurde ich vom Kriegstribunal wegen Konterrevolutionäre Sabotage (Art. 58, P. 14) zur Erschießung verurteilt. Das Urteil war endgültig. Gegen ihm konnte keine Berufung eingelegt werden. Das Wort Konterrevolution war mir gut bekannt aus dem Schulunterricht. Aber das Wort Sabotage war mir ein neues Wort. Vielleicht deswegen fand damals Moskau es für möglich das Erschießungsurteil auf zehn Jahre Freiheitsentziehung zu ersetzen. Aber dennoch als »Politischer«.
Nach Abbüßung des Strafmaßes kam ich wieder unter Kommandanturaufsicht.

6.11
Auszug aus dem Tagebuch einer Studentin während ihrer Teilnahme am volkspolitischen und wissenschaftlichen Einsatz des Einsatzstabes Reichsleiter Rosenberg

Sonderstab Volkskunde in deutschen Siedlungen in der Ukraine vom 7. Aug.–14. Sept. 1943
Privatbesitz

Nachtrag: *Von Hannover bin ich morgens nach Berlin gefahren und bis zum Nachmittag ... geblieben. Ich bin noch unsicher und bekomme lauter Briefe, daß ich doch nicht fahren sollte ... Am Abend habe ich noch mit Mutti telefoniert und weiß nun, daß ich wirklich fahre. Ich habe doch allerhand Angst.*

8. August: *Bis nachmittags fahren wir noch durch Polen. Vom Krieg, der hinübergegangen war, sieht man von der Bahn aus nicht viel. Es liegt alles so friedlich da, als führen wir immer weiter fort von allem, was Krieg heißt und nicht näher heran.*

6.12

9. August: *Beim Hellwerden sieht man die veränderte Landschaft, die leuchtend gelben Sonnenblumenfelder.*

14. August: *Prischib*
Der Morgen beginnt mit der Bürgermeistersitzung. Die Männer sehen aus wie Tiroler, finde ich …

15. August: *Wir fahren über die Steppe nach Klippenfeld. Wir kommen an der Station (stalino) vorbei, wo damals alle Deutschen lagen, um verschleppt zu werden und das deutsche Heer kam zu ihrer Befreiung. Immer wieder hören wir von allen Leuten von dieser Rettung aus höchster Gefahr.*
Nach dem Mittagsschlaf ziehen wir mit der Liste umher, die uns Herr S. in die Hand gegeben hat. Es handelt sich um Kinderzahl und Sterbefälle. So lernen wir gleich viele Leute kennen und hören von allen das gleiche schreckliche Schicksal: verschleppt, Männer, Eltern, Kinder, Frauen, alles fort.

16. August: *Auf dem Rückweg stiebitzen wir die ersten Maiskolben und unterhalten uns über Frau H., die als lutherische ordentlich auf die Mennoniten schimpft.*

21. August: *Ohne große Vorbereitung gehe ich in die Schule, um dort den Lehrern Noten beizubringen. Aber es klappt sehr gut … Sie sind eifrig und interessiert.*

22. August: *Heute ist Sonntag. Es ist den Leuten nur ein Beetsaal erlaubt. Es war voll; die Frauen weinten, ein Chor sang mit Inbrunst: Man merkt, daß es nicht auf die Form, sondern auf das offene Herz ankommt.*

23. August: *Es gibt (zu mittag) echt ukrainische »Borscht«, welche eine sehr wohlschmeckende Krautsuppe mit Tomaten ist und hinterher köstliche Waffeln mit Honig.*

4. September: *Durch die Liste erfassen wir das Dorf Hierscha recht gut. Vollfamilien sind ganz selten. Mischehen im Gegensatz zu früher häufig.*

9. September: Rückreise *Gegen 3 Uhr kommen wir in die Nähe von Dnjepro und können den Fliegerangriff dort beobachten. Er ist in ganz kleinem Ausmaß, aber doch interessant zu sehen. Flakfeuer, Leuchtschirme, Bomben, ganz wie in der Heimat …*
Wir machen blühende Geschäfte mit unseren SS-Drops, gegen die wir Melonen und Eier eintauschen.

6.12
Deutsche Schulbücher
ca. 1930–1940
Auswahl

in der Sowjetunion verlegt
15 × 23 cm
Landsmannschaft der Deutschen aus Rußland, Stuttgart

6.13

6.13
Wolga
Tag der deutschen Presse 1930

Photographie
Bundesarchiv Koblenz

7. Die Deutschen in der Sowjetunion und das Jahr 1941

Tafel

Mit der Machtergreifung Hitlers 1933 und dem deutschen Angriff auf die Sowjetunion 1941 setzte eine gezielte Verfolgung von Angehörigen deutscher Nationalität ein. Nachdem bereits 1934 deutsche Volksangehörige in der Sowjetunion registriert worden waren, wohl auf Grund der NS-Propaganda und der Tätigkeit der VoMi (Volksmittelstelle), die die Ostdeutschen als Pfeiler ihrer Eroberungspolitik zur Schaffung von Lebensraum im Osten des nationalsozialistischen Regimes einplanten, geschah die Deportation der deutschen Bevölkerung vor dem Hintergrund des Spionageverdachts mit den Reichsdeutschen beim Zusammentreffen der sowjetischen und reichsdeutschen Truppen. Die Deportation, die dem russischen und sowjetischen Staat traditionell die Möglichkeit gab, seit der Eroberung Sibiriens unliebsame Elemente in die östlichen Landesteile abzuschieben, dauerte von Juli bis Oktober 1941. Zuerst wurde die deutsche Bevölkerung der Krim erfaßt; es folgten die der Wolgarepublik und partiell die aus Teilen der Ukraine. Das schnelle Vorrükken reichsdeutscher Truppen verhinderte die Deportation auch im Kaukasus. Die verbliebenen Deutschen unterstanden bis zur Westwärtsbewegung der Front 1943 bis 1945 der deutschen Kommandantur. Danach wurden auch sie, wenn sie nicht flüchten konnten, nach Mittelasien und Sibirien verschleppt.

Der deutschen Niederlage in Stalingrad 1943 und dem Rückzug der deutschen Truppen nach Westen folgte ein gewaltiger Flüchtlingsstrom in dieselbe Richtung. Diejenigen, die sich bisher unter dem Schutz der nationalsozialistischen Kommandantur in der Ukraine befanden, und daher bei Gefangennahme durch die Russen einer Deportation in östliche Strafgefangenenlager entgegensehen mußten, treckten nach Westen. Die Trecks legten bis zu ihrer Ankunft in den Warthegau, in den sie geleitet wurden, um das von Hitler eroberte Gebiet mit Deutschen zu bevölkern, rund 2000 Kilometer zurück. Da Hitler das Gebiet nicht rechtzeitig räumen ließ, wurden die Flüchtlinge hier von der Roten Armee überrollt. Die Deutschen, die sich zu diesem Zeitpunkt dort befanden und teilweise bereits die doppelte Staatsangehörigkeit hatten, wurden repatriiert, d.h. in die Sowjetunion zurückgeschickt, wo sie das gleiche Schicksal mit ihren nach Mittelasien und Sibirien verbannten Landsleuten teilen mußten. Den »ehemaligen« Sowjetbürgern deutscher Nationalität, die sich bereits im Deutschen Reich befanden, als die Alliierten Deutschland teilten, wurden von den Engländern und Amerikanern den Russen ausgeliefert. Die Reichsdeutschen, die sich auf sowjetisch verwaltetem Territorium befanden und die Flucht nicht mehr antreten konnten, wurden ebenfalls nach Osten verschleppt, erfuhren Straflager und Zwangsarbeit. Die letzten als Kriegsgefangene geltenden Reichsdeutschen wurden erst auf Betreiben Adenauers 1955 entlassen.

Die Maßnahmen zur Deportation waren rechtlich schwach sanktioniert. Zwar erließ Stalin 1941 kurzfristig den Erlaß zur Umsiedlung der Wolgadeutschen, der auf alle anderen deutschen Gruppen in der Sowjetunion angewandt wurde, und ließ sich außerdem die Deportationsmaßnahmen nachträglich auf der Konferenz von Jalta 1945 von den Alliierten bestätigen, jedoch sind damit nicht zivil- und strafrechtliche Vergehen, die gegenüber den Deutschen vorgenommen wurden, abgedeckt. Sie entbehren der juristischen Grundlage und beruhen auf Willkürakten. Die Deutschen waren kollektiv der Spionage beschuldigt und hatten keine Möglichkeit zur Rechtfertigung. Ihre Rechtslage glich der von Strafgefangenen.

Bis 1945, bis zum Ende des Zweiten Weltkrieges, waren die Deutschen in Zwangsarbeitslagern hinter Stacheldraht inhaftiert. Unter Aufsicht mußten sie täglich in der Arbeitsarmee (trudarmja) 12–14 Stunden arbeiten, Holz fällen, Eisenbahnlinien ausbauen, untertage arbeiten etc. Die Verpflegung war schlecht. Einseitige und unzureichende Ernährung ließen viele von ihnen sterben. Selbst nach Kriegsende blieben die Deutschen sowjetischer Staatsangehörigkeit der Kommandantur unterstellt und lebten in Sondersiedlungen. Ihre Wohnungen bauten sie oftmals selbst, zum Teil waren es Holzhütten, meistens aber Erdhöhlen aus Lehm, die sie in den Boden gruben. Einmal im Monat mußten sie sich bei der Kommandantur registrieren lassen. Diese Bestimmungen galten auch für die

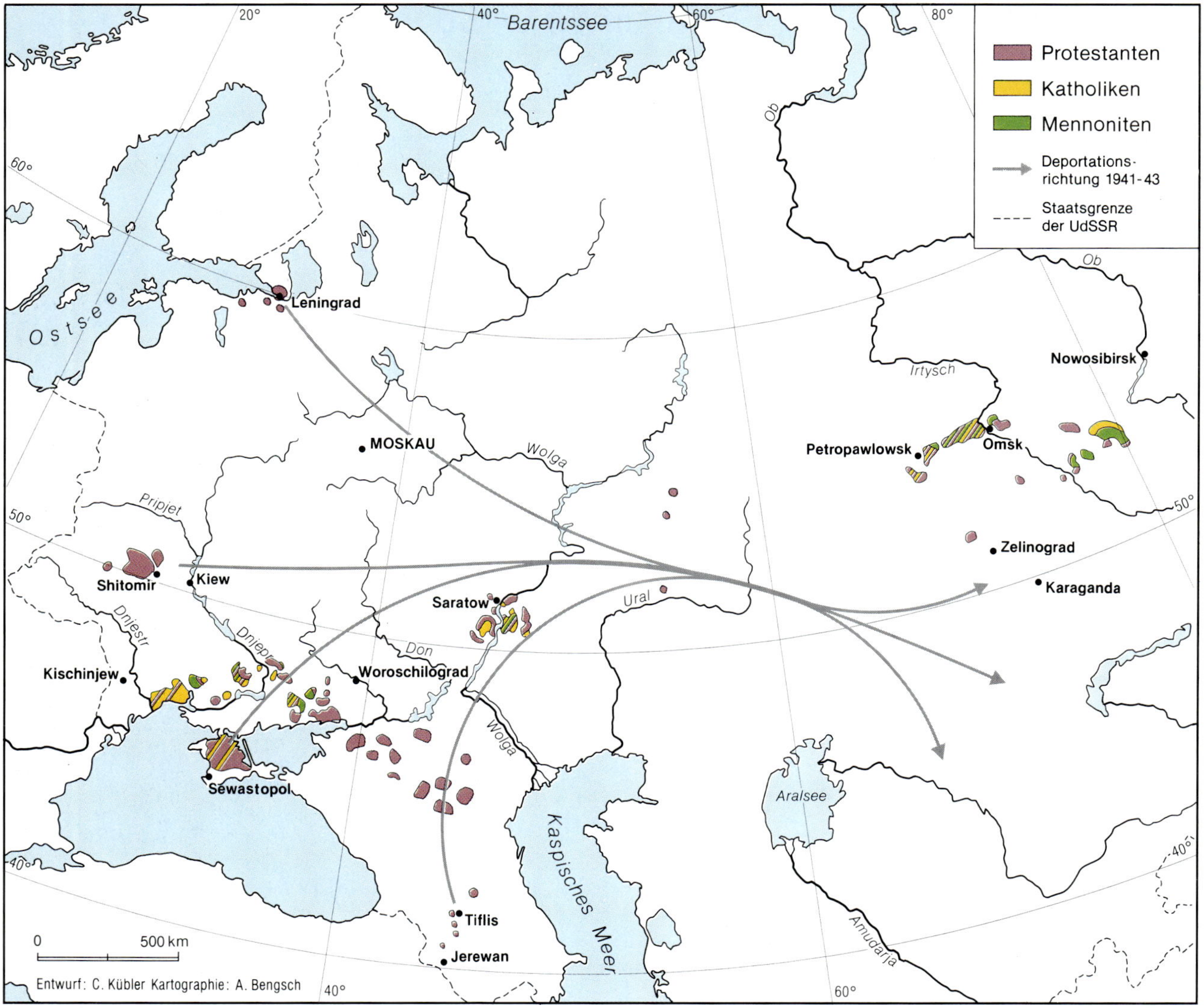

7.

bereits bestehenden deutschen Siedlungen, den sogenannten Tochtersiedlungen.

Eine deutsche Aussiedlerin erinnert sich wie folgt: ›Wir durften unsere Ansiedlung nicht verlassen, es war eine Frist von 10 Jahren festgelegt und nur der, welcher täglich seine Norm überbot, bekam nach den Jahren ein Dokument, daß er in das nächste Dorf gehen durfte, aber es war eine Seltenheit, daß jemand so einen Schein erhielt, selbst bei Todesfällen von Verwandten in den Nachbarorten gab es kein Dokument.‹ Eine Überschreitung der Bestimmungen wurde mit Zuchthaus, oftmals bis zu zwanzig Jahren Schwerstarbeit, geahndet. Pässe besaßen die Deutschen in der Sowjetunion nicht, sie wurden ihnen bei der Verschleppung abgenommen. Dafür

erhielten sie einen Deportiertenausweis. Das wies sie als rechtlos aus.
Die Lage entspannte sich mit dem Besuch Konrad Adenauers 1955 in Moskau nach Stalins Tod, als er die Entlassung der deutschen Kriegsgefangenen bewirkte und den Anfang diplomatischer Beziehungen zwischen der Bundesrepublik Deutschland und der UdSSR nach dem Zweiten Weltkrieg setzte. Für die deutschen sowjetischen Staatsbürger wurde eine Befreiung von der Kommandantur bewirkt. Auch erhielten sie nun Pässe, die sie als sowjetische Staatsbürger deutscher Nationalität auswiesen. Der Preis dafür war, daß sie auf eine Rückführung in ihre alten Wohngebiete verzichten mußten und keinen Anspruch auf Entschädigung für ihren Besitz erheben konnten. Erst elf Jahre später, 1964, setzte eine Teilrehabilitierung ein, die von ihnen den Makel von Verrätern und die Kollektivschuld nahm. Die Verurteilung blieb.
Die Identitätskrise, die durch die schweren Nachkriegsjahre und die mangelhafte Möglichkeit, sich in der deutschen Sprache zu üben, da ein muttersprachlicher Unterricht seitens des Staates nicht möglich war und keine Lehrer ausgebildet werden konnten, eingeleitet wurde, forcierte seit den sechziger Jahren sowohl die Autonomie- wie auch die Ausreisebewegung. Die starke Eigendynamik der rußlanddeutschen Volksgruppe drückt sich besonders in ihrer »religiösen Kultur« aus; auf sich selbst angewiesen, den Gottesdienst zu organisieren, half ihnen in der Zeit der Not ihre eigene, innere Struktur, zu überleben und teilweise den deutschen Dialekt weiterzupflegen.

Literatur:
A. Nevkrvch, The punished people, New York 1978; I. Fleischhauer, Die Zwangsumsiedlung der Deutschen in der UdSSR 1941, in: VJS für Zeitgeschichte 4, Heft 2 (1982), S. 299–321; B. Pinkus, Die Deutschen in der Sowjetunion bei Ausbruch des Zweiten Weltkrieges, in: Heimatbuch der Deutschen aus Rußland, Stuttgart 1981, S. 9–20; Dokumentation zur Vertreibung der Deutschen aus Ost-Mitteleuropa, bearbeitet von Th. Schieder in Verbindung A. Diestelkamp/R. Laun/P. Rassow/H. Rothfels, hg. vom Bundesministerium für Vertriebene, Bd. 1–5, München 1984; Veröffentlichungen des Forschungsprojekts »Deutsche in der Sowjetgesellschaft«, Osteuropa-Institut München, Arbeitsberichte Nr. 1–2, München 1986–1989; Gemeinden ohne Pfarrer. Eindrücke von der Lutherischen Kirche im Sowjetischen Mittelasien, hg. vom Pastoralkolleg der Ev. Kirche von Westfalen, 1987.

U. R.-E.

7.1
Erlaß des Präsidiums des Obersten Sowjets der Union der SSR

über die Übersiedlung der Deutschen, die in den Wolgarayons wohnen

Moskau, 28. August 1941
Zeitungsabdruck
Alexander Schmal, Nürnberg

7.1

ERLASS
des Präsidiums des Obersten Sowjets der Union der SSR
Über die Übersiedlung der Deutschen, die in den Wolgarayons wohnen

Laut genauen Angaben, die die Militärbehörden erhalten haben, befinden sich unter der in den Wolgarayons wohnenden deutschen Bevölkerung Tausende und aber Tausende Diversanten und Spione, die nach dem aus Deutschland gegebenen Signal Explosionen in den von den Wolgadeutschen besiedelten Rayons hervorrufen sollen. Über das Vorhandensein einer solch großen Anzahl von Diversanten und Spionen unter den Wolgadeutschen hat keiner der Deutschen, die in den Wolgarayons wohnen, die Sowjetbehörden in Kenntnis gesetzt, folglich verheimlicht die deutsche Bevölkerung der Wolgarayons die Anwesenheit in ihrer Mitte der Feinde des Sowjetvolkes und der Sowjetmacht.

Falls aber auf Anweisung aus Deutschland die deutschen Diversanten und Spione in der Republik der Wolgadeutschen oder in den angrenzenden Rayons Diversionsakte ausführen werden und Blut vergossen wird, wird die Sowjetregierung laut den Gesetzen der Kriegszeit vor die Notwendigkeit gestellt, Strafmaßnahmen gegenüber der gesamten deutschen Wolgabevölkerung zu ergreifen.

Zwecks Vorbeugung dieser unerwünschten Erscheinungen und um kein ernstes Blutvergießen zuzulassen, hat das Präsidium des Obersten Sowjets der UdSSR es für notwendig gefunden, die gesamte deutsche in den Wolgarayons wohnende Bevölkerung in andere Rayons zu übersiedeln, wobei den Überzusiedelnden Land zuzuteilen und eine staatliche Hilfe für die Einrichtung in den neuen Rayons zu erweisen ist. Zwecks Ansiedlung sind die an Ackerland reichen Rayons des Nowosibirsker und Omsker Gebiets, des Altaigaus, Kasachstans und andere Nachbarortschaften bestimmt.

In Übereinstimmung mit diesem wurde dem Staatlichen Komitee für Landesverteidigung vorgeschlagen, die Übersiedlung der gesamten Wolgadeutschen unverzüglich auszuführen und die überzusiedelnden Wolgadeutschen mit Land und Nutzländerein in den neuen Rayons sicherzustellen.

Vorsitzender des Präsidiums des Obersten Sowjets der UdSSR
M. KALININ.

Sekretär des Präsidiums des Obersten Sowjets der UdSSR
A. GORKIN.

Moskau, Kreml. 28. August 1941.

7.3

7.4